Marta Kijowska

NICHTS KOMMT ZWEIMAL VOR

Wisława Szymborska

Eine Biografie

Schöffling & Co.

Gefördert durch die Akademie der Künste aus Mitteln
des Beauftragten der Bundesregierung für Kultur und Medien
im Rahmen des Programms NEUSTART KULTUR

Zweite Auflage 2024

Satz: Fotosatz Amann, Memmingen
Druck & Bindung: Pustet, Regensburg
ISBN 978-3-89561-199-5

www.schoeffling.de

Inhalt

Vorwort

»Und jetzt erzähle ich dir mein ganzes Leben«: Mit diesem Satz sollen oft die Gespräche zwischen Wisława Szymborska und ihrer Breslauer Freundin und Dichterkollegin Urszula Kozioł begonnen haben. Wie viel Ironie dahintersteckte, wissen alle, die im Laufe der Jahre versucht haben, das Wesen der polnischen Literaturnobelpreisträgerin zu ergründen. Mehrere Publizisten, die gern ein Buch über Szymborska geschrieben hätten, sind an ihrer Verschwiegenheit verzweifelt, andere haben lediglich Informationsfetzen gesammelt. Nicht zufällig ist die erste polnische Biografie über sie, die in ihrem Todesjahr 2012 erschien, ein Bestseller geworden. Genauso wenig ist es aber ein Zufall, dass das Buch den Titel *Erinnerungsgerümpel* trug. Die beiden Autorinnen, Anna Bikont und Joanna Szczęsna, hatten nämlich darin alles zusammengetragen, was auch nur ansatzweise über die Dichterin Auskunft gab: Gedichte, Briefe, Notizen, Erinnerungen unzähliger Freunde, Kritikerstimmen, Leserbriefe und manches mehr.

Die »gerümpelartige« Struktur des Buches irritierte ein wenig; sein Umfang und vor allem die Tatsache, dass es erstaunlich viele Selbstauskünfte der Dichterin enthielt, imponierten aber. Denn gegen die Hartnäckigkeit, mit der Szymborska sich bis dahin der Öffentlichkeit verweigerte, war in der Tat nicht anzukommen. Alles, was sie über sich zu sagen habe, sei in ihren Gedichten zu finden, lautete ihre hartnäckig wiederholte Ausrede. Doch ob sie als Lyrikerin, über die ihr deutscher Übersetzer Karl Dedecius einmal schrieb, sie »kartografiert die Augenblicke, koloriert sie lyrisch, um ja kein Pathos aufkommen zu lassen, sparsam dezent, panzert ihre Gefühle mit Ironie …«,[1] wirklich eine verlässliche »Informantin« war? Eher fraglich. Was also im Endeffekt über sie als Person bekannt war, etwa dass sie Montaigne, Vermeer, Fellini und Ella Fitzgerald liebte, gern archäologische Museen besuchte, Menschenmassen verabscheute, bei Gesprächen in kleinem Freundeskreis aufblühte und die Kochkünste ihrer Schwester sehr schätzte, hätte nicht einmal für einen Aufsatz gereicht. Erst sie, die Autorinnen dieser ersten Biografie, holten aus ihr etliche Informationen heraus: über ihre Kindheit, ihre Eltern, ihre beiden großen Lieben etc. Und auch das nur, weil sie sich dazu gewissermaßen gezwungen sah. Die beiden Biografinnen hatten nämlich vor der Veröffentlichung ihres Buchs einen Artikel über sie in der Warschauer Tageszeitung *Gazeta Wyborcza* publiziert, und sie war nach dessen Lektüre zu dem Schluss gekommen, dass sie ihnen helfen sollte, einige Fakten zu präzisieren und vor allem ihr Erscheinungsbild zu korrigieren.

Denn da gibt es etwas, was in Szymborskas Fall mindestens genauso schwierig zu beschreiben ist wie die biografischen Fakten – und nicht minder wichtig, wenn nicht gar wichtiger: die Dualität ihrer Natur. Jeder, der sie gut kannte (oder dies zumindest behauptete), sprach davon, keiner formulierte es aber so überzeugend wie Michał Rusinek, ihr langjähriger Sekretär. Im Jahr 2016 publizierte er seine Erinnerungen an diese gemeinsame Zeit, und ihr Titel, *Nichts Gewöhnliches*, hätte wohl kaum treffender sein können – allem Anschein nach waren es wirklich aufregende fünfzehn

Jahre, in denen er die Dualität von Szymborskas Natur nahezu täglich erlebte: »Schnell zum Lachen zu bringen. Exzentrisch. Kichernd, manchmal frivol, verliebt in Wortspiele und *practical jokes*. Den Dichtertagungen und Diskussionen mit Intellektuellen Gespräche mit normalen Menschen vorziehend. – Stimmt nicht. Depressiv. Melancholisch. Streng in den Urteilen über sich selbst und andere. Eine Perfektionistin, die es hasste, über Belanglosigkeiten zu reden und Zeit damit zu verschwenden, Leute zu treffen, die ihr nichts als, wie sie es nannte, ›leere Kalorien‹ bescherten. – Stimmt auch nicht. Sowohl das eine als auch das andere. – Stimmt. Sie hatte einen unglaublichen Sinn für Humor, aber immer im Zweierpack mit der Ernsthaftigkeit. Es waren zwei Seiten derselben Medaille. Der Fehler derjenigen, die über sie schrieben, bestand darin, nur eine Seite von ihr zu zeigen, meistens natürlich die lustige.«[2]

Diesen Fehler machten auch ursprünglich die beiden Autorinnen Bikont und Szczęsna. Sie beschrieben Szymborska als eine ungemein fröhliche, fantasievolle Person, die – so ihr eigener Eindruck, den sie ihren Biografinnen auch mitteilte, nachdem sie ihren Artikel gelesen hatte – nichts anderes tue, als unentwegt Spiele und Späße zu erfinden. Das sei aber ihre eigene Schuld, räumte sie gleich ein, sie habe lange genug auf dieses Bild von ihr hingearbeitet. Denn wenn sie eine Krise oder einen Kummer gehabt habe, sei es für sie einfacher gewesen, sich hinter einem Scherz oder einer Anekdote zu verstecken oder sich gar nicht unter Menschen blicken zu lassen, um ihnen kein düsteres Gesicht zu zeigen. Der Artikel habe ihr aber eines bewusst gemacht: »Mir wurde klar, dass meine ganze Geschichte völlig frei von Dramatik ist. Als ob ich ein Schmetterlingsdasein geführt hätte, als hätte das Leben mich nur am Kopf gestreichelt. So sieht mein Bild nach außen aus. Aber woher kommt dieses Bild? Bin ich wirklich so? Ich hatte ein glückliches Leben, aber es gab auch viele Todesfälle, viele Zweifel. Doch über persönliche Angelegenheiten wollte ich natürlich nicht sprechen, und ich wollte auch nicht, dass andere darüber sprachen. Nach meinem Tod – das ist etwas anderes.«[3]

Trotz dieser Erlaubnis fühle sich auch Szymborskas zweite polnische Biografin, die Krakauer Publizistin Joanna Gromek-Illg, verpflichtet, die Details über ihr Privatleben auszuklammern. »Die meisten von ihnen werden sowohl für mich als auch für zukünftige Forscher ihres Lebens verborgen bleiben«, schreibt sie in ihrem Buch, das *Besondere Merkmale* heißt und im Jahre 2020 erschien. »Wisława wusste Diskretion zu wahren; wenn sie jemandem ihre Probleme anvertraute, dann erwartete sie wohl auch Diskretion, und es sieht ganz danach aus, dass ihre Freunde sie ebenfalls zu wahren wussten. Es ist allerdings sehr wahrscheinlich, dass sie über bestimmte Dinge mit gar niemandem gesprochen hat.«[4] Ihr selbst ist zwar ein sehr detailreiches und tiefgründiges Buch gelungen, das verdankt sie aber nicht Szymborskas Mitteilsamkeit, sondern ihrem eigenen Eifer, mit dem sie die gesamte Korrespondenz der Dichterin sowie ihrer Partner, Verwandten und Freunde studiert hat, und dem reflexiven Ton, in dem sie die biografischen Fakten beschreibt, indem sie manches hinterfragt, eigene Vermutungen anstellt etc.

Wie soll man also ein solches Phänomen wie Wisława Szymborska porträtieren? Wie ihr Leben erzählen, um dabei der Kompliziertheit ihrer Natur und nicht zuletzt ihrer großen Lyrik gerecht zu werden? Während ich darüber grübelte, fiel mir ein Text in die Hände, den sie selbst seinerzeit über Donald Spotos Hitchcock-Biografie geschrieben hat. Er sprach mich sofort an, zumal es offenbar große Parallelen zwischen ihr und dem genialen Filmregisseur gab. Und außerdem schien er eine Antwort auf meine Fragen zu enthalten: »Wenn Hitchcock um persönliche Bekenntnisse gebeten wurde, wich er seinen Zuhörern ständig aus, überraschte sie immer wieder. Sie waren nie hundertprozentig sicher, ob er es ernst meinte oder scherzte. Und genau so hätte er in dieser Biografie bleiben sollen. Der Autor versucht jedoch, ihn zu enträtseln, dahinterzukommen, was in dieser harten Nuss wirklich steckte. Was für Phobien, Schmerzen, Hemmungen und Komplexe sich dort verbargen. Und es gelingt ihm in der Tat, all das zu finden. Nur, hm … Ob daraus etwas resultiert? Man weiß zum Beispiel, dass ungebändigter Appetit eine Reaktion auf irgendwelche erotischen Niederlagen sein kann. Es ist aber auch bekannt, dass es auf dieser Welt schon immer Vielfraße gab, die unglücklich in schöne Blondinen verliebt waren. Also warum hat nur einer von ihnen *Das Fenster zum Hof* oder *Die Vögel* gemacht? Das Geheimnis eines Talents bleibt ein Geheimnis.«[5]

Das war es! Nicht enträtseln, nicht dahinterkommen wollen. Nur erzählen. Ihre einzigartige Aura so auf sich wirken lassen, wie es all die anderen taten: Als sie in Stockholm den Nobelpreis entgegennahm, wurde sie von den Journalisten zur »Greta Garbo der Poesie« gekürt. In Bologna entstand das angeblich einzige Bild, das sie in den Armen eines Mannes zeigte, und dieser Mann war kein Geringerer als Umberto Eco. In New York erklärte Woody Allen in einem Interview, er fühle sich geehrt, dass sie von seiner Existenz wisse. Sie haben auch nicht versucht, das Geheimnis ihres Talents zu ergründen. Sondern es einfach genossen.

Kapitel 1

Ichnas Idylle

Wisława Szymborska hatte eine Schwäche für ausgefallene oder komische Ortsnamen. Sie besaß eine ganze Sammlung von Fotos, die von ihren Freunden bei verschiedenen Autoreisen aufgenommen wurden und sie an entsprechenden Ortsschildern zeigten – an ausländischen wie Neandertal, Sodoma, Corleone oder Limerick und polnischen wie Donosy (Denunziationen), Piekło (Hölle), Niebo (Himmel), Zimna Woda (Kaltes Wasser) und ähnlichen. Manchmal bat sie sogar ihre Begleiter, einen Umweg zu machen, nur um sich an so einem Schild ablichten zu lassen.

Der kurze und recht gewöhnlich klingende Name Bnin hätte sie als ein weiteres Sammelobjekt bestimmt nicht gereizt, wäre da nicht ein besonderer Umstand: In einem Ort dieses Namens wurde sie geboren. Heute ist es ein Teil von Kórnik, einer Kleinstadt in der Nähe von Posen (Poznań) – damals, als sie, am 2. Juli 1923, zur Welt kam, war es ein Teil der Ländereien des Grafen Władysław Zamoyski, als deren Verwalter ihr Vater, Wincenty Szymborski, arbeitete. Dort verbrachte sie auch mit den Eltern und der älteren Schwester Nawoja ihre ersten drei Lebensjahre, von denen sie später behaupten würde (obwohl sie sich kaum an sie erinnert haben dürfte), es sei eine sehr prägende Zeit gewesen: »Ich wurde in Großpolen geboren, was natürlich in keiner Weise mein Verdienst ist. Doch hier hat mein Vater gearbeitet, hier haben bis vor Kurzem Menschen gelebt, die sich noch an ihn erinnern konnten. Hier habe ich viele gute Freunde, und die wissen sehr wohl, wie hoch ich das Gefühl der Freundschaft schätze. Hier schließlich finde ich Landschaften, die zu meinen ersten Erinnerungen gehören. Ich habe seitdem viele andere gesehen, die mir viel malerischer und attraktiver erschienen. Doch was bedeutet das schon? Hier waren – und sind immer noch, nur kleiner – mein erster See, mein erster Wald, meine erste Wiese, meine ersten Wolken. Das sind Dinge, die man sehr sorgfältig im Gedächtnis aufbewahrt und wie ein großes, beglückendes Geheimnis hütet.«[1]

Wincenty Szymborski und seine Frau Anna waren ein sehr ungleiches Paar, nicht nur wegen der neunzehn Jahre Altersunterschied – sie hatten auch einen anderen sozialen und familiären Hintergrund. Er wurde in Czartki Wielkie geboren, einem Dorf im westlichsten Gouvernement des sogenannten Kongresspolen, direkt an der Grenze zu Preußen. Da die Ehe seiner Eltern, Antoni Szymborski und Stanisława Psarska, schnell gescheitert war, wuchs er bei seiner Mutter und seiner Großmutter auf, und bald nur noch bei der Letzteren, nachdem Stanisława mit dreißig Jahren an Tuberkulose gestorben war. Es war also seine Großmutter, Natalia Psarska, die den größten Einfluss auf ihn hatte; ihr verdankte er seine energische, rationale Art, seinen Menschenverstand, seinen Sinn für Humor. Sie war sehr belesen und legte großen Wert auf Bildung, was bewirkte, dass auch er sein Leben lang das Bedürfnis hatte, sich ein möglichst umfangreiches praktisches Wissen anzueignen, und gleichzeitig starkes Interesse für Literatur zeigte. Er begann ein Studium der Landwirtschaft in Breslau, das er aber nach dem Tod der Großmutter aufgeben musste. Stattdessen zog er nach Zakopane, weil er sich von dem Bergklima einen Schutz vor Tuberkulose versprach, und fand eine Anstellung im Büro des Grafen Zamoyski.

Anna Rottermund, seine künftige Frau, stammte aus Krakau. Ihre Familie war dort seit mehreren Generationen ansässig, einige Vorfahren lebten aber auch in Warschau, wohin sie vermutlich im 16. Jahrhundert aus den Niederlanden eingewandert waren (die jüngste Spur führt zu Wisława Szymborskas Cousin, Professor Andrzej Rottermund, dem langjährigen Direktor des Königlichen Schlosses in Warschau). Annas Vater, Jan Rottermund, arbeitete, ähnlich wie andere Männer in der Familie, bei der Eisenbahn; er wurde dort zuerst als Bremser und dann als Schaffner beschäftigt. Sein Arbeitgeber, die Carl Ludwig Bahn (CLB), bediente die Strecken, die östlich von Krakau lagen; die wichtigste von ihnen führte nach Lemberg. 1892 wurde die Firma Teil der kaiserlich-königlichen Staatsbahnen, wodurch auch Jan Rottermund zu einem Staatsbediensteten wurde, was ihm gewisse Privilegien, unter anderem eine günstige Wohnung, verschaffte. Als der Erste Weltkrieg ausbrach, beschloss die Familie trotzdem, ihn in Bochnia zu überdauern, einem östlich von Krakau gelegenen Städtchen, aus dem Annas Mutter, Karolina Rottermund, geborene Kubas, stammte. Dort war das Leben um einiges sicherer und in ihrem Fall auch billiger, weil die Familie Kubas dort ein kleines Haus mit eigenem Garten besaß. Das Ehepaar Rottermund und Annas jüngerer Bruder zogen also nach Bochnia, sie selbst blieb aber in Krakau, wo sie im Büro des Fürsten Stanisław Lubomirski arbeitete. Als nach einiger Zeit beschlossen wurde, das Büro kriegsbedingt in das südpolnische Zakopane zu verlegen, kam sie mit, zumal sie dort einen weiteren Verwandten und damit eine günstige Unterkunft hatte: im benachbarten Ort Szaflary, im Pfarrhaus ihres Onkels, des Priesters Maurycy Rottermund.

Dort, in Zakopane, lernte Anna 1915 Wincenty Szymborski kennen, der einige Jahre zuvor zum Verwalter des Grafen Zamoyski aufgestiegen war. Es war eine ehrenvolle, aber auch sehr schwierige Aufgabe. Zamoyski, der aufgrund der von Bismarck angeordneten Polenausweisungen, die 1885 in Großpolen einsetzten, sein Schloss in Kórnik verlassen musste, war seit 1889 Besitzer von Zakopane. Er hatte den Ort, zu dem auch ein Teil der Hohen Tatra und Westtatra gehörte, im Rahmen einer Versteigerung erworben, was er dem Geschick seines Freundes, des bekannten Krakauer Rechtsanwalts Józef Retinger, zu verdanken hatte. Dieser vertrat ihn bei der Versteigerung und gewann dabei gegen einen deutschen Fürsten und einen jüdischen Fabrikanten, indem er den zuletzt gebotenen Betrag mal um einige Tausend Gulden, mal um einen Cent erhöhte; er tat es so lange, bis seine Konkurrenten aufgaben. Jahre später bekam Zamoyski übrigens eine Gelegenheit, Retinger für seine Hilfe posthum zu danken: Als der Rechtsanwalt 1897 starb, wurde der kinderlose Graf zum Vormund und Förderer seines Sohnes, Józef Hieronym Retinger, desselben, der in den späten 1940ern einer der Mitbegründer der Europäischen Bewegung und des Europarats wurde und in den 1950ern die sogenannten Bilderberg-Konferenzen miterfand. Es war eine Plattform, die er, besorgt über zunehmenden Antiamerikanismus in Europa, gemeinsam mit dem niederländischen Prinzen Bernhard zur Lippe-Biesterfeld ins Leben rief. Sie sollte namhafte Politiker, Industrielle und Intellektuelle beiderseits des Atlantiks zu einem so informellen wie diskreten Meinungsaustausch zusammenbringen. Die erste Konferenz fand Ende Mai 1954 im Hotel De Bilderberg in Oosterbeek statt (daher der Name), weitere werden bis heute an wechselnden Orten abgehalten.

Nach dem Kauf von Zakopane begann Zamoyski mit aller Energie, sich um dessen Entwicklung zu kümmern. Er war in Paris geboren und aufgewachsen, hatte in seiner Jugend viele Länder bereist, Australien und Nordamerika eingeschlossen, war gebildet und mit den neuesten Trends vertraut. Und Zakopane war ein Ort, der erst in den 1870er Jahren in Mode kam, als der Arzt Tytus Chałubiński die Vorzüge des Bergklimas und des Wandersports zu propagieren begann. Er war auch selbst zu verschiedenen Jahres- und Tageszeiten in den Bergen anzutreffen, und seine Zeitgenossen machten es ihm immer öfter nach. In den Bergen wurden Wanderwege abgesteckt und Herbergen gebaut, und es tauchten die ersten Bergführer auf, die den noch ungeübten Touristen das richtige Wandern, Klettern und Steigen beibrachten. Gleichzeitig fand in der polnischen Kultur eine wahre Explosion der Bergthematik statt. Zunächst in den Bildern der Krakauer Maler, die als Erste an dem nur hundert Kilometer entfernten Zakopane Gefallen fanden: Jan Matejko, Wojciech Kossak, Jacek Malczewski, Stanisław Wyspiański oder Walery Eljasz, der bereits 1870 einen illustrierten *Tatra-Führer* publizierte. Dann in den Gedichten der jungpolnischen Dichter, allen voran Kazimierz Przerwa-Tetmajer und Jan Kasprowicz – der eine wurde in einem Dorf im Tatra-Vorland geboren, der andere verbrachte in Zakopane mehrere Jahrzehnte. Schließlich in den Werken anderer Künstler und Schriftsteller, die von überall her kamen, um hier zu arbeiten und sich gleichzeitig für die Bergregion zu engagieren.

Oft hatten diese Besuche auch einen politischen Hintergrund, sprich: die nach Zakopane kommenden Kulturschaffenden wollten sich nicht nur von der Schönheit der Natur inspirieren lassen, sondern auch Kraft für den weiteren Kampf um die (erst 1918 wiedergewonnene) Unabhängigkeit des Landes schöpfen und über dessen neue Strategien beraten. Es fanden Vorträge über die aktuelle politische Situation und Treffen mit Mitgliedern der Widerstandsbewegung statt, es wurden diverse Schulen, Organisationen und Zeitschriften gegründet. Diesem Engagement lag die Absicht zugrunde, aus Zakopane ein neues Zentrum des nationalen Lebens zu machen, einen Ort, an dem die Polen aus allen drei Teilungsgebieten, dem russischen, preußischen und österreichischen, wenigstens zeitweise zusammenkommen könnten, jenseits aller von den Besatzern aufgezwungenen Grenzen und Schranken. Dieses Konzept ging wiederum auf die unter Intellektuellen und Künstlern weitverbreitete Überzeugung zurück, dass in der Bergregion viele Elemente der alten gesamtpolnischen Kultur zu finden seien, dass sie gleichsam als Quintessenz des Polentums anzusehen sei. Zu den Verfechtern dieser Idee gehörte nicht zuletzt Stanisław Witkiewicz, ein Schriftsteller, Maler und Kunstkritiker, der in der polnischen Architektur den sogenannten »Zakopane-Stil« (einfache, mit Volkskunstmotiven geschmückte Holzhäuser) förderte.

Als Zakopane Eigentum von Zamoyski wurde, genoss es seit drei Jahren den Status eines Kurorts. Dem Grafen war bewusst, dass dies riesige Möglichkeiten für die Region bedeutete. Er wusste aber auch, dass er als Besitzer für die richtige Infrastruktur zu sorgen hatte, und begann sofort entsprechende Pläne zu schmieden und umzusetzen. Nach einigen Jahren beschloss er allerdings, sich nach einem neuen Verwalter umsehen; der bisherige war nicht tatkräftig genug und konnte nicht mit der lokalen Bevölkerung, den sehr eigensinnigen Goralen, umgehen. Zamoyski entschied sich für einen seiner Angestellten, dem er vertraute, den damals – 1904 – vierunddreißigjährigen Wincenty Szymborski, und wurde nicht enttäuscht. Der junge Mann setzte nicht nur viel schneller seine Ideen um, sondern steuerte auch ständig eigene bei. Der Bau von Straßen, Kanalisation und einer Eisenbahnlinie, die Zakopane mit Krakau verband, die Eröffnung eines großen Einkaufszentrums, die Gründung eines Tatra-Museums und eines Freiwilligen Rettungsdiensts (TOPR), der Bergwanderern in Not zu Hilfe eilte, die Sanierung der umliegenden Wälder und die Schaffung der Ansätze eines Nationalparks: Dies und einiges mehr ging auf ihr gemeinsames Konto. Szymborski scheute auch keine Auseinandersetzungen – mit den galizischen Beamten, den Goralen, den jüdischen Händlern, den Priestern und mit wem es sonst nötig war –, um seine Ziele zu erreichen. Ob diese Auseinandersetzungen die Form eines gerichtlichen Prozesses, einer Einladung zur gemeinsamen Jagd oder eines kleinen »Freundschaftsdienstes« hatten, kam auf das Ziel an. Kurz: Er hatte alle Hände voll zu tun und konnte dabei das angenehme Gefühl haben, zu Zakopanes Aufschwung erheblich beizutragen.

Währenddessen kehrte Anna Rottermund 1916 nach Krakau zurück – ihr Aufenthalt in Zakopane war ja von Anfang an als vorübergehend geplant. Da ihre Familie sich weiterhin in Bochnia aufhielt, quartierte sie sich in einem von Nonnen geführten Mädchenwohnheim ein, das in der Garncarska-Straße lag. Die meisten seiner anderen Bewohnerinnen waren aus den umliegenden Dörfern nach Krakau gekommen, um in den Häusern des hiesigen Bürgertums als Dienstmädchen zu arbeiten, und die Nonnen machten es sich zur Aufgabe, ihnen nicht nur eine Unterkunft zu bieten, sondern auch moralische und religiöse Stütze zu sein. Anna war weder ein Dienstmädchen noch brauchte sie diese Art Betreuung, aber das Zimmer im Wohnheim war günstig, was bei ihrem bescheidenen Gehalt eine große Rolle spielte. Möglicherweise ahnte sie auch bereits, dass Wincenty Szymborski, mit dem sie weiterhin in Kontakt blieb und der oft beteuerte, wie sehr er ihre Gesellschaft schätze, ihr bald einen Heiratsantrag machen würde, und sah das Heim nur als eine Übergangslösung an.

Szymborski hielt tatsächlich um ihre Hand an, auch wenn ihm offenbar bewusst war, dass er mit seinen sechsundvierzig Jahren nicht gerade der ideale Heiratskandidat für sie war. Im Familienarchiv findet sich sogar ein Brief, in dem er den Verdacht äußerte, Anna sei nur deswegen bereit, ihn zu heiraten, weil sie sich davon eine Verbesserung ihrer schwierigen materiellen Lage verspreche – womit er vermutlich nicht ganz unrecht hatte. Sie war zwar viel jünger, aber immerhin schon siebenundzwanzig, dürfte sich also auch immer stärker nach eigener Familie, und damit nach materieller Sicherheit, gesehnt haben. Doch selbst wenn sie aus Vernunft eingewilligt haben soll – sie würde es in den nächsten zwanzig Jahren niemals bereuen: Die Ehe erwies sich als sehr harmonisch. Die neue Situation erforderte natürlich Annas Rückkehr nach Zakopane; Szymborskis Umzug nach Krakau kam zu diesem Zeitpunkt nicht infrage. Das Paar wurde am 17. Februar 1917in Szaflary vom Onkel der Braut, Maurycy Rottermund, getraut und ließ sich anschließend in

Kuźnice bei Zakopane nieder, wo Graf Zamoyski ein Haus besaß und seine Mutter und Schwester eine gefragte Mädchenschule führten. Später, nachdem im Dezember 1917 die erste Tochter der Szymborskis, Maria Nawoja, zur Welt gekommen war, bezogen sie ein eigenes Haus in Kiry, einem nur ein paar Kilometer von Zakopane entfernten, an der Mündung eines Tals gelegenen Dorf.

Das ruhige Familienleben muss Wincenty Szymborski in dieser Zeit besonders genossen haben, denn seine Arbeit erforderte während des Ersten Weltkriegs noch mehr Energie und Geschick als in Friedenszeiten und zerrte immer stärker an seiner Gesundheit. Mancher seiner Einfälle sollte sich außerdem später gegen ihn wenden, auch wenn sie ausschließlich den Interessen seines Arbeitgebers dienen sollten (der im Juni 1914 nach Paris gereist war und dort im Endeffekt den ganzen Krieg verbrachte). Etwa sein erfolgreicher Versuch, die Beschlagnahme Zakopanes zu verhindern. Da der Ort sich auf dem Gebiet von Österreich-Ungarn befand, bestand die Gefahr, die Österreicher würden den Ort verstaatlichen, was ihm irgendwie – vermutlich, so die Annahme seines Biografen Kazimierz Krawiarz, durch die Fälschung der Rechnungsbücher – abzuwenden gelang. Für seine Feinde und Rivalen war es aber nach dem Krieg ein willkommener Anlass, Zamoyski – als dieser im Frühjahr 1920 aus Paris zurückkehrte – von seinen fraglichen Methoden zu berichten und seine Position zu schwächen. Als besonders eifrig entpuppte sich der Arzt der Zamoyskis, Dr. Henryk Wilczyński, der seine Autorität als Mediziner nutzte, um Szymborskis gesundheitliche Probleme auf das raue Bergklima zurückzuführen und dem Grafen zu empfehlen, ihn auf sein Anwesen in Kórnik zu versetzen – was auch Anfang 1923 geschah. Zum neuen Verwalter der Zakopaner Güter wurde Dr. Wilczyński ernannt.

In Kórnik übte Szymborski offiziell die Funktion des neuen Gutsverwalters aus und sollte als solcher Zamoyski dabei unterstützen, das Anwesen nach all den Jahren der Abwesenheit des Grafen wieder auf Vordermann zu bringen. Auch hatte er gehofft, weiterhin an den in Zakopane begonnenen Vorbereitungen zur Gründung einer Stiftung mitzuwirken, die nach dem Tod des kinderlosen Zamoyski dessen Vermögen übernehmen sollte. Doch in Wirklichkeit war der Umfang seiner Aufgaben und seiner Verantwortung mit dem früheren nicht zu vergleichen. Hinzu kam, dass er nach Kórnik allein gekommen war – seine Frau, die ihr zweites Kind erwartete, und seine Tochter sollten ihm bald folgen – und deshalb im Schloss wohnte, unter einem Dach mit Zamoyski. Diese Nähe wirkte sich ungünstig auf ihr Verhältnis aus. Der Graf war ein schwieriger, launenhafter Mensch, und Szymborski hatte zunehmend das Gefühl, vor allem dazu da zu sein, diese Launen zu erfüllen. Mit der Zeit verlangte ihm zwar das heruntergewirtschaftete Anwesen immer mehr Arbeit ab, und er leistete sie mit der üblichen Energie, auch in der Hoffnung, dafür besser entlohnt zu werden. Doch an seiner Lage änderte sich nichts, im Gegenteil, er musste sich auch damit abfinden, ein ihm von Zamoyski versprochenes Haus nicht zu bekommen. Daher spielte er sogar mit dem Gedanken, seinen Dienst zu quittieren und Kórnik zu verlassen.

An die sofortige Umsetzung dieses Impulses war allerdings nicht zu denken, denn die hochschwangere Anna und Nawoja kamen tatsächlich bald auf dem Gut an. Die Familie bezog ein schnell für sie renoviertes »Haus zu den Kastanien«, und am 2. Juli 1923 erlebten die Szymborskis die Geburt ihrer zweiten Tochter: Maria Wisława Anna. Anders als ihre ältere Schwester, die seltsamerweise denselben ersten Vornamen trug, von Anfang an aber Nawoja genannt wurde, blieb sie für ihre Umgebung Maria – den Vornamen Wisława begann sie erst als Erwachsene zu benutzen – und wurde von allen Ichna (von Marychna, Deminutiv von Maria) gerufen. Wincenty Szymborski war zum Zeitpunkt ihrer Geburt bereits dreiundfünfzig Jahre alt, seine Frau vierunddreißig. Sie war eine praktisch veranlagte und energische Person, die sich mit viel Hingabe um den Haushalt und die beiden Mädchen kümmerte, dankbar, dass sie in der idyllischen Szenerie von Kórnik, neben dem Schloss mit einem herrlichen Park und eigenem Teich, aufwachsen durften. Die eigentliche Bezugsperson für die kleine Ichna war aber der Vater. Sehr gebildet, fantasievoll, mit viel Sinn für Humor, widmete er seiner Jüngsten von Anfang an viel Zeit, war immer für ein Spiel oder einen Scherz zu haben.

Er war offenbar auch nicht nachtragend, denn als Graf Zamoyski am 4. Oktober 1924 starb, war er derjenige, der die Trauerfeier organisierte, bei der er eine selbstgeschriebene Rede vortrug; später verfasste er sogar ein Gedicht über ihn, das in einer Zeitung erschien. Die beiden Männer hatten zwar in der Vergangenheit ihre Differenzen gehabt, es hatte sie aber trotzdem eine Art Freundschaft verbunden. Letzteres änderte nichts an der Tatsache, dass Szymborskis Position in Kórnik nach dem Tod des Grafen noch schlechter wurde. Die Leitung der nun bestehenden Stiftung wurde einem anderen anvertraut, und für ihn hatte man offenbar keine Verwendung mehr. Schließlich wurde ihm nahegelegt, in Rente zu gehen. Die dreihundert Zloty, die er bis an sein

Die kleine Ichna mit ihrer Schwester Nawoja, Kórnik 1924

Lebensende von der Stiftung erhalten sollte, waren zwar für die damaligen Verhältnisse nicht wenig, angesichts seiner Verdienste muss ihm der Betrag aber geradezu lächerlich gering vorgekommen sein.

All das führte dazu, dass die Szymborskis beschlossen, Kórnik zu verlassen und nach Thorn (Toruń) zu ziehen, einer Stadt, die knapp 180 Kilometer entfernt lag. Sie setzten ihre Pläne Anfang 1926 um, als ihre Töchter neun und knapp drei Jahre alt waren. Er dürfte bei diesem Weggang Erleichterung empfunden haben, ihr aber fiel wohl die Trennung von Kórnik nicht ganz leicht. Aus ihrer Korrespondenz geht jedenfalls hervor, dass sie den Ort und die dortigen Menschen in guter Erinnerung behalten hatte. Es überrascht auch ein wenig, dass das Ehepaar sich ausgerechnet für Thorn entschieden hatte. Die Stadt hatte zwar ihre Reize – sie lag an der Weichsel, hatte einen schönen mittelalterlichen Stadtkern (der heute zum UNESCO-Weltkulturerbe gehört) und war zudem eine sich schnell entwickelnde Hauptstadt der Woiwodschaft Pommerellen –, einen persönlichen Bezug zu ihr hatte aber keiner von ihnen. Szymborskas Biografin Joanna Gromek-Illg vermutet, dass diese Entscheidung »schnell und emotional« getroffen wurde und dass es dabei vor allem darum ging, »die Finanzen der Familie zu sichern«:[2] Aus Anna Szymborskas Briefen sei zu ersehen, dass befreundete Anwälte ihrem Mann den Kauf von zwei Mietshäusern in Thorn ermöglicht hätten.

Die Zeit dort stand dennoch von Anfang an unter keinem guten Stern. Das Ehepaar konnte mit der Stadt nicht warm werden, weshalb es schon nach einem Jahr neue Umzugspläne zu schmieden begann – diesmal nach Krakau, wo Anna nach wie vor Familie und Freunde hatte. Ihr und ihrem Mann schwebte vor, die beiden Häuser in Thorn loszuwerden und eines in Krakau zu kaufen, was ihnen auch nach einigen Monaten gelang. Sie konnten es bereits am 1. November 1927 übernehmen, der Umzug fand aber erst Anfang 1929 statt, da vorher noch entsprechende Formalitäten erledigt und die Schulden bezahlt werden mussten.

Ihr neues Domizil lag am Rande der Krakauer Altstadt und nicht weit vom Hauptbahnhof entfernt, in der Radziwiłłowska-Straße 29. Die mittlerweile fast sechsjährige Ichna wusste natürlich damals noch nicht, dass sie in Krakau den Rest ihres Lebens verbringen würde, aber es gefiel ihr hier. Sie mochte das Haus und die geräumige Wohnung, die eine ganze Etage einnahm; jedes der sechs Zimmer hatte hohe Decken und war mit schönen Möbeln, Teppichen und Bildern eingerichtet, im Salon stand zudem ein Klavier, das ihr gelegentlich als Versteck diente. Sie verstand sich bestens mit ihrem Kindermädchen Marysia, das mit ihr spielte, ihr Gebete beibrachte und geduldig zuhörte, wenn ihr der Sinn danach stand, Gedichte zu rezitieren. Und sie fühlte sich auch wohl in den beiden Schulen, die sie in den nächsten Jahren besuchte: der Grundschule, die nach der Psychologin und Pädagogin Józefa Joteyko benannt war, und dem Ursulinen-Gymnasium, einer Mädchenschule für Töchter aus gutem Hause.

Allerdings begann ihre Schulzeit mit einjähriger Verspätung. Das Programm der ersten Klasse nahm sie mit den Eltern zu Hause durch, sodass sie die Schule gleich mit der zweiten beginnen konnte. Überhaupt widmeten die Szymborskis ihren Töchtern viel Zeit; es gab gemeinsames Lesen, Spielen, Kreuzworträtsellösen oder Zeichnen. Ichna zeigte von früh an zeichnerisches Talent, was von den Eltern gefördert und gelegentlich honoriert wurde: Manche ihrer Zeichnungen »erstanden« sie für Groschenbeträge, von denen sie sich Süßigkeiten kaufen durfte. Auch sonst erlaubten sie ihrer lebhaften, fantasievollen Jüngsten einiges mehr als der ohnehin von Natur ruhigeren und vernünftigeren Nawoja, entsprechende Benimmformen verlangten sie aber auch von ihr. So ging wohl die Art, die man später von ihr kannte – ihre tadellosen Manieren, ihre Diskretion und Selbstbeherrschung – auf die Erziehung zurück, die sie im Elternhaus genoss. Ihre Kollegen erzählten, sie sei immer sehr höflich und distanziert gewesen, habe etwas Aristokratisches an sich gehabt. Die mit ihr befreundete Literaturprofessorin Teresa Walas war gar der Meinung, sie würde in die heutige Zeit gar nicht richtig passen. »Wenn ich Wisława irgendeiner Epoche zuordnen müsste«, sagte sie einmal, »würde ich mich für das achtzehnte Jahrhundert entscheiden. Ich würde sie in die

Die Familie Szymborski, Thorn 1926

französische Kultur versetzen, nur ohne deren Verderbtheit. Sie ist ein klassizistischer Geist im Stile Corneilles. Ohne Gedärme, ohne Tränen.«[3]

Das schulische »Experiment« der Eltern war ein voller Erfolg. Ichna kam in der zweiten Klasse bestens zurecht; sie lernte gern und schnell (im Gegensatz zu Nawoja) und bekam sehr gute Noten. Auch in den weiteren Klassen der vierjährigen Grundschule hatte sie keine Probleme. Erst als sie ins Gymnasium kam, zeigte sich, wo ihre Begabungen lagen und was ihr Schwierigkeiten bereitete. So waren exakte Wissenschaften, vor allem Mathematik, nach ihren eigenen Worten bestimmt nicht ihre Stärke. In den Fächern aber, auf die bei den Ursulinen großer Wert gelegt wurde, Polnisch, Französisch, Geschichte, Latein, Kenntnisse der Antike, war sie eine sehr gute Schülerin, sodass man sie sogar schon scherzhaft zu den künftigen Berühmtheiten der Schule zählte.

Den Ursulinen war es aber nicht nur wichtig, ihren Schülerinnen eine umfassende Bildung zu vermitteln, sondern auch – wie an den meisten damaligen Gymnasien, die ihre Arbeit im Fieber der ersten Jahre nach der Staatsneugründung taten – für ihre richtige Erziehung zu sorgen, ihnen humanistische Werte und moralische Grundsätze zu vermitteln: Freiheit des Denkens, gesellschaftliche Toleranz, Patriotismus, soziales Engagement etc. Dazu gehörte auch, dass die Mädchen gelegentlich am aktuellen Geschehen teilnehmen mussten – an der Beerdigung von Marschall Józef Piłsudski auf dem Wawel am 17. Mai 1935, am Bau eines nach ihm benannten Hügels oder, als der Krieg nahte, am Geldsammeln für den Kauf eines Sanitätsflugzeugs, das im Juni 1939 dem Oberbefehlshaber der polnischen Armee, Edward Rydz-Śmigły, feierlich übergeben wurde.

Manchmal gab es vergnügliche gemeinsame Momente, etwa wenn die Schülerinnen nach Kasina Wielka, ein Dorf südlich von Krakau, fuhren, wo die Ursulinen ein Landhaus besaßen. Doch die temperamentvolle, gesellige Ichna hatte ohnehin viele Freundinnen, mit denen sie sich gern auch nach der Schule traf. Am liebsten mit Małgosia Stanisławska, mit der sie ihr größtes Freizeitvergnügen teilte: das Kino. Gemeinsam schafften sie es immer wieder, in Vorführungen zu gelangen, in denen junge Mädchen eigentlich nichts zu suchen hatten – Filme mit Marlene Dietrich und Greta Garbo, und vor allem mit ihren Idolen Gary Cooper, Errol Flynn und Tyrone Power. Die Faszination der beiden Freundinnen ging so weit, dass sie ein eigenes »Filmatelier« gründeten, in dem sie sich verkleideten, Szenen aus den gesehenen Filmen nachspielten und dabei selbstredend Pseudonyme trugen. Sie mussten nicht unbedingt erwachsen sein, um zu spüren, dass

Wisława als Schülerin, die 1930er Jahre

zu diesen Szenen, die in der Regel in aristokratischen Kreisen spielten, der Name Trina Ponton besser passte als der eigene.

Szymborskas Leidenschaft für das Medium Film würde

ihr Leben lang anhalten, wenn auch später ohne den Ehrgeiz, es aktiv mitzugestalten. Sie schrieb oder sprach gelegentlich darüber, immer mit Begeisterung. Nur in einem Gedicht aus den 1940er Jahren, *Aus dem Kino kommend*, als sie das Vergnügen beschreiben wollte, das ihr der Besuch eines Filmtheaters bereitete, musste sie plötzlich feststellen, dass sie nicht imstande war, diese Empfindung von dem Grauen zu trennen, das sich in der realen Welt abspielte:

Geträumtes schwirrte auf weißem Tuch.
Zwei Stunden im Mondgeflimmer.
Es gab eine Liebe, schmachtend genug,
und glückliche Heimkehr für immer.
(...)
Ich komm zurück in die wahre Welt,
voll Schicksal, dunkel, verstrickt –
zu euch, einarmiger Junge am Zelt
und Mädchen mit müßigem Blick.[4]

Ihre zweite Lieblingsbeschäftigung neben den Kinogängen war das Lesen, hauptsächlich von Romanen. Dostojewski, dessen gesamtes Werk sie bereits mit vierzehn kannte, Anatol France, Jules Verne oder Charles Dickens – von dem sie ihr Leben lang sagen würde, sie könne sich nicht vorstellen, dass jemand seine *Pickwickier* nicht gelesen habe – waren nur einige der Autoren, die sie im Teenageralter verschlang. Ihren ersten eigenen literarischen Versuch hatte sie damals bereits hinter sich: Laut ihrer Schilderung war sie gerade acht oder neun Jahre alt, als ihr zum ersten Mal ein Liebesroman in die Hände fiel. Mit glühenden Wangen verschlang sie das Buch und war untröstlich, als es zu Ende war. So beschloss sie, einen eigenen Roman zu schreiben, für den sie auch schnell einen Titel fand: *Idylle im Garten*. Diesen Titel trug nämlich ein Bild, das sie einmal in einer Zeitschrift gesehen hatte. Es stellte ein verliebtes Paar vor einem blühenden Rosenstrauch dar. Ohne sich lange mit dem Mann aufzuhalten, nahm sie ganz selbstverständlich an, »Idylle« sei der Name der jungen Frau. Also begann ihr Roman mit dem Satz: »Von früh an starrte die braunäugige Idylle den Horizont an, an dem der Postbote mit dem Brief ihres Verlobten erscheinen sollte.«[5] Dass man diese ersten Kostproben ihres literarischen Talent heute noch kennt, ist ihren Eltern zu verdanken, die sie im Familienarchiv aufbewahrten; sie erschienen nach Szymborskas Tod in einem Band, der auch ihre frühen Zeichnungen enthielt.

Die kindlichen Fantasien, die sie als »Filmemacherin« und »Prosaschriftstellerin« auslebte, verdankte sie zum großen Teil ihrem Vater – er war auch in Krakau derjenige, der sich um die geistige Entwicklung seiner kleinen Tochter kümmerte. Die Mutter war für die praktischen Dinge zuständig, dafür, wie sie Jahre später ihren Biografinnen erzählte, »dass man einen sauberen Hals und die Socken gewechselt hatte«,[6] er hingegen führte mit ihr regelmäßig Gespräche, begutachtete und belohnte ihre ersten Gedichte und beantwortete alle Fragen, die ihr nur in den Sinn kamen. Dabei zeigte er selbst eine nie nachlassende Offenheit für alles Neue und, trotz wachsender Sorgen, viel Menschenfreundlichkeit und Humor.

Doch er blieb nicht lange ihr Meister: Am 9. September 1936 – sie war gerade dreizehn Jahre alt geworden – erlag Wincenty Szymborski seinem dritten Herzinfarkt. Noch viele Jahre später war sie fest davon überzeugt, dass der

Mit Schulkameradinnen in der Krakauer Altstadt, 1935

Grund für seinen plötzlichen Tod die finanziellen Sorgen waren, mit denen er damals zu kämpfen hatte. Er habe zwar ein krankes Herz gehabt und dazu wenig auf seine Gesundheit geachtet, sei übergewichtig und ein starker Raucher gewesen. Doch ohne die Probleme, die ihn unmittelbar davor geplagt hatten, hätte er bestimmt ein höheres Alter erreicht. Ein Auslöser seiner Schwierigkeiten war eine Fehlinvestition: Er hatte während der Thorn-Episode nicht nur die beiden Mietshäuser, sondern auch Aktien der dortigen Zuckerfabrik gekauft, die in den frühen 1930er Jahren, der Zeit der Weltwirtschaftskrise, ihren Wert verloren. Eine noch größere Belastung waren aber die immer heftigeren Auseinandersetzungen mit der Kórnik-Stiftung, die seine monatliche Rente zuerst halbiert und dann nur noch sporadisch gezahlt hatte, um ihm schließlich im August 1936 mitzuteilen, dass er mit keinen weiteren Bezügen zu rechnen habe. Dies konnte sein schwaches Herz offenbar nicht mehr verkraften.

Für Anna Szymborska bedeutete sein Tod nicht nur den Verlust eines geliebten Menschen, sondern auch weitere, manchmal gar noch schlimmere materielle Sorgen. Da sie keine eigenen Einkünfte hatte und die Rente ihres verstorbenen Mannes ausblieb, war das Haus nun ihr einziger Besitz, für den sie auch noch die Erbschaftssteuer bezahlen musste. Sie ging zwar mit dieser neuen Situation auf die ihr eigene energische Art um: Bei der Steuerbehörde stellte sie einen Antrag auf monatliche Ratenzahlungen, die ihr gestattet wurden, und gegen die Kórnik-Stiftung erhob sie eine Klage. Doch der Prozess zog sich jahrelang hin, und die zugesprochene Entschädigung bekam sie erst nach dem Krieg. Mit anderen Worten: Sie und ihre beiden Töchter waren beinahe mittellos. So dauerte es nicht lange, bis sich auch ihr

Gesundheitszustand auf eine besorgniserregende Weise verschlechterte. Bis dahin hatte ihr hauptsächlich ihr schwaches Herz Probleme bereitet, jetzt wurden bei ihr auf einmal Tumore diagnostiziert. Trotzdem entschied sie sich gegen eine Operation und fuhr stattdessen in den Sommern 1937 und 1938 zur Behandlung nach Rabka-Zdrój, einem Kurort, der ca. fünfzig Kilometer südlich von Krakau lag. In beiden Fällen war das nur dank der Hilfe von Freunden und Verwandten möglich, die sich in dieser Zeit um die beiden Mädchen kümmerten.

Im ersten Sommer wurden sie von der befreundeten Familie Kosiński in ihr Haus in Zakopane eingeladen. Im zweiten fuhren sie in den berühmten Urwald von Białowieża, wo Anna Szymborskas Cousine, Kazimiera Nejman, lebte. Ab Juni 1934 war ihr Mann, Karol Nejman, Chef der dortigen Staatsforstdirektion, und das Haus, das er mit seiner Familie bewohnte, hatte einige Annehmlichkeiten zu bieten. Das war etwas völlig anderes als die Ferien im Häuschen der Großmutter in Bochnia, wo Ichna und Nawoja früher mehrmals hinfuhren und wo die Hauptattraktion im Spielen in einem kleinen Garten und auf der Veranda bestand. Das Haus in Białowieża stand in einem herrlichen Schlosspark voller alter Bäume und unbekannter Pflanzen, und die Nejmans empfingen oft Gäste, unter denen viele Künstler, Intellektuelle und Politiker waren (auch Staatspräsident Ignacy Mościcki und dessen deutscher Gast, Hermann Göring, die 1935 zu einer Jagd kamen) und deren Kinder ebenfalls versorgt werden mussten. So wurden für sie zahlreiche Vergnügungen im Freien organisiert: Besichtigungen des 1932 gegründeten Nationalparks, Schwimmen, Kajakfahren, Tennis, Volleyball oder Radfahren. Die beiden Schwestern nahmen begeistert an alldem teil, Wisława stöberte außerdem gern in der Bibliothek der Gastgeber und verschlang einen Roman nach dem anderen, sodass Anna Szymborskas Hoffnung, all die neuen Eindrücke und Impulse würden den Mädchen helfen, mit dem Tod ihres Vaters fertig zu werden, sich zu bestätigen schien.

Trotzdem bekam Wisławas behütete Kindheit durch diesen Tod einen tiefen Riss. Wincenty Szymborski war für sie nicht nur ein geliebter Gesprächspartner und Spielkamerad gewesen, sondern auch derjenige, der ihre ersten dichterischen Versuche gefördert und ihr das aufmerksame Betrachten der Welt beigebracht hatte. Vermutlich dachte sie also auch an ihn, als sie Jahrzehnte später in ihrer Nobelpreisrede sagte: »Was immer wir von dieser Welt denken – sie macht uns staunen. Im Begriff ›Staunen‹ steckt jedoch eine logische Falle. Wir bestaunen schließlich das, was von bekannten, allgemein anerkannten Normen abweicht, von der Selbstverständlichkeit, die wir gewohnt waren. Eine selbstverständliche Welt aber gibt es überhaupt nicht. Unser Staunen ist autonom und ergibt sich aus keinem Vergleich.«[7]

Kapitel 2

Die dunklen Jahre

Acht Monate vor ihrem eigenen Tod, im Mai 2011, nahm Wisława Szymborska an einem kollektiven Autorenabend in der Krakauer Fronleichnamskirche teil, bei der sie unter anderem zwei neue Gedichte las. Eines davon trug den Titel *Spiegel* und war insofern eine kleine Rarität, als es, wie Michał Rusinek, ihr schon erwähnter Sekretär, es formulierte, »eine Erfahrung evoziert, von der in ihrem Werk so wenig zu finden ist und die ihre Generation doch besonders geprägt hat – die Erfahrung des Krieges«.[1] Das Gedicht beschreibt zudem ein sehr ungewöhnliches Bild – eine kleine Insel der Normalität inmitten totaler Zerstörung:

Ja, ich erinnere mich an diese Wand
in unserer zerstörten Stadt.
Sie ragte fast sechs Stockwerke hoch.
Im vierten war ein Spiegel,
ein unglaublicher Spiegel,
weil nicht kaputt, solide befestigt.

Er spiegelte kein Gesicht mehr,
keine Hände, die das Haar richten,
keine Tür gegenüber,
nichts, was man einen Ort
hätte nennen können. (…)[2]

Nach der Lesung von ihm auf dieses Bild angesprochen, habe sie gesagt, so Rusineks weitere Erinnerung, »dass es authentisch sei, dass sie kurz nach dem Krieg eine solche Wand in Warschaus Stadtteil Praga gesehen habe, dass sie sich ihr tief ins Gedächtnis eingeprägt habe und dass sie sicher gewesen sei, dass sie eines Tages über sie schreiben würde«.[3] Er fragte sie offenbar nicht, warum Jahrzehnte vergehen mussten, bis sie es endlich tat, dafür aber wollte er wissen, warum sie so selten über den Krieg geschrieben habe. Worauf er die Antwort bekam: »Ich habe mehr geschrieben, aber diese Gedichte sind im Papierkorb gelandet. Ich hätte hier niemals Tadeusz Różewicz oder Zbigniew Herbert das Wasser reichen können, in deren Lyrik der Gedanke an die Gefallenen bis heute präsent ist. So wurde mir beim Lesen ihrer Gedichte schnell klar, dass sie meine Kriegserfahrungen auf eine unvergleichliche Weise ausgedrückt haben. Ich hätte nichts hinzufügen oder besser formulieren können.«[4]

Die erste ihrer Kriegserfahrungen war, wie für alle Krakauer, der frühe Morgen des 1. September 1939. Als um fünf Uhr die Sirenen zu heulen begannen, hielt man es anfangs für einen Probealarm der polnischen Luftwaffe. Doch als kurz danach gewaltige Detonationen ertönten, hatten die Stadtbewohner keine Zweifel mehr: Soeben hatten die deutschen Tiefflieger den Hauptbahnhof und eine nahe gelegene Kaserne bombardiert. Später stellte sich heraus, dass auch der Flughafen und einige Industriebetriebe dem Angriff zum Opfer gefallen waren, doch schon allein die Nachricht von der Bombardierung des Bahnhofs genügte, um die Stadt in Panik zu versetzen. Die Alarmsirenen heulten jetzt ununterbrochen, die Straßen, um diese Tageszeit ohnehin noch nicht sehr belebt, wurden sofort menschenleer. Auch das Haus in der Radziwiłłowska, die in unmittelbarer Nähe des Bahnhofs lag, wurde bei diesen ersten Bombardierungen getroffen, sodass ein Schornstein und ein Teil des Daches beschädigt wurden und aus mehreren Fenstern die Scheiben rausfielen.

Die Luftangriffe der Deutschen dauerten volle drei Tage. Am 4. September verbreitete sich die Nachricht, dass die ersten Verbände der Wehrmacht die Weichsel erreicht hätten und dass die polnische Armeeführung beschlossen habe, Krakau nicht zu verteidigen. Zu groß war die Sorge um die historische Altstadt, als dass man den Kampf hätte riskieren wollen. Noch am selben Tag wurde unter dem Vorsitz des Krakauer Kardinals, Fürst Adam Sapieha, ein Bürgerkomitee gegründet, das für Ruhe und Ordnung sorgen sollte. Es war allerdings keine leichte Aufgabe: In Krakau herrschte Chaos, zumal nicht nur die Armee den Befehl hatte, aus der Stadt abzuziehen, sondern auch ein Teil der Zivilbevölkerung aufs Land drängte.

In der Nähe des Bahnhofs ging es besonders chaotisch zu, und da vieles von diesem Geschehen aus der Wohnung in der Radziwiłłowska zu sehen war, hatte Szymborska später diese ersten Kriegstage als äußerst dramatisch in Erinnerung. Und gleichzeitig kam ihr manches nach eigenen Worten seltsam bekannt vor. Als sie etwa gleich am zweiten Tag gesehen habe, wie über die Straßen Bauernwagen mit verwundeten Soldaten gezogen seien, habe sie bei diesem Anblick gedacht, dass sie solche Szenen schon mehrmals beobachtet habe, vertraute sie den Biografinnen Bikont / Szczęsna, aber auch anderen an: »Etwas in mir sagte: ›Aha, schon wieder‹, erzählte sie dem Filmemacher Lars Helander. ›Der mit Stroh ausgelegte Bauernwagen, das Blut, das durch die Bandagen sickert – solche Bilder gab es schließlich bei jedem unserer Aufstände zu sehen‹, erzählte sie uns.«[5]

Während die Sechzehnjährige ihre ersten Kriegserfahrungen machte, bereitete sich die Stadtverwaltung auf die Kapitulation vor. Bereits am 5. September wehten an den Hügeln, die Krakau vom Westen und Süden umgaben, weiße Fahnen; einen Tag später marschierten um sechs Uhr in der Früh die ersten Wehrmacht-Einheiten ein, kurz danach fand die Übergabe der Stadt an die Deutschen statt. Dass es bei der Übergabe friedlich zuging – einige Mitglieder des Bürgerkomitees wurden als Geiseln genommen, doch schon nach wenigen Stunden wieder freigelassen –, war für große Teile der Stadtbevölkerung ein gutes Zeichen. Es gab unter der Krakauer Intelligenz viele, die an den Universitäten von Marburg, Heidelberg, Tübingen oder Berlin studiert und von den Deutschen folglich eine hohe Meinung hatten. Außerdem hatten ja auch Politiker aus Hitlers nächster Umgebung in den letzten Vorkriegsjahren bei mehreren Gelegenheiten gezeigt, dass gutnachbarschaftliche Beziehungen mit Polen ihnen wichtig waren, etwa bei der Beisetzung von Marschall Piłsudski auf dem Wawel (1935), bei der sich unter den Trauergästen Hermann Göring blicken ließ. Und die ersten Okkupationswochen schienen ihre Hoffnungen zu bestätigen. Der erste Stadtkommandant, Eugen von Höberth, übte sein Amt ohne besondere Strenge aus, sodass die Bevölkerung langsam begann, sich vom Schock des Überfalls zu erholen und im neuen Alltag einzurichten.

Allerdings fiel der Stadt schon bald eine besondere Rolle zu: Ende Oktober wurde das sogenannte Generalgouvernement proklamiert, das vier Bezirke umfasste: Warschau,

Radom, Lublin und Krakau, das zugleich zur Hauptstadt erklärt wurde. Auf dem Wawel, der nun den Namen »Burg zu Krakau« trug, zog der neue Herrscher ein, Hans Frank, und erst mit ihm begann die eigentliche Zeit der deutschen Besatzung. Frank, der für seinen Hang zu Prunk und Luxus berüchtigt war und in seiner Habgier schnell jede Selbstkontrolle verlor, schien gleichzeitig zu vergessen, dass er nicht der alleinige Herrscher über das Generalgouvernement war, sondern sich dort die Macht mit dem SS-Reichsführer Himmler teilte. Beides rief seine politischen Rivalen auf den Plan, die dafür sorgten, dass eine Untersuchungskommission einberufen wurde, vor der er seine eigenmächtigen Konfiszierungen von Kulturgütern rechtfertigen musste. Nach dieser Demütigung legte er einen besonderen Diensteifer an den Tag, mit der Folge, dass seine antisemitischen und antipolnischen Reden immer aggressiver klangen und seine Unterschrift immer öfter unter Todesurteilen zu finden war.

Besonders unerbittlich wurde die gebildete Schicht der Krakauer Bevölkerung verfolgt. Fast täglich gab es Razzien und Verhaftungen, immer wieder fanden Massenexekutionen statt. Mehrere Tausend Akademiker wurden in das nahe gelegene KZ Auschwitz deportiert. Viele Wissenschaftler, Künstler und Schriftsteller waren auf der Flucht oder wurden erschossen. Ein besonders spektakuläres Beispiel dafür, wie sehr die Nazis entschlossen waren, die polnische Intelligenz auszurotten, war das Schicksal der Professoren der Krakauer Jagiellonen-Universität: Einige Wochen nach der Übergabe der Stadt beschlossen die Universitätsbehörden die Hochschule wiederzueröffnen, nicht ahnend, dass ihre Pläne nach Berlin durchgesickert waren und dass Hans Frank, der sich Ende Oktober noch in Lodz aufhielt, ein Telegramm des Reichsministers für Wissenschaft, Erziehung und Volksbildung mit der Bitte erhalten hatte, diese Wiedereröffnung unter allen Umständen zu verhindern. So wurden Anfang November, als die Universität tatsächlich versuchte, ein neues akademisches Jahr zu beginnen, 183 Professoren und Dozenten, also fast der gesamte Lehrkörper, während der sogenannten »Sonderaktion Krakau« verhaftet und nach Sachsenhausen deportiert. Es war eine der brutalsten Aktionen gegen die Krakauer Eliten, infolge derer achtzig Personen ihr Leben verloren.

Gleichzeitig hatte Hans Frank den ehrgeizigen Plan gefasst, Krakau in ein deutsches Wissenschaftszentrum zu verwandeln. Als Erstes ließ er die Jagiellonen-Bibliothek, die unmittelbar vor dem Krieg ihre neuen Räume bezogen hatte, in die »Staatsbibliothek Krakau« umbenennen. Danach kündigte er die Eröffnung einer deutschen Universität an, zu der die Polen selbstredend keinen Zutritt haben sollten. Er konnte zwar seine Pläne nicht verwirklichen – dazu fehlte ihm die Unterstützung Berlins –, doch den Polen war trotzdem klar, dass ihnen unter der deutschen Besatzung der Zugang zu Hochschulen verwehrt bleiben würde. Laut Himmlers Anordnung sollte sich die Schulbildung der polnischen Bevölkerung auf vier Klassen Grundschule beschränken; der Unterricht hatte nur aus einfachem Rechnen, dem Schreiben des Namens und der Lehre zu bestehen, dass es ein göttliches Gebot sei, ehrlich, fleißig, brav und den Deutschen gehorsam zu sein; Lesenlernen hielt er nicht für erforderlich. Die polnische Seite tat also alles, um im Untergrund so schnell wie möglich das eigene Bildungssystem wieder in Gang zu setzen.

Auch Ichna Szymborska nahm am konspirativen Unter-

Wisława (rechts) mit Freundinnen in der Okkupationszeit (1940)

richt teil. Anfangs versuchten die Ursulinen noch, den Schein der Normalität zu wahren und am 1. Oktober, einen Monat nach Kriegsbeginn, ein neues Schuljahr zu beginnen. Doch schon wenige Wochen später, am 11. November, wurden alle Hochschulen und Gymnasien geschlossen. So blieb auch den Nonnen nichts anderes übrig, als sich möglichst bald auf die konspirativen Unterrichtsformen umzustellen. Seitdem wurde das Schulprogramm nur noch in Privatwohnungen realisiert, immer in kleinen Gruppen, mit jeweils einem Lehrer und unter Wahrung strengster Vorsichtsmaßnahmen – zu denen es auch gehörte, Sachen parat zu haben (Bücher, Noten, Spiele), durch die im Fall einer Razzia der Eindruck eines geselligen Treffens hätte entstehen können. Was nicht bedeutet, dass die Schülerinnen ganz auf Amüsement verzichteten. Im Gegenteil: Trotz der schwierigen Umstände waren die Kriegsjahre für Ichna und ihre Freundinnen auch eine Zeit der Verabredungen, Spiele und Flirts, der Picknicks und Ausflüge aufs Land.

Für Ichna war es außerdem eine Zeit der ersten künstlerischen Erfolge, die sie manchmal auch ihren Schulfreundschaften verdankte. So war es im Fall ihres zeichnerischen Talents: Der Vater ihrer besten Freundin, Małgosia Stanisławska, ein bekannter Anglist und Autor mehrerer Lehr- und Wörterbücher, setzte ebenfalls seinen Unterricht im Untergrund fort, nur waren die Teilnehmer seiner Kurse keine Schüler, sondern Studenten der Handelsakademie und der Universität. Und da sie dabei mit einem einzigen, immer stärker beschädigten Exemplar seines Lehrbuchs auskommen mussten, beschloss er, eine neue Ausgabe vorzubereiten, und gab Ichna den Auftrag, sie zu illustrieren. Das Buch wurde natürlich unter konspirativen Bedingungen gedruckt, doch gleich nach dem Krieg erschien es erneut – auch mit ihren Bildern. Und einer ihrer ersten größeren literarischen Erfolge ging auf den Umstand zurück, dass der Vater einer anderen Schulfreundin, Renia Miętta-Mikołajewicz, Gutsverwalter des Grafen Jerzy Potocki war. Das Anwesen lag in Olsza, einem grünen Winkel von Krakau, wo auch Renias Familie lebte und wo manchmal der Unterricht der Mädchen stattfand. Als Ichna einmal im Frühjahr von dort zurückkehrte, trat sie auf eine dünne Schicht Eis, ohne zu bemerken, dass darunter ein Wassergraben lag, und landete in einer Mischung aus eiskaltem Wasser und Schlamm. Folge dieses Abenteuers war das »epische Gedicht« *Die Ertrunkene*, das – zur Begeisterung ihrer Freundinnen, denen sie es später vorlas – aus mehreren Strophen voller Pathos, übertriebener Dramatik und Selbstironie bestand:

Dort, wo unter Wasser tiefer Schlamm und Gras
(Wenn du durchkommst, dann nur bis zum Kragen nass),
Spielte sich neulich eine Tragödie ab:
Ein Mädchen fiel hinein, und es wurde knapp.

Anfangs kämpfte es tapfer und blieb munter,
Doch dann verschluckte es sich und ging unter.
Verrückte Ichna! Verflucht deine Beine,
die dich dorthin trugen – nachts und alleine.*

Renias Freude über das Gedicht war gar so groß, dass sie es in ihren Papieren behielt, weshalb man diese juvenile Kostprobe von Szymborskas Humor noch heute lesen kann. Durch die Zustimmung ihrer Altersgenossinnen ermuntert und einige Verbindungen zu jungen Musikern animiert (diese verdankte sie ihrer Schwester, die unter anderem mit dem späteren Stardirigenten Witold Rowicki befreundet war), schrieb sie als Nächstes einige scherzhafte, manchmal leicht frivole Liedertexte und – gegen Ende des Krieges – ein paar Novellen. Jahre später erzählte sie, sie habe damals fast ausschließlich Romane gelesen und sich selbst eher als künftige Prosaautorin gesehen – daher diese Novellen, von denen eine sogar in einer Studentenzeitschrift erschienen sei.

Wirklich dramatische Erlebnisse blieben ihr damals erspart, sodass sie ihre Untergrund-Edukation in vollem Umfang absolvieren konnte; diese endete im Jahr 1941, in dem

* Alle in diesem Buch zitierten und von Szymborska oder ihren Freunden verfassten scherzhaften Reimgedichte – die von ihr später besonders geliebten Limericks eingeschlossen – wurden von der Autorin übersetzt bzw. nachgedichtet.

sie achtzehn wurde und ihr Abitur ablegte: schriftliche Prüfungen in Polnisch, Mathematik und Französisch und mündliche in Polnisch, Französisch, Latein und Geschichte. Mathematik war bekanntlich nicht ihre Stärke und entsprechend knapp war das Prüfungsergebnis; später scherzte sie manchmal, sie würde ihr Abitur Hitler verdanken, denn hätte man sie in diesem Fach unter normalen Umständen geprüft, wäre sie bestimmt durchgefallen. Aber sie hatte ihr Abitur hinter sich gebracht, wenn auch ohne ein richtiges Reifezeugnis – dieses wurde ihr erst nach dem Krieg, im August 1945, von der Staatlichen Prüfungskommission ausgestellt.

Das Abitur bedeutete für sie nicht nur den Abschluss des Gymnasiums, sondern auch, vorläufig zumindest, das Ende ihrer Ausbildung. Ein Studium während der Besatzung kam nicht infrage – sie musste möglichst schnell eine Arbeitsstelle finden, um ein wenig zum Lebensunterhalt ihrer Familie beizusteuern, deren Situation seit dem Kriegsausbruch noch schwieriger geworden war. Frau Szymborska verkaufte kleines Mobiliar, Bilder und Teppiche aus ihrer Wohnung und selbstgebackene Kuchen; Nawoja und ihr frisch angetrauter Mann, Stanisław Szymański – das Paar hatte im Februar 1941 geheiratet –, versuchten sich im Nähen von Schuhen. Vor allem aber wurde ein Teil der Wohnung an die Mitarbeiter der Polnischen Staatsbahn vermietet. Da Anna Szymborska aus einer Eisenbahnerfamilie stammte, verfügte sie über entsprechende Kontakte, die ihr auch schon vor dem Krieg in mancher Situation geholfen hatten. Jetzt konnte sie durch die Vermietung sich und ihre Familie davor bewahren, was vielen Polen, die über geräumige Wohnungen in günstigen Lagen verfügten, passierte:

Vom Schulmädchen zur jungen Frau – Wisława gegen Kriegsende

Sie wurden aus ihnen von den deutschen Besatzern einfach rausgeworfen.

Vermutlich war es auch diesen Kontakten zu verdanken,

dass Wisława eine Stelle als Büroangestellte bei der Bahn bekam. So hatte sie nicht nur ihre eigenen Einkünfte, sondern genoss auch einen gewissen Schutz. Wer nämlich keine Arbeit hatte, musste nicht nur um die materiellen Grundlagen seiner Existenz, sondern auch um sein Leben fürchten: Ohne Arbeitsausweis lief man Gefahr, zur Zwangsarbeit nach Deutschland deportiert zu werden, etwa in einen der Rüstungsbetriebe, die ständig neue Arbeitskräfte brauchten und von den Straßenrazzien, die bis zum Schluss zum Kriegsalltag gehörten, profitierten. Selbst als die militärischen Niederlagen der Deutschen einsetzten, gab es weiterhin Verhaftungen und Straßenpatrouillen, denen die Passanten schnell aus dem Weg gingen, weil allein der Blickkontakt mit einem Deutschen Deportation oder Tod bedeuten konnte.

Auch von dem Geburtsnamen ihrer Mutter (Rottermund), der schon bald nach Kriegsausbruch das Interesse der deutschen Verwaltungsbehörden weckte, ging eine Gefahr aus. Zunächst hielt man Anna Szymborska für deutschstämmig, doch als sie sich weigerte, die Volksliste zu unterschreiben, begann man nachzuforschen, ob sie keine Jüdin sei. Sie musste es nicht nur mit dem Taufschein und der kirchlichen Heiratsurkunde, sondern auch mit entsprechenden Papieren ihres Vaters belegen. Als Wisława Szymborska Jahre später davon erzählte, tat sie es in einem recht entspannten Ton: »Die arme Mutter musste Dokumente über die polnische Abstammung ihrer Familie vorlegen, die in das 16. Jahrhundert zurückreichte. Schließlich ließen sie sie in Frieden.«[6] Doch in Wirklichkeit wurde sie von den angeblichen jüdischen Wurzeln ihrer Mutter nicht nur in Kriegszeiten, sondern ihr Leben lang verfolgt – am schlimmsten während der antisemitischen Hetze von 1968, als die kommunistischen Behörden den Namen Rottermund unter die Lupe nahmen, und dann nach der Verleihung des Nobelpreises, als die sogenannten »echten Polen« es taten. Sogar noch kurz vor ihrem Tod, im Jahre 2010, bekam sie eine Anfrage, ob man ihre Gedichte in eine Anthologie polnischer Dichter jüdischer Herkunft aufnehmen dürfe. Worauf sie nicht nur nein sagte, sondern mit einem Brief antwortete: »Die Gerüchte über die jüdische Abstammung meiner Mutter werden durch keine Fakten bestätigt. Der Name Rottermund gehörte einer in Krakau ansässigen deutschen Kaufmannsfamilie, die sich, soviel ich weiß, bereits im 16. Jahrhundert polonisierte. Aus dieser Zeit stammt auch ein in Stein gemeißeltes Epitaph, das sich in der Marienkirche befindet.« Sie habe, schrieb sie weiter, diese Gerüchte, die offenbar »von unseren eifrigen Antisemiten in die Welt gesetzt« worden seien, nie dementiert, weil sie es »für dumm und unangemessen« gehalten habe. Und sie fügte schließlich hinzu: »Übrigens, manchmal denke ich mir, es wäre nicht schlecht, mit wenigstens einer kleinen Menge des Blutes dieser enorm talentierten Nation geboren zu werden. Vielleicht wäre ich dann begabter, würde mehr, besser und mit weniger Mühe schreiben …«[7]

In den Kriegsjahren wird sie sich solche Gedanken allerdings kaum gemacht haben – schon allein aufgrund der damaligen Situation der jüdischen Bevölkerung, die sie aus unmittelbarer Nähe erlebte. Vor dem Krieg lebten in Krakau ca. 70 000 Juden; die meisten in Kazimierz, einem eigenen Stadtteil, in dem sie ungehindert ihre Tradition pflegen konnten. Doch viele wohnten auch in der Innenstadt, unter den Polen. Die einen waren völlig assimiliert, die anderen beherrschten zwar die polnische Sprache und waren gebildet, bevorzugten jedoch die traditionelle jüdische Lebensweise. Manche hatten politische Ambitionen, etwa im Rahmen der zionistischen Bewegung, die auch in Krakau immer mehr an Bedeutung gewann, wobei sie hier einen anderen Charakter hatte als in Warschau oder Lemberg. Dort dominierte der sozialistisch bzw. nationalistisch gefärbte Zionismus, während in Krakau seine liberale Variante überwog. Anführer der Krakauer Zionisten war Ozjasz Thon, ein Soziologe und Philosoph, Mitarbeiter von Theodor Herzl und Mitbegründer der ersten zionistischen Gruppen in Galizien. Als er 1936 starb, deuteten viele Krakauer Juden seinen Tod als das Ende der guten Zeiten. Zu Recht, wie sich sehr bald zeigen sollte: Zwar spielte sich das jüdische Leben weiterhin in seiner ganzen Vielfalt ab, doch in einem spürbar veränderten Klima. Immer öfter bekamen die Krakauer Juden die Feindseligkeit der rechten Gruppierungen zu spüren, die, ähnlich wie in anderen Städten, zum Boykott des jüdischen Handels aufriefen oder antisemitische Exzesse an den Hochschulen provozierten.

Der Kriegsausbruch verschärfte bekanntlich die Situation noch, auch in Krakau. Die Verfolgung der hiesigen Juden erreichte den ersten Höhepunkt im März 1941, als für sie ein Ghetto errichtet wurde – überraschenderweise nicht in Kazimierz, sondern in Podgórze, einem Viertel am linken Weichselufer, in dem vor dem Krieg ebenfalls viele Juden lebten. Schon nach kurzer Zeit wurden die Lebensbedingungen dort unerträglich, zumal das Ghetto auch Menschen aus den umliegenden Gemeinden aufnehmen musste. Das Schlimmste kam aber im Juni 1942: die erste Deportation. In drei Etappen wurden insgesamt 7000 Juden ausgesiedelt. Wohin, wusste anfangs niemand; erst im November, nach der dritten Aussiedlung, erreichte das Ghetto die Nachricht, dass alle Deportierten im Vernichtungslager Bełżec den Tod fanden. Die Stimmung im Ghetto änderte sich schlagartig; viele versuchten die Flucht auf die arische Seite, es gab zahlreiche Selbstmordfälle.

Währenddessen gingen die Repressalien weiter. Im Dezember 1942 wurde das Ghetto geteilt: In dem einen Teil lebten diejenigen, die Arbeit hatten, in dem anderen die Arbeitsunfähigen; der Kontakt zwischen beiden Teilen war verboten. Schließlich kam der verhängnisvolle 13. März 1943: Es begannen die Liquidierung des Ghettos und die Umsiedlung der Überlebenden ins Arbeitslager Płaszów. In den Straßen spielten sich grauenvolle Szenen ab; allein der Anblick des sadistischen Lagerkommandanten Amon Göth, der mit einer Maschinenpistole in der Hand und zwei riesigen Hunden im Schlepptau die Aktion leitete, versetzte die Menschen in unbeschreibliche Panik. Irgendwann war alles vorbei, und – wie Tadeusz Pankiewicz, Eigentümer der legendären Apotheke zum Adler, der sich als einziger Arier im Ghetto aufhalten durfte, später in seinen Erinnerungen schrieb – »über die entvölkerten Straßen und verlassenen Häuser des Ghettos« habe sich »Grabesstille« gelegt.[8]

Viele dieser Details erfuhren Wisława und ihre Familie erst nach dem Krieg, die Ausmaße der Verfolgung, denen die jüdische Bevölkerung ausgesetzt war, kannten sie aber schon damals – und versuchten im Rahmen des Möglichen zu helfen. Im Haus in der Radziwiłłowska hatte es vor dem Krieg jüdische Mieter gegeben, und mindestens zwei von ihnen, ein Schneider und seine Frau, konnten hier auch während des Kriegs bleiben. Natürlich nicht in den eigenen vier Wänden, und schon gar nicht bei den Szymborskis, die nach der

Aufteilung ihrer Wohnung selbst nur zwei Zimmer zur Verfügung und zudem ihre Mieter hatten, denen sie nur bedingt trauen konnten. Aber es gab im obersten Stockwerk ein Versteck, das vermutlich bei der Reparatur des Dachs entstanden war und in dem das Ehepaar die Besatzung überleben konnte. Später konnte sich Szymborska auch noch an andere ehemalige jüdische Mieter erinnern, die bei ihrer Mutter ihre Wertsachen deponiert und nach dem Krieg abgeholt hätten.

Wie nah ihr damals das Schicksal der Juden ging, konnte man Jahre später in ihrem Gedicht *Noch* nachlesen:

In plombierten Waggons, bewacht,
fahren Namen durch Land und Nacht,
Wohin sie fahren in Herden
und ob sie aussteigen werden,
fragt nicht, ich sag's nicht, ich weiß's nicht.

Der Name Nathan schlägt an die Wand,
der Name Issak lallt ohne Verstand,
der Name Sarah ruft nach Wasser für
den Namen Aaron, der verdurstet hier. (…)[9]

Genaugenommen konnten es diejenigen nachlesen, die Szymborska nur von ihren Gedichtbänden kannten: Es erschien 1957 im Band *Rufe an Yeti*. Wer hingegen ihr Schaffen von Anfang an aufmerksam verfolgte, der konnte sich schon 1948 davon überzeugen, wie sie mit diesem Thema umging, indem er ihr ebenso eindrucksvolles Gedicht *Judentransport 1943* las, das in *Dziennik Literacki* (Literarisches Tageblatt) erschien und Jahrzehnte später – und unter dem Titel *Judentransport* (ohne Jahr) – in *Das schwarze Lied*, eine posthume

Ausgabe ihrer Gedichte aus den Jahren 1944–1948, aufgenommen wurde.

Es trifft nämlich nicht ganz zu, was die Dichterin im Alter ihrem Sekretär sagte: Nicht alle ihre Kriegsgedichte sind im Papierkorb gelandet. Unter diesen juvenilen Werken, die sich zu *Das schwarze Lied* zusammensetzen, wurden die ersten sieben während der Besatzung geschrieben, und mindestens dreizehn sind dem Thema Krieg gewidmet. In einigen schwingen auch persönliche Erlebnisse mit, etwa der Verlust eines geliebten Mannes, der, wie sie dem Biografinnen-Duo Bikont / Szczęsna erzählte, als Soldat der Heimatarmee nach Vilnius geschickt worden sei: »Es war das Jahr 1943, vielleicht 44. Und dann kam kein einziger Brief. Ich erkundigte mich und suchte nach ihm, aber nie gelang es mir, eine Spur von ihm zu finden; ich habe nicht einmal herausgefunden, wo er begraben wurde.«[10] Das war aber auch schon alles, was sie bereit war preiszugeben. Überhaupt hatte jede Geschichte aus der Kriegszeit, die sie erzählte, Seltenheitswert und wurde deshalb von ihren Biografinnen besonders fleißig notiert. Etwa die »über die Angst«, die sie der Dichterin Urszula Kozioł anvertraute: »Es war ein schöner Frühlingstag, das Kriegsende nahte, und in Krakau gab es keine Deutschen mehr. Wisława machte mit einer Freundin einen Ausflug in einen kleinen Ort in der Nähe von Krakau. Dort entfernten sie sich von den Häusern, tauchten in einen Wald ein und fanden sich plötzlich inmitten eines Lagers sowjetischer Soldaten wieder. Sie konnten nicht mehr zurück, sondern mussten, ganz starr vor Angst, durch das Lager hindurchgehen. Und sie gingen hindurch – als wären sie unsichtbar.«[11]

Ein Erlebnis besonderer Art hatte Szymborska kurz vor Kriegsende: Am 14. März 1945 sah sie zum ersten Mal ihren

Namen in einer Zeitung. Er stand unter einem Gedicht, das in einer Beilage von *Dziennik Polski* (Polnisches Tageblatt) abgedruckt wurde, die *Walka* (Der Kampf) hieß und sich als ein Forum für junge Literaten verstand. Sie wurde von Adam Włodek redigiert, einem Dichter mit unerschütterlichem Glauben an die neue, kommunistische Realität, der beabsichtigte, in *Walka* einen, wie er in seinem ersten Leitartikel verkündete, »echten und zielgerichteten Kampf um einen neuen Menschen«[12] zu führen. Er sollte bald eine sehr wichtige Rolle in Szymborskas Leben spielen, ihre erste Begegnung war allerdings, wie er selbst nach Jahren zugab, alles andere als vielversprechend: »Witold Zechenter, der damals im Kulturressort der Zeitung arbeitete, übergab uns einige Gedichte einer jungen Autorin, die wir nicht einmal vom Sehen kannten. Diese Gedichte zeichneten sich durch nichts Besonderes aus – mehr noch: sie waren einfach schwach. So schwach, dass wir keine Möglichkeit sahen, auch nur eines davon abzudrucken.«[13] Die Redaktion hätte sie der Dichterin ohne Zögern zurückgeschickt, doch sie habe keine Adresse hinterlassen. Und da Zechenter sehr hartnäckig gewesen sei, habe man schließlich beschlossen, eines dieser Gedichte zu überarbeiten – er und einer seiner Kollegen hätten es in stundenlanger Arbeit getan – und unter dem Titel *Ich suche das Wort* zu veröffentlichen.

Von der intellektuellen und künstlerischen Finesse der späteren Gedichte war dieses Erstlingswerk, in dem es ihr laut Włodek darum gegangen sei, »die Schwierigkeiten zu dokumentieren, die sich vor einem Menschen türmen, der möglichst präzise das ganze Ausmaß der Naziverbrechen ausdrücken will«,[14] in der Tat noch weit entfernt. Einige Kritiker glaubten dennoch, in der jungen Dichterin eine neue, interessante Stimme zu entdecken. Sie ahnten nicht, welche Folgen ihre negative Reaktion gehabt hätte. Jahre später würde Szymborska jedenfalls in einem Interview sagen: »Hätte man dieses erste, noch wacklige Gedicht abgelehnt, hätte ich wahrscheinlich auf weitere Lyrikversuche verzichtet. Ich hätte vielleicht noch Prosa geschrieben, aber keine Lyrik. Damals zumindest, als ich in die Redaktion des *Dziennik* ging, hatte ich das Gefühl, dass ich es zum ersten und – im Fall einer Ablehnung – auch zum letzten Mal täte.«[15]

Kapitel 3

Das schwierige Debüt

Es war nicht einfach, im Jahr 1945 zu debütieren, vor allem wenn man erst zweiundzwanzig Jahre alt war und noch keinen Namen hatte. Krakau war zwar weitgehend intakt geblieben, dennoch war es auch hier für niemanden leicht, an die vor dem Krieg begonnene literarische Laufbahn anzuknüpfen, geschweige denn, eine zu beginnen. Dies dürfte Szymborska genauso schnell klar geworden sein wie all den Schriftstellern, die nach der Zerstörung Warschaus und nach dem Verlust der Ostgebiete hierherströmten.

Der Einmarsch der Roten Armee bedeutete für Polen bekanntlich nicht nur das ersehnte Kriegsende, sondern auch die Einführung des Kommunismus – sie wurde durch das Manifest des Polnischen Komitees der Nationalen Befreiung (PKWN) sanktioniert, das am 22. Juli 1944 in Lublin verkündet worden war – und damit eine grundlegende Änderung der politischen und gesellschaftlichen Wirklichkeit. Die sowjetischen Soldaten, die durchs Land zogen (und Krakau am 18. Januar 1945 befreiten), sahen zwar kaum wie die Verkörperung einer glücklichen Zukunft aus – sie glichen eher Landstreichern als einer siegreichen Armee –, die Menschen begrüßten sie aber trotzdem mit Freude und Hoffnung. Im Grunde blieb ihnen auch nichts anderes übrig, sie hatten ja nur diese zwei Optionen: ein neues Leben zu beginnen, unter welchen Umständen auch immer, oder Widerstand zu leisten. Die überwiegende Mehrheit entschied sich für Ersteres und legte einen authentischen Neuanfang-Optimismus an den Tag. Anfangs versuchten auch die neuen Machthaber, den Schein eines politischen Pluralismus zu wahren – die traditionsreiche Polnische Sozialistische Partei (PPS) durfte neben der 1942 gegründeten Polnischen Arbeiterpartei (PPR) bestehen, doch schon 1948 wurde ein Einparteiensystem beschlossen und die beiden Formationen zur Polnischen Vereinigten Arbeiterpartei (PZPR) zusammengefügt. Sie übernahm voll die Kontrolle über das politische Leben im Land, was auf den Beginn eines Regimes stalinistischer Prägung hindeutete und in vielen Schichten der Gesellschaft für starke Unruhe und Verunsicherung sorgte. Es gab zwar Menschen, die allen Grund hatten, zufrieden zu sein – vor allem unter den Bauern und Arbeitern –, die Mehrheit aber reagierte auf die Sowjetisierung, die sich langsam in allen Lebensbereichen breitmachte, zunehmend misstrauisch.

Was die Situation der Schriftsteller zusätzlich erschwerte, war die Tatsache, dass die Strukturen des literarischen Lebens noch völlig unüberschaubar waren. In den Okkupationsjahren konzentrierte sich dieses Leben in den Großstädten des »Generalgouvernements«, Warschau und Krakau, es gab aber auch eine Schriftstellergruppe, die sich in Lemberg um eine kommunistische Monatsschrift versammelte und aus der sich nach der Befreiung der neue Schriftstellerverband formierte. Und da waren auch noch die in den Westen geflüchteten Autoren. Einige kehrten zwar nach 1945 zurück, die meisten von ihnen blieben aber im Ausland, wo sie binnen weniger Jahre mehrere Zentren der polnischen Exilliteratur schufen: in Paris, London oder New York. Auf diese Weise hatte sich noch während des Kriegs eine Spaltung der polnischen Literatur vollzogen: in die »offizielle«, die – wirklich oder scheinbar – mit der neuen Gesellschaftsordnung konform ging, und in die von Anfang an als oppositionell geltende Exilliteratur.

Und nicht zuletzt: Die neuen politischen Verhältnisse zogen auch eine heftige Diskussion über die neuen Aufgaben der Literatur nach sich, bis schließlich eine Gruppe marxistisch orientierter Soziologen und Literaturkritiker dafür sorgte, dass auf dem Stettiner Kongress des Polnischen Schriftstellerverbandes im Januar 1949 der Sozialistische Realismus als maßgebliche Doktrin beschlossen wurde. Die Autoren waren nun verpflichtet, die neue Realität zum Thema ihrer Werke zu machen und ihre Stilmittel politischen Kriterien unterzuordnen – was für junge Dichter wie Szymborska, die ihren eigenen Stil noch nicht gefunden hatten und die mit der oft avantgardistischen Poesie der Zwischenkriegszeit aufgewachsen waren, besonders verwirrend gewesen sein muss. Allerdings wurde die neue Kulturpolitik nicht überall akzeptiert. Die in Lodz gegründete Zeitschrift *Kuźnica* (Die Schmiede) etwa wurde zur Bastion der literarischen Linken, in Krakau hingegen formierte sich sehr schnell eine Gruppe von Intellektuellen, die der neuen Doktrin kritisch gegenüberstanden. Sie versammelten sich um die katholische Zeitschrift *Tygodnik Powszechny* (Allgemeines Wochenblatt), die im März 1945 entstand und deren journalistische Richtlinien von Anfang an von Jerzy Turowicz, ihrem Mitbegründer und Chefredakteur, bestimmt wurden. Gleich zu Beginn stellte er in einem Leitartikel fest, dass der Umbau Europas im Fall Polens in fremden Händen liege und dass man folglich das Individuum vor dem Druck unpersönlicher kollektiver Kräfte zu schützen und seine freie Entfaltung zu fördern habe. Und diesen Grundsatz versuchten er und seine Mitarbeiter in den folgenden Jahrzehnten Woche für Woche umzusetzen.

Eine andere Krakauer Insel des freien Denkens war die Jagiellonen-Universität, an der Wisława Szymborska in den Jahren 1945–1948 zuerst Polonistik und dann, ab 1946, Soziologie studierte. Die älteste polnische Hochschule war nicht nur für ihr hohes intellektuelles Niveau, sondern auch dafür bekannt, dass sie stets mit allen Mitteln ihre Unabhängigkeit verteidigte. Nun, nach all den schmerzhaften Erfahrungen, die sie während des Krieges hatte machen müssen, war sie noch weniger bereit, mit ihrer Tradition zu brechen und sich den Forderungen der neuen Machthaber zu fügen. Einiges von diesem freiheitlichen Klima der Universität färbte naturgemäß auf die junge Studentin ab, auch wenn sie im Endeffekt keine der gewählten Fachrichtungen absolvierte – nach eigenen Worten wegen zu viel Marxismus im Studienprogramm, vermutlich jedoch aufgrund ihrer materiellen Situation. So tauschte sie die Universität gegen mehrere Redaktionen – zuerst von *Walka,* wo man ihr nach der Veröffentlichung der ersten Gedichte eine Stelle angeboten hatte, dann von *Świetlica Krakowska* (Krakauer Treff), einer Zweiwochenschrift, die vom Ministerium für Information und Propaganda herausgegeben wurde. Ab 1947 war sie dort Redaktionssekretärin, sie schrieb aber auch Artikel und Polemiken, die dem neuen politischen Klima entsprachen. Nach der Liquidierung der Zeitschrift wechselte sie Anfang 1948 zu *Dziennik Literacki* (Literarisches Tagesblatt), einer weiteren Beilage von *Dziennik Polski,* um von dort schließlich in den frühen 1950ern den Weg zur Wochenschrift *Życie Literackie* (Literarisches Leben) zu finden.

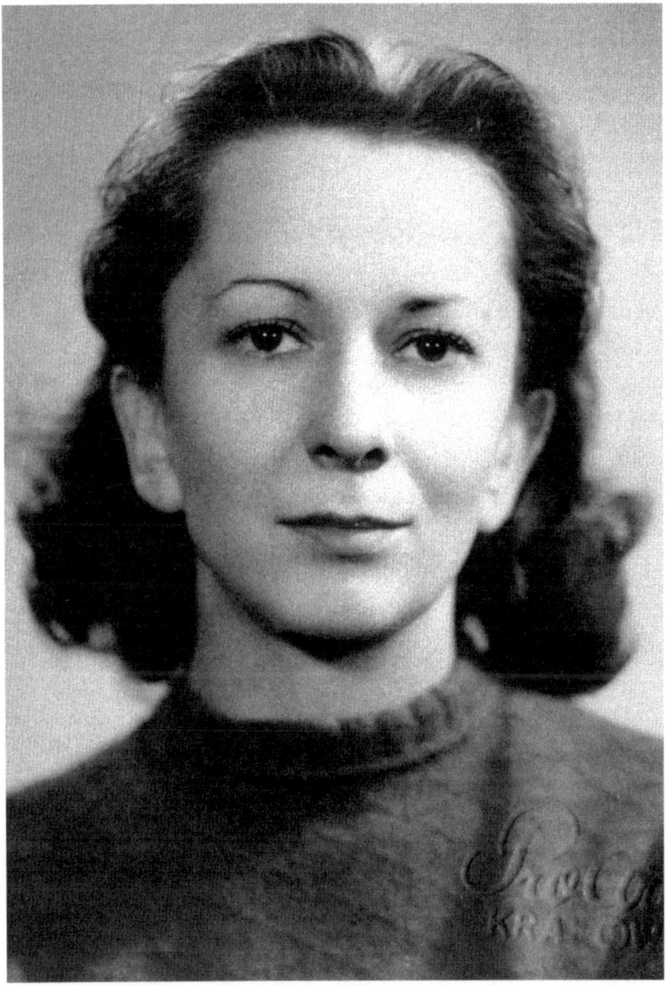

Kurz nach dem Krieg

Die Zugehörigkeit zu dem Literatenkreis, der sich um *Walka* versammelte, empfand sie später als sehr prägend. »Es war mein erstes literarisches Milieu, hier begann ich zum ersten Mal ernsthaft über das Schreiben von Lyrik nachzudenken«,[1] behauptete sie in einem Brief zum zehnjährigen Jubiläum von *Dziennik Polski*. Dabei wäre sie damals beinahe nach Warschau gezogen. Darauf deuten zumindest Briefe zweier ihrer Freunde hin, denen sie von solchen Plänen erzählt haben muss. Der eine Freund, Zygmunt Szymczak, ein junger Maler, hatte sie offenbar auch gutgeheißen, denn in einem Brief vom März 1946 tadelte er sie scharf für ihr Zögern (»Das Leben ist kein ruhiger Spaziergang! Beweg dich, Mädchen!«[2]) Der andere, Artur Weksler, der selbst literarische Ambitionen hatte, fragte sie nach den Karriereaussichten, die man sich vom Umzug nach Warschau versprechen könnte. Diese dürften in der Tat einer der Gründe für Szymborskas Pläne gewesen sein. Der Wiederaufbau von Warschau, dessen »Hauptstadttauglichkeit« man aufgrund der Ausmaße seiner Zerstörung noch vor Kurzem angezweifelt hatte, kam in riesigen Schritten voran, und all die Schriftsteller, die unmittelbar nach dem Krieg in Krakau und Lodz Zuflucht gesucht hatten, kehrten jetzt langsam dorthin zurück und formierten eine Literaturszene, der anzugehören gewiss seine Vorteile gehabt hätte. Krakau mit seinen wenigen Verlagen und Literaturblättern konnte in dieser Hinsicht kaum mithalten.

Der zweite Grund war wohl ihr Wunsch, all dem, was ihr Leben in der Radziwiłłowska ausmachte, endlich zu entfliehen. Der dortigen Enge: Ein Teil der Wohnung wurde, ähnlich wie während des Krieges, vermietet, sodass sie und ihre Familie mit zwei Zimmern ohne eigenes Bad auskommen mussten. Und dem Hang ihrer Mutter und ihrer Schwester, sich in ihr Leben einzumischen. Sowohl Frau Szymborska als auch Nawoja sahen in ihr immer noch die kleine, ein wenig unberechenbare Ichna, auf die man aufpassen müsse, und da beide für die eigentliche Bestimmung einer Frau die Gründung einer Familie hielten, neigten sie auch dazu, ihr entsprechende Ratschläge zu erteilen und jeden ihrer männlichen Freunde als einen potenziellen Heiratskandidaten zu betrachten. Das muss für sie irritierend gewesen sein, zumal es vorkam, dass ihre Schwester die an sie adressierten Briefe las. Im Endeffekt fehlte ihr aber der Mut, ihre Umzugspläne umzusetzen, und sie blieb in Krakau.

Auch ihr Freund Artur Weksler, der ihr zu diesem Zeitpunkt besonders nahestand, zog nicht nach Warschau. Er blieb aber auch nicht in Krakau, sondern wanderte im Herbst 1946 nach Palästina aus. Er war Jude und hatte als solcher während des Kriegs Dramatisches erlebt. Seine aus Lodz stammende Familie wurde ins Ghetto Tschenstochau umgesiedelt, wo sein Vater 1942 ermordet wurde; ihm und seiner Mutter gelang die Flucht. Sie wurden von einer polnischen Familie versteckt und flohen nach einigen Monaten nach Warschau, dort wurden sie aber Opfer der dortigen Schmalzowniks, erpresserischer Häscher, die untergetauchte Juden auszuliefern drohten, und kehrten nach Tschenstochau zu ihren ursprünglichen Beschützern zurück. Schließlich schlug sich Artur mit gefälschten Papieren nach Norddeutschland durch, wo er bis 1945 bleiben konnte. Nach dem Krieg kehrte er nach Polen zurück und fand seine Mutter, die auch überlebt hatte. Sie zogen in die Nähe von Krakau, wo sie erneut heiratete und er sein Abitur machte. Sein Traum war, Jura zu studieren und zu schreiben. Stattdessen verließ er mit seiner Familie das Land – nach dem Pogrom von Kielce (Juli 1946), bei dem wegen der angeblichen Entführung eines christlichen Jungen über vierzig Juden ermordet und weitere achtzig verletzt wurden, war den wenigen jüdischen Überlebenden die Lust auf einen Neuanfang in Polen endgültig vergangen.

Sowohl während der Reise nach Palästina, die über Tirol und Italien führte, als auch von dort schrieb er Briefe an Wisława, und aus den wenigen, die sich in ihrem Archiv befinden, geht hervor, dass ihre Freundschaft einen intimen Charakter hatte: »Tausendmal erinnere ich mich an jeden Moment, den ich mit dir verbracht habe«, heißt es in einem dieser Briefe, »tausendmal küsse ich deine Lippen, Augen, Hals, Brüste; in ständig neuen Varianten stelle ich mir künftige Begegnungen mit Dir vor.«[3] Diesen Briefen ist auch zu entnehmen, dass er sich anfangs nicht sicher war, ob die Emigration eine gute Idee gewesen sei, doch mit der Zeit akzeptierte er Israel, wo er Anwalt und Notar wurde, als seine neue Heimat. Weder er noch Szymborska sprachen je über ihre Beziehung, obwohl sie beide ihr Leben lang das Foto des anderen aufbewahrten. Sie sahen sich auch vermutlich nie wieder – nicht einmal nach ihrem Nobelpreis, als er ihr schrieb, er würde ihr gern sein Israel zeigen, oder im Jahr 2003, als sie das Land schließlich besuchte.

Ob seine Ausreise dazu beigetragen hatte, dass sie damals, in den späten 1940ern, ihre Beziehung zu Adam Włodek vertiefte? Oder ging es ihr einfach ähnlich wie all den Frauen, auf die Włodek trotz seines unattraktiven Äußeren – »klein und dick, mit großer Neigung zum Zunehmen, üppigem Haarschopf über der niedrigen Stirn und intelligentem Blick«,[4] wie ihn der Schriftsteller und Dramatiker Sławomir Mrożek in seiner Autobiografie beschreibt – eine seltsam anziehende Wirkung hatte? Als sie Jahre später gefragt wurde, woran es lag, dass er beim anderen Geschlecht so gut ankam, sagte sie: »Adam hatte eine sehr natürliche Art, er spielte einem nichts vor, und eine Frau musste in seiner Gegenwart auch keine Rolle spielen. Und das gab ihr das Gefühl der Ruhe und Sicherheit.«[5] Er war aber auch sonst sehr beliebt, vor allem unter jungen Dichtern, denen er gern Ratschläge gab und manchmal zu einem Debüt verhalf – nicht nur weil er als Redakteur von *Walka* diese Möglichkeit hatte und beim Krakauer Schriftstellerverband den sogenannten »Kreis der Jungen« leitete, sondern auch weil es seinem Naturell entsprach. »Er war«, so Mrożeks weitere Erinnerung, »anderen Menschen gegenüber erstaunlich offen, immer gut gelaunt, hatte eine Menge Energie und einen spezifischen Humor.«[6]

Es gab allerdings auch einige, die Adam Włodek misstrauisch beäugten. Zum einen wegen seines Verhaltens während des Kriegs: Seine ersten Gedichte erschienen in der Warschauer Monatsschrift *Fala* (Welle) und im Krakauer *Ilustrowany Kurier Polski* (Polnischer Illustrierter Kurier); beide Blätter galten als deutschfreundlich, und die Mehrheit der Gesellschaft hielt die Zusammenarbeit mit ihnen für Verrat. Erst 1943 schloss er sich dem Krakauer Untergrund an, wo er drei Gedichtbände publizierte und die Reihe *Bibliothek der Dichter* herausgab. (Die Untergrundgruppe, der er angehörte, konzentrierte sich übrigens um eine kleine Buchhandlung, die von Witold Zechenter geleitet wurde – demselben, der ihn später dazu überredete, Szymborskas Gedichte zu veröffentlichen.) Und zum anderen war manchem seine Begeisterung für den Kommunismus suspekt. Er tendierte zwar schon immer nach links, seine Ansichten wurden aber immer radikaler, bis er sich schließlich mit Adam Ważyk, dem selbsternannten »Chefideologen« des Sozialistischen Realismus, verbrüderte. Wenn man ihm, wie Mrożek, seinen

Eifer verzieh, dann nur weil er seine Ansichten »nicht verbarg«, sondern »offen, auf eine ganz natürliche Weise« darüber sprach und außerdem »eine starke, sehr amüsante Ausdrucksweise« hatte, »in die er mal Wörter aus einem Diebesjargon, mal Wendungen aus anderen Disziplinen einfließen ließ«.[7]

Als Włodek und Szymborska schließlich ein Paar wurden, entsprach ihre Beziehung anfangs dem klassischen Meister-Schülerin-Muster – er war zwar nur ein Jahr älter, aber viel erfahrener und bekannter –, das blieb aber nicht lange so. Schon als sie im Dezember 1946 an einem Kongress junger Schriftsteller, Künstler und Wissenschaftler in Warschau teilnahm, trat sie viel selbstsicherer auf; sie war schließlich eine politisch engagierte Dichterin, die sich ihrer Rolle bewusst war und vor allem: deren Karriere deutlich an Fahrt aufnahm. Bis Ende 1948 veröffentlichte sie in der Presse achtundzwanzig Gedichte, was sie manchmal – das gab sie später fairerweise zu – Adam Włodek zu verdanken hatte. Als zum Beispiel eine Ausgabe von *Walka* vorbereitet wurde, die jungen Dichtern gewidmet war, die im Warschauer Aufstand gekämpft hatten, sorgte er dafür, dass dort, neben etlichen bekannten Namen, auch Szymborska mit ihrem *Kinderkreuzzug* präsent war – einem Gedicht, das unter dem Eindruck der Nachricht vom Tod ihres Cousins Roman Plenkiewicz entstand, der am ersten Tag des Aufstands bei den Kämpfen um den Warschauer Militärflughafen ums Leben kam. Vermutlich entschied sich Włodek für das Gedicht aufgrund seiner thematischen »Tauglichkeit«, es kann aber auch sein, dass seine Freundschaft mit der Dichterin ebenfalls eine Rolle spielte.

Szymborska und Włodek heirateten im April 1948. Es war

nur eine standesamtliche Trauung – sie kamen zwar beide aus katholischen Familien, machten sich aber nichts mehr aus der Religion –, was bei der tiefgläubigen Anna Szymborska gewiss für Unbehagen sorgte. Der neue Schwiegersohn wurde aber von ihr trotzdem akzeptiert, und das junge Paar bezog eine winzige Wohnung im heute legendären Literatenhaus in der Krupnicza-Straße. Es war ein Zufluchtsort für unzählige Autoren, über den Hunderte von Geschichten und Anekdoten kursieren. Es sei, so die Insider, das einzige Haus in der Welt gewesen, in dem auf einen Quadratmeter mehrere Schriftsteller gekommen seien. Damit waren die Wohnungen in den oberen Stockwerken gemeint; der Raum im Parterre diente als Kantine, Klub, Vortragssaal und Versammlungsort des Schriftstellerverbandes und war somit Schauplatz unzähliger Lesungen, Diskussionen und Feiern.

Und über alldem wachte die omnipotente Frau Lola alias Karolina Surówka, laut Mrożek »eine potthässliche Zwergin, die allerdings viel Charme besaß«.[8] Sie hatte das Haus als Erste bezogen und fungierte seitdem als Hausmeisterin, Garderobenfrau und nebenbei als Seelsorgerin aller Bewohner. Dass sich unter ihnen solche Talente und spätere Berühmtheiten wie Jerzy Andrzejewski, Czesław Miłosz, Tadeusz Różewicz oder Stanisław Lem befanden, machte auf sie nicht den geringsten Eindruck. Jahre später, als das Literatenhaus nicht mehr existierte und es umso wichtiger war, die Erinnerung an diesen einzigartigen Ort zu bewahren, wurde sie zum Objekt fulminanter satirischer Monologe des Dichters Bronisław Maj, der dort ebenfalls einige Zeit gewohnt hatte. Und der bei anderen Gelegenheiten, wenn er nicht als Satiriker, sondern als Dichter das Klima der Krupnicza 22 beschreiben sollte, es mit viel Nostalgie tat. »Das alte, geheimnisvolle Haus«, schwärmte er einmal, »der verwahrloste, wild wuchernde Garten, der Ausblick ringsum auf die Dächer und Türme des alten Krakau, der Klang des stündlich ertönenden Trompetensignals vom Turm der Marienkirche und das Geläut der versammelten Glocken der umliegenden Kirchen, und auf der anderen Seite die spürbare Präsenz von Tradition, poetischem und künstlerischem Geist …«[9]

Doch auch das war Teil der Legende, die erst in späteren Jahren entstand; in Wirklichkeit war das vierstöckige Gebäude heruntergekommen und feucht, hatte löchrige Dächer und Wasserleitungen, die oft kaputtgingen. In den Räumen hing ständig ein modriger Geruch, die Öfen rauchten und das Schleppen von Kohle in die höheren Etagen war im Winter bestimmt kein Vergnügen, vor allem, wenn man, wie die Włodeks, im dritten Stock eines Hinterhauses wohnte und dabei eine vereiste Eisentreppe benutzen musste. Außerdem war das Haus ständig hoffnungslos überfüllt – manchmal mussten in einem Zimmer zwei sich fremde Personen und in einer größeren Wohnung mehrere Familien leben –, die Küchen und Toiletten wurden von allen gemeinsam benutzt, und der Mangel an Privatsphäre machte allen zu schaffen.

Wie sehr Letzteres zutraf, musste das junge Ehepaar bereits in seiner Hochzeitsnacht feststellen. »Am späten Abend hörten wir ein Klopfen«, soll Szymborska einmal erzählt haben. »In der Tür stand der Dichter Tadeusz Peiper. Er sagte zu Adam: ›Herr Kollege, bei mir ist ein Gast aus Lublin, ich muss ihn bei mir übernachten lassen. Könnten Sie mir etwas leihen, worauf man schlafen kann?‹ ›Ich glaube ja‹, antwortete Adam, ohne zu zögern. Auf diese Weise wurden wir zu den wohl einzigen Jungvermählten auf der Welt, die in ihrer Hochzeitsnacht um ihr einziges Bett gebracht wurden.«[10] Ihre Biografin Joanna Gromek-Illg fand allerdings heraus, dass die Anekdote nicht ganz der Wahrheit entsprach. Peiper sei Ende 1947 nach Warschau gezogen, in der Hochzeitsnacht könne er also nicht mehr in der Krupnicza gewohnt haben. Ihre Vermutung: »Szymborska erzählte die Geschichte, ohne sich zu erinnern, wann es gewesen war. Die standesamtliche Trauung war nur eine Formalität, Wisława hatte wahrscheinlich schon früher mit Adam zusammengelebt, und sie behielt diese amüsante Situation im Gedächtnis, die ihrer Liebesgeschichte Farbe verlieh.«[11]

Insgesamt aber fühlte sich die Dichterin in der Krupnicza nicht besonders wohl und gehörte später gewiss nicht zu denen, die am Mythos um das Literatenhaus strickten. Immerhin waren sie und ihr Mann gesellig genug, um viele Kontakte zu pflegen und in ihrer Wohnung regelmäßig Gäste zu empfangen. Zu den häufigsten gehörten Sławomir Mrożek und der renommierte Shakespeare-Übersetzer Maciej Słomczyński, der Szymborska von damals als eine junge Frau in Erinnerung behielt, die »im Morgenrock dasaß, französische Literatur las und intellektuell völlig autark wirkte«,[12] die aber auch viel und gern lachte. Sie erwies sich zudem als eine sehr begabte Schülerin, wenn es ums Erfinden von Limericks ging. Er beschäftigte sich mit dieser – im englischsprachigen Raum beliebten, in Polen hingegen kaum bekannten – scherzhaften Gedichtart schon seit Langem, sie hatte noch nie von ihr gehört. Also erklärte er ihr, dass ein Limerick dem Reimschema a-a-b-b-a entsprechen und in der ersten Zeile den Namen eines Ortes enthalten müsse und dass es außerdem möglichst absurd und gern etwas schlüpfrig sein solle. Und dann improvisierte er schnell irgendeinen Limerick, der zum Beispiel (sinngemäß) so klang:

Ein Taucher aus der schönen Stadt Shanghai
verlor seinen Pimmel an einen Hai.
Seitdem studierte er Mao,
trank literweise Kakao,
und auf einmal hatte er sogar zwei.

Er war auf diesem Gebiet ein wahrer Meister, sie eine Anfängerin, die begeistert seine Limericks stenografierte, damit sie nicht in Vergessenheit gerieten. Doch schon bald dichteten sie um die Wette, und nach kürzester Zeit galt sie in seinen Augen als eine ebenbürtige Partnerin. Sie hielt sich sogar an die Schlüpfrigkeit-Bedingung, wobei sie die entsprechenden Stellen immer »mit viel Charme« vorgetragen haben soll.

Trotz der schwierigen Wohnverhältnisse gab sie auch das Schreiben von ernster Lyrik nicht auf. Im Oktober 1948 hatte sie allerdings ein Erlebnis, das ihr zu denken gab und einen starken Einfluss auf ihren Stil hatte: Sie publizierte in *Dziennik Literacki* ein Gedicht, das *Sonntag in der Schule* hieß und an den Schulen – im Rahmen eines Unterrichtsfachs, das sich »Zeitgenössisches literarisches Leben« nannte – eifrig gelesen und diskutiert wurde. Dieser Eifer hatte aber auch zur Folge, dass die Redaktion von *Dziennik* einen Brief bekam, in dem ein Lehrer und seine Klasse klagten, sie hätten das Gedicht nicht verstanden, und die Autorin baten, ihnen ihr Werk zu erklären. Der Brief löste eine neue heftige Debatte über die Aufgaben der Literatur aus, und in welches Dilemma er die junge Dichterin stürzte – für die der Spagat zwischen dem Zwang, für das »einfache Volk« zu schreiben, und den eigenen Ansprüchen ohnehin schwierig war –, kann man nur verstehen, wenn man in Gedanken etliche Jahre weiter, bis zum Beginn der »echten« Szymborska, springt.

Mit Maciej Słomczyński, Anfang der 1950er Jahre

Nach diesem Vorfall schrieb sie fast zwei Jahre lang nicht, was manche eben mit ihrem inneren Konflikt begründeten, wofür Adam Włodek aber in seinen Erinnerungen einen anderen, simplen Grund nannte: Seine Frau sei damals damit beschäftigt gewesen, ihren ersten Gedichtband vorzubereiten.

Seine Erklärung dürfte insofern eher zutreffen, als er an dieser Vorbereitung beteiligt war und Szymborska selbst mit dem Band ihren Antrag auf die Mitgliedschaft im Schriftstellerverband begründete (woraufhin sie den Status einer Mitgliedsanwärterin erhielt). Er sollte ihre Werke aus den Jahren 1945–1948 enthalten und laut Włodek schlicht *Gedichte*, nach Szymborskas Angaben *Das Nähen eines Banners* heißen. Was aber viel wichtiger als der Titel war: Dieser erste Gedichtband, in dem so viel Arbeit steckte und mit dem die junge Autorin so viel Hoffnung verband, durfte damals nicht erscheinen. Warum nicht beziehungsweise ob sie wirklich von der Zensur abgelehnt wurde, wie es später immer wieder hieß – darüber waren sich die Literaturhistoriker selbst dann nicht einig, als er in der bereits erwähnten posthumen Ausgabe von 2014 (*Das schwarze Lied*) erschien. »In Wirklichkeit«, schreibt dort in ihrem Vorwort Joanna Szczęsna, eine von Szymborskas Biografinnen, »wissen wir nicht, ob *Das Nähen eines Banners* überhaupt zur Zensur gelangte, ob es von einem Verlag abgelehnt wurde oder ob die Dichterin selbst beschlossen hatte, das Buch nicht in Druck zu geben. (…) Wir wissen immerhin, dass Szymborska die strengste Kritikerin ihrer eigenen Werke war und dass sie den Papierkorb für einen wichtigen Bestandteil der dichterischen Werkstatt hielt.«[13]

Und wir wissen auch: Nach diesem gescheiterten Buchdebüt galt der Band lange als verschollen, selbst Szymborska behauptete, er würde nicht mehr existieren, bis sie 1970 eine Überraschung erlebte: Adam Włodek, der offenbar all diese Gedichte behalten hatte, tippte sie in zwei Exemplaren ab, versah sie mit Anmerkungen und Entstehungsdaten (wofür ihm die Literaturforscher bis heute dankbar sind, weil sie selbst es niemals tat) und schickte ihr eines davon, um damit, wie er in einem Begleitbrief schrieb, das 25. Jubiläum »Deines sensationellen Pressedebüts (14. März 1945) und unseres ersten persönlichen Kontakts«[14] zu ehren (das andere Exemplar behielt er für sich). Das Manuskript enthielt sechsundzwanzig Gedichte, und wenn man die, die sich zu Zyklen zusammenfügten, einzeln rechnete, dann sogar neununddreißig. Laut einem Vermerk von Włodek handelte es sich aber dabei eher um eine vorläufige Auswahl.

Wäre dieser Band damals, im Jahr 1949, erschienen, wäre es nach Joanna Szczęsnas Ansicht kein glänzendes Debüt gewesen. In ihren Augen gehörte Szymborska zu den Dichtern, »die Zeit brauchen, um ihren Ton zu finden bzw. damit dieser Ton vollkommen wird«. Sie gibt aber auch zu, dass »in diesen juvenilen Werken erstaunlich viel von der Szymborska steckt, die wir kennen und bewundern: Motive, zu denen sie immer wieder zurückkehren wird, untypische Bilder, das Auseinanderreißen von gängigen phraseologischen Verbindungen, Entdeckungen, die durch scheinbare Selbstverständlichkeiten maskiert werden, Paradoxa, Ironie, Diskretion, Zurückhaltung, intellektuelle Distanz und emotionale Disziplin«.[15] Was den ersten Teil ihrer Einschätzung betrifft, so sah Szymborska selbst es offenbar ähnlich, denn in den späteren Jahren nahm sie nur ganz wenige dieser juvenilen Werke in ihre Auswahlbände auf – in einen von 1964 zum Beispiel gerade mal fünf, in einen, den sie etwa vierzig Jahre später vorbereitete, sogar nur drei. Und zu beiden Teilen drängt sich aufgrund der Lektüre von *Das schwarze Lied* der Gedanke auf: Man spürt zwar, dass sie beim Schreiben dieser Gedichte noch von Zweifeln verschiedener Art geplagt wurde. Dafür aber, dass es Werke einer sehr jungen Dichterin sind, die noch vor Kurzem alberne Reimgedichte, Lieder und Novellen schrieb, fast nur Romane las und sich in Zukunft als Prosaautorin sah, ist es erstaunlich, dass sich hier bereits so viele Ansätze der »richtigen« Szymborska finden.

Sie hatte übrigens nicht nur Zweifel künstlerischer Natur – auch in politischer Hinsicht muss sie einige Schwankungen durchlebt haben. Das hing einerseits damit zusammen, dass ausgerechnet sie, ein Mädchen aus gutbürgerlichem Elternhaus, während des Krieges eine Gruppe von jungen Leuten kennengelernt hatte, die linke Ansichten vertraten. »Sie waren fest überzeugt«, erzählte sie später, »dass der Kommunismus für Polen der einzige Ausweg sei. Dank ihnen fing ich an, über soziale Themen nachzudenken. Damals wusste man wenig darüber, was die Bolschewiken getan hatten. Es ist ein wenig peinlich, so etwas zu sagen, aber wenn man politisch unerfahren ist, hängt vieles davon ab, was für Menschen einem über den Weg laufen. So war ich nach dem Krieg der Meinung, dass der Kommunismus ein Segen für Polen und für die Welt war.«[16] Und andererseits wird ihr das Klima der Rebellion, das unmittelbar nach dem Krieg in Krakau herrschte, auch einiges zu denken gegeben haben. Im Jahr 1946 wurde nämlich von den Kommunisten, die noch den Schein des politischen Pluralismus und der Meinungsfreiheit wahren wollten, ein landesweites Referendum ausgerufen, das drei Fragen umfasste: zur Einführung des Einkammerparlaments (ohne Senat), zum staatlichen Monopol in der Wirtschaft und zur neuen Westgrenze. Zu allen drei wollten sie selbstredend ein Ja hören, in Krakau hörten sie allerdings entweder gar nichts (wegen geringer Wahlbeteiligung) oder ein klares Nein. Sie schienen zu vergessen, dass sie hier mit einer anderen Situation zu tun hatten als in Warschau, das nach dem Krieg ein einziges Ruinenfeld darstellte und infolge der Zerstörung fast seine gesamte Vorkriegsbevölkerung verloren hatte. Krakau hingegen war eine selbstbewusste Stadt mit intakten sozialen Strukturen, die auch, wie das Referendum zeigte, als einzige in Polen wagte, deutlich ihre antikommunistische Haltung zu demonstrieren.

Die Strafmaßnahmen ließen nicht lange auf sich warten: Auf die gewaltsame Auflösung einer patriotischen Kundgebung (es ging um die erste Verfassung vom 3. Mai 1791) folgten eine Verschärfung des Tons gegenüber der Kirche und die Schließung eines beliebten Theaters. Vor allem aber wurde 1949 der Entschluss gefasst, vor die Tore der Stadt ein riesiges Stahlkombinat und eine noch größere Satellitenstadt zu setzen: Nowa Huta. Damit sollte das Krakauer Bürgertum dauerhaft daran erinnert werden, wer jetzt im Land das Sagen hatte. Ob die Rechnung der Kommunisten aufgehen würde, sollte die Zukunft zeigen, doch auf jeden Fall gelang es ihnen, die Stadtbevölkerung in Aufruhr zu versetzen. »In heutigen Zeiten«, so Sławomir Mrożek, »da tägliche Informationen eine natürliche Sache sind, kann man sich nicht vorstellen, wie überraschend für uns die Nachricht von der Geburt von Nowa Huta war. Sie wurde feierlich während einer Tagung der Polnischen Vereinigten Arbeiterpartei in Warschau bekanntgegeben. Es war die Folge verschiedener politischer und militärischer Entscheidungen, die bis nach Moskau reichten.«[17]

Seine eigene Überraschung wurde noch größer, als er erfuhr, dass ausgerechnet er, ein literarischer Aufsteiger, der gerade mal eine Satire publiziert und mit Kommunismus,

Partei und Arbeiterklasse wenig am Hut hatte, von Adam Włodek empfohlen wurde, für das beliebte Wochenblatt *Przekrój* (Querschnitt) einen Text über Nowa Huta zu schreiben. Er nahm den Auftrag dennoch an und schrieb eine Reportage, die den Titel *Die junge Stadt* trug und am 23. Juli 1950 erschien. »Es war«, so sein Selbstkommentar, »ein Meisterwerk des schlechten Stils, das heißt, ich schrieb die Unwahrheit, und der Schlüssel dazu war ein Märchen über Polen, das soeben den Weg in die ›lichte Zukunft‹ angetreten hatte. Wäre nicht mein junges Alter gewesen, hätte ich mich dem Verdacht ausgesetzt, dass ich wahnsinnig geworden war.«[18] Stattdessen habe er seinen ersten Triumph gefeiert und gleichzeitig sei es um ihn leer geworden. »Vom eigenen Erfolg überwältigt«,[19] habe er dem aber vorläufig keine Aufmerksamkeit geschenkt und sich über eine feste Anstellung bei *Dziennik Polski* gefreut, denn, wie er später gestand, »vor allem wollte ich schreiben und publizieren«.[20]

Ging es Szymborska ähnlich? Hatte auch sie beschlossen, ihre Loyalität stärker zu manifestieren und ihren Stil zu ändern, weil sie um jeden Preis schreiben und publizieren wollten? Oder war sie wirklich endgültig zu einer echten Befürworterin des kommunistischen Systems geworden? Die Gedichte, die sie in *Dziennik Literacki* publizierte – und wo auch die Werke von Adam Włodek erschienen, was den Eindruck verstärkte, die Eheleute würden mit einer Stimme sprechen –, deuten eher auf Letzteres hin. So wollten sich die beiden auch das Thema Nowa Huta nicht entgehen lassen, mit dem Ergebnis, dass in der Ausgabe der Beilage vom Dezember 1950 ihre diesem Thema gewidmeten Gedichte nebeneinanderstanden. Nur dass Włodek in seinem eine pathetische Hymne auf die Sowjetunion, die dem Land Maschinen und wertvolle Rohstoffe liefere, auf Magnitogorsk und Kusnezk, von wo Nowa Huta »verpflanzt« werde, anstimmte, während Szymborska in ihrem einen dezenteren Stil präsentierte. Von »einer Stimme« konnte also nur bedingt die Rede sein.

Auch ihr anfangs so harmonisches Zusammenleben bekam die ersten Risse. Bis zu einem gewissen Grad war daran ihre materielle Situation schuld. Von ihnen beiden war immer sie diejenige, die sich um feste Arbeitsverhältnisse bemühte – er bevorzugte das Freiberuflerdasein und machte sich um Geld weniger Sorgen. Als sie aber nach der Auflösung von *Świetlica Krakowska* für eine Weile ohne Anstellung blieb, wurde ihre Lage besonders schwierig. Die Übersetzungen von Lyrik, die sie in diversen Zeitungen publizierten, und ein Kinderbuch, das sie noch in Zeiten von *Świetlica* zusammen verfasst hatten – von ihm stammte der Text, von ihr die Illustrationen –, halfen ihnen ein wenig, über die Runden zu kommen, trotzdem waren ihre finanziellen Möglichkeiten sehr begrenzt. Ausgerechnet in dieser Zeit bekam die Dichterin gesundheitliche Probleme, sehr zur Beunruhigung ihrer Mutter, die hinter ihrem Husten und Gewichtsverlust sofort die Tuberkulose witterte. An Wisławas Symptomen waren zwar »nur« die schlechte Ernährung, die feuchte Wohnung und das starke Rauchen schuld, dennoch bestand Frau Szymborska darauf, sie im Februar 1950 in den Kurort Rabka-Zdrój zu schicken, wo sie sich selbst gern behandeln ließ. Wisława fuhr auch tatsächlich hin, was aber ihren in Krakau gebliebenen Mann zu zusätzlichen Anstrengungen zwang (etwa zu Buchverkäufen in einem Antiquariat), um ihr diesen Kuraufenthalt zu ermöglichen.

Zum Teil waren es aber auch Spannungen, die sich aus

ihrem gegenseitigen Verhältnis ergaben, etwa daraus, was Joanna Gromek-Illg, die intime Kennerin ihrer Briefe, so umschreibt: »Aus der Art und Weise, wie das Thema Verrat und Eifersucht in ihrer Korrespondenz wiederkehrt, kann man schließen, dass die jungen Eheleute die Freiheit in der Beziehung gleichermaßen schätzten.«[21] Er war, wie gesagt, bei den Frauen trotz seines unattraktiven Äußeren sehr beliebt und ließ sich gelegentlich auf einen Flirt (oder mehr) ein, und auch sie hatte nichts dagegen, von Männern hofiert zu werden, vor allem wenn sie intelligent waren und sie zum Lachen brachten. Doch auch hinsichtlich des beruflichen Erfolgs begannen sie immer deutlicher auseinanderzudriften. Am Anfang ihrer Beziehung war er der Bekannte und Einflussreiche gewesen, nun musste er zusehen, wie ihr Name immer bekannter wurde, wie ihre Gedichte immer öfter abgedruckt, gelobt und in Anthologien aufgenommen wurden, wie man sie immer wieder in eine der Lyrik gewidmete Sendung des Polnischen Rundfunks einlud etc. Er wird ihm zwar bewusst gewesen sein, dass er nicht zur ersten Garde der polnischen Dichtung gehörte, doch dieses wachsende Missverhältnis muss für sein Ego eine harte Probe gewesen sein.

Immerhin stimmten sie nach wie vor in politischen Dingen überein, ja sie ging in dieser Hinsicht noch einen Schritt weiter, indem sie 1950 in die Partei eintrat. Jahre später behauptete sie zwar, dass sie es unter seinem Einfluss getan habe und »diese Falle« vermieden hätte, wäre ihr Vater noch am Leben gewesen, doch in Wirklichkeit schien sie damals an den Kommunismus wirklich zu glauben.

Das spiegelte sich auch deutlich in ihrem nächsten umfangreicheren Werk: dem Band *Deshalb leben wir.* Er besteht aus sechsundzwanzig Gedichten, die überwiegend nach dem erwähnten Stettiner Kongress von 1949 entstanden waren und in denen sie sich sichtlich bemüht, dem dort angenommenen Programm des Sozialistischen Realismus gerecht zu werden. Schon allein die Titel der Gedichte, die manchmal die Form eines ganzen Satzes haben, signalisieren deutlich, wie wichtig es ihr diesmal war, ihre Linientreue zu demonstrieren: *Begrüßung des Baus einer sozialistischen Stadt, Der Jugend, die Nowa Huta baut, Unser Arbeiter spricht vom Imperialismus, Lenin.* Sie schlägt hier auch öfter kämpferische Töne an, die sie hin und wieder mit einem drastischen Bild illustriert. Wie in *Aus Korea*, einem Gedicht, in dem sie den dort 1950 ausgebrochenen Krieg thematisiert:

> Sie stachen dem Jungen die Augen aus. Das Augenpaar.
> Weil dieses Augenpaar so schräg und zornig war.
> – Ihm sei jetzt Tag wie Nacht –
> Der Oberst hatte selbst am lautesten gelacht,
> er steckte einen Dollar in die Faust dem Büttel
> und strich aus seiner Stirn das Haar,
> zu sehen, wie der Junge, wie geblendet,
> davonging, Ausschau haltend mit den Händen. (…)[22]

Dass der Krieg von dem totalitär regierten Nordkorea entfacht worden war und eine gewaltsame Integration Südkoreas in die nordkoreanische »Demokratische Volksrepublik« zum Ziel hatte, ist aus ihrem Gedicht freilich nicht herauszulesen. Überhaupt geht sie in diesem Band nur selten über den Ton der sozrealistischen Agitation und die Hauptmotive der kommunistischen Propaganda hinaus: das Preisen des eigenen politischen Systems und der ihr inhärenten gesellschaftlichen Hierarchie, mit dem »arbeitenden Volk« an der Spitze, und die Gegenüberstellung zweier Weltordnungsmodelle, gewürzt mit der obligatorischen Prise kaltkriegerischen Hasses auf das andere, »imperialistische«. Dabei gestaltet sie die Gedichte gern als eine Art Mininovellen, deren »Handlung« sie um einen konkreten Menschen aufbaut – einen sowjetischen Soldaten, der »in den Tagen der Befreiung zu den polnischen Kindern sprach«, eine alte Arbeiterin, die sich »über der Wiege der Volksverfassung« an ihre schwere Kindheit erinnert, oder einen Bauernjungen, der sich auf der gesellschaftlichen Leiter hocharbeitet. Diese Figuren sind auch allesamt der Propagandaliteratur entnommen, und sie deklamieren Parolen, die weitgehend aus der damaligen Presse stammen, aber sie helfen der Autorin, einerseits den von den kommunistischen Ideologen gewünschten erzieherischen Effekt zu erreichen und andererseits das Pathos der Aussagen, die sie ihnen in den Mund legt, ein wenig zu dämpfen.

Manchmal versucht sie zwar einen Abstecher in die Sphäre wirklich persönlicher Erfahrungen und in eine Sprache jenseits der Propagandaslogans, aber das gelingt ihr nur in zwei oder drei Werken. Eines davon ist das später oft abgedruckte und ihre empathische Beobachtung der Welt ankündigende Gedicht *Zirkustiere*, ein Protest gegen Praktiken, die Tiere dazu zwingen, gegen ihre Natur zu agieren (»Bären stampfen im Takt, / ein Löwe durchspringt brennende Reifen, / ein gelbgeschürzter Affe fährt Rad, eine Peitsche knallt …«[23]).

Alles in allem trafen Szymborskas Verse diesmal den richtigen Ton, sodass sie die Zustimmung der Zensur fanden und 1952 erscheinen durften. Die knapp dreißigjährige Dichterin konnte endlich ihren ersten eigenen Gedichtband vorweisen.

Kapitel 4

Die Eifrige

Die frühen 1950er Jahre waren in Krakau, wie in jeder polnischen Stadt, die Zeit des politischen Terrors, der Angst und völligen Hoffnungslosigkeit. Unmittelbar nach dem Krieg hatten viele auf den baldigen Ausbruch eines weiteren internationalen Konflikts gehofft, der die neue politische Ordnung rückgängig machen würde, doch spätestens nach der Bekanntgabe der neuen Verfassung (1952) wurde den Menschen klar, dass eine Änderung des Status quo kaum zu erwarten war. Im Land herrschte also eine gedrückte Stimmung und zugleich war eine wachsende Spannung zu spüren. Die Entbehrungen, die der Bevölkerung wegen des Übergangs zur Planwirtschaft und der Industrialisierung des einstigen Agrarlandes abverlangt wurden, die Unsicherheit, die auf die Übersiedlung vieler Tausender von Ost nach West zurückging, die Propaganda des Kalten Kriegs: All das ergab eine explosive Mischung. Wie schnell es zu einer wirklichen Explosion kommen konnte, sahen die kommunistischen Machthaber 1953 am Beispiel des Arbeiteraufstands in der DDR und waren umso mehr bemüht, das eigene Volk in Schach zu halten.

Angst und Unsicherheit gingen in allen Bevölkerungsschichten um, zumal die Verfolgung aller wirklichen und potenziellen politischen Gegner, die bereits in den späten 1940ern eingesetzt hatte, ständig zunahm. Dies galt in erster

Linie für ehemalige Soldaten der Heimatarmee (AK), einer militärischen Untergrundorganisation, die während des Kriegs der polnischen Exilregierung in London unterstand: Tausende Mitglieder der Heimatarmee wurden in Gefängnisse geworfen oder in sowjetischer Manier nach Sibirien verschleppt; willkürliche Verhaftungen, Prozesse, die unter Ausschluss der Öffentlichkeit stattfanden, und brutale Verhörmethoden waren an der Tagesordnung. Aber auch unter dem Klerus und unter den Gläubigen herrschte Angst vor Repressalien, sodass viele auf religiöse Praktiken verzichteten und die Kirchen halb leer waren.

In Krakau war diese Angst besonders stark zu Beginn des Jahres 1953 zu spüren. Vom 21. bis zum 27. Januar fand dort nämlich ein Prozess gegen vier Priester und drei zivile Personen statt, denen vorgeworfen wurde, Spionage für die Vereinigten Staaten zu betreiben, einer konspirativen, antikommunistischen Organisation anzugehören und illegal mit westlichen Währungen zu handeln. Dem Prozess, bei dem sehr hohe Gefängnisstrafen verhängt wurden – ursprünglich bekamen drei Priester sogar das Todesurteil, dann aber wurden ihre Strafen in lebenslänglich umgewandelt –, gingen Spannungen zwischen der Krakauer Kurie und den Kommunisten voraus, bei denen der langjährige Erzbischof und spätere Kardinal von Krakau, Fürst Adam Sapieha, eine wichtige Rolle spielte. An ihm selbst war den Machthabern so ziemlich alles zuwider, was ihn ausmachte: Er war nicht nur ein Aristokrat, sondern auch ein hochgebildeter Jurist, Theologe und Diplomat, sehr geschätzt im Vatikan und allgemein verehrt für die Furchtlosigkeit, die er während des Kriegs bewiesen hatte: Nachdem im Herbst 1939 der damalige Primas Polens, August Hlond, ins Ausland geflüchtet war, stellte Sapieha sich an die Spitze der polnischen Kirche, die dank seiner Taktik gegenüber den Deutschen etliche geheime Aktionen durchführen konnte. So ließ er auch in seiner Krakauer Residenz ein illegales Priesterseminar einrichten (zu dessen Teilnehmern u. a. der künftige Papst Johannes Paul II. gehörte), und im Keller des Gebäudes wurden seit 1943 Dokumente aufbewahrt, aus denen eindeutig hervorging, dass die Ermordung von mehreren Tausend polnischer Offiziere in Katyn ein Werk der Sowjets gewesen war. Vor allem Letzteres war den Machthabern nach dem Krieg ein Dorn im Auge.

Zum Zeitpunkt des Prozesses war Kardinal Sapieha zwar nicht mehr am Leben (er starb im Sommer 1951), trotzdem war es für jeden offensichtlich, dass der Krakauer Prozess ein brutaler Schlag der Kommunisten gegen die Kirche war, die sich bis dahin eine gewisse Unabhängigkeit bewahrt hatte, und dass weitere Repressionen folgen würden. Was auch geschah: Nachdem die kirchliche Führung es schließlich gewagt hatte, in einem Memorandum gegen die Behinderung des religiösen Lebens zu protestieren, wurde der Primas Polens, Kardinal Stefan Wyszyński, im September 1953 verhaftet und in einem abgeschiedenen Kloster außerhalb Warschaus interniert. Danach waren viele Geistliche und Angehörige kirchennaher Kreise so erschrocken, dass sie sich dem Regime gegenüber versöhnlich bis unterwürfig verhielten.

Knapp zwei Wochen nach dem Prozess, am 8. Februar, fand in der Kantine des Literatenhauses in der Krupnicza eine Versammlung der Mitglieder der Krakauer Sektion des Schriftstellerverbandes statt, in die Wisława Szymborska soeben aufgenommen worden war. Alle Anwesenden unterschrieben eine Resolution, in der sie die »Vaterlandsverräter«

scharf verurteilten und sich verpflichteten, in ihrer Arbeit »noch aggressiver und gründlicher als bisher die aktuellen Probleme des Kampfes für den Sozialismus aufzugreifen und noch schärfer die Feinde der Nation zu brandmarken – zum Wohle eines starken und gerechten Polens«.[1] So hieß es zumindest in dem internen Bericht des Verbandes und in der Presse. Denn in Wirklichkeit wurde auch diesmal ein bewährtes sowjetisches Muster angewendet: Nach dem Verlesen der Resolution wurde nicht in die Runde gefragt, wer dafür, sondern nur wer dagegen sei. Da niemand den Mut hatte, sich zu melden, befand man, die Resolution sei von allen dreiundfünfzig Mitgliedern einstimmig angenommen worden. Auch die öffentlichen Kommentare, von denen der Prozess begleitet wurde, waren im Ton fast identisch; sie riefen eine solche Panik und Hysterie hervor, dass sogar das katholische Blatt *Tygodnik Powszechny* und die theologische Fakultät der Krakauer Universität sich gezwungen sahen, die Angeklagten zu verurteilen.

Szymborska verhielt sich insofern halbwegs anständig, als sie, anders als mancher ihrer Freunde, etwa Sławomir Mrożek, nicht so weit ging, die Priester auch noch in den Medien anzugreifen. Das änderte aber nichts an der Tatsache, dass auch ihr Name unter der fatalen Resolution stand, was ihr noch Jahre später vorgeworfen wurde – ähnlich wie ihre regimefreundlichen Juvenilia, allen voran das Gedicht, das sie nach Stalins Tod publizierte: Anfang 1953 wurde sie, wie gesagt, Redaktionsmitglied der Wochenschrift *Życie Literackie*, und als wenig später, am 5. März, der sowjetische Diktator starb, verabschiedete sie ihn mit dem Gedicht *Dieser Tag*. Sein Name fällt darin nur einmal, im Untertitel (*Über Josef Stalins Tod*), doch sie inszeniert den Erhalt der

Nachricht über sein Ableben als einen Verlust, der so schwer zu ertragen sei («Keine Gewissheit bedeutet Hoffnung, Genossen …«), erkundigt sich so eifrig, »welcher Befehl« von dem »vierten Profil auf den Bannern der Revolution« ausgehe, lobt die Partei dermaßen als »die Augen der Menschheit« und »die Kraft und das Gewissen der Völker«,* dass es nur zu verständlich ist, dass das Gedicht jahrelang als Hauptbeweis ihres glühenden Glaubens an den Kommunismus galt. Sie selbst widersprach dem auch nicht, ja sie behauptete sogar, das Gedicht habe ihre damaligen Ansichten widergespiegelt. Sie versuchte aber gleichzeitig, diese Zeit zu reflektieren: »Die Erklärung ›wir haben daran geglaubt‹ ist unzureichend. Es geht dabei um einen Mechanismus des menschlichen Verhaltens, der bewirkt, dass, wenn man etwas nicht glauben will, es nicht glaubt; wenn man etwas nicht sehen will, es nicht sieht; wenn man sich einer Sache nicht bewusst werden will, sich ihrer nicht bewusst wird. Ich war ein Opfer dieses schrecklichen Mechanismus. Ich tat meine ›gereimte Schuldigkeit‹ in der Überzeugung, das Richtige zu tun. Und das ist die furchtbarste Erfahrung meines Lebens.«[2]

Adam Włodek wiederum leistete sich in jenem Jahr 1953 einen anderen peinlichen Schritt, der seinen Ruf für immer ruinieren sollte: die Denunziation eines Schriftstellerkollegen. Im Januar 1953, kurz vor dem Prozess der Krakauer Priester, schickte er nämlich an den Sicherheitsdienst (SB) einen achtseitigen Brief, in dem er Anschuldigungen gegen Maciej Słomczyński erhob – denselben, der Dauergast in seiner Wohnung in der Krupnicza gewesen war. Er betonte zwar, dass die Fakten, die er nenne, nur Vermutungen seien

* Übersetzung der Autorin.

und dass er den Kollegen nicht beschuldigen wolle, sondern lediglich von dem Wunsch geleitet werde, die Aufmerksamkeit der Behörden auf ihn zu lenken. Doch er machte auf nichts Geringeres aufmerksam als auf »die hohe Wahrscheinlichkeit«, mit der Słomczyński »mit dem angelsächsischen Geheimdienst« zusammenarbeite, womit er ihn sicher hinter Gitter gebracht hätte, hätte sich dieser nicht bereits selbst (was Włodek nicht wusste) im Dezember 1952 vom polnischen Sicherheitsdienst anwerben lassen. Vermutlich war in diesem Fall eine Erpressung im Spiel – seine Eltern waren der amerikanische Filmproduzent und Regisseur Merian C. Cooper (*King Kong*) und eine Engländerin –, das änderte aber nichts an der Tatsache, dass er Ende Januar 1953 zum SB-Informanten wurde (und dabei pikanterweise das Pseudonym »Włodek« annahm). Und dass er, um seinen guten Willen zu demonstrieren, über den Prozess der Krakauer Priester eine zweiteilige Reportage für *Życie Literackie* schrieb, in der es von Formulierungen wie Judas, Silberlinge, Pharisäer, Ritter des Schwarzmarktes etc. nur so wimmelte.

Jahre später kam Sławomir Mrożek in *Balthasar*, wie seine Autobiografie heißt, auf Adam Włodeks unrühmliche Tat zurück. »Später, im Ausland, hörte ich einige hässliche Dinge über ihn«, schrieb er. »Dass er für den Geheimdienst spioniert hätte, ohne Rücksicht auf Freundschaften, die bei den Polen angeblich so hoch im Kurs standen. Teilweise glaubte ich es, teilweise nicht, das heißt, ich behielt Distanz. (Diese Möglichkeit war nicht auszuschließen. In jener Zeit bedeutete die Partei alles, Treue ihr gegenüber war die heiligste Pflicht. Und bei Włodek fanden alle ihre Anweisungen, der Logik zum Trotz, sofort Gehör.)«[3] Diese Passage rief eine ungewöhnlich scharfe Reaktion von Szymborska hervor:

Nach dem Erscheinen von *Balthasar* (2006) schrieb sie an Mrożek einen Brief, in dem sie ihm mitteilte, jeden Kontakt zu ihm abbrechen zu wollen. »Was mich betrifft«, ließ sie ihn gleichzeitig wissen, »so bin ich niemandem begegnet, der sich als Opfer von Adams Denunziantentum bezeichnet hätte, doch ich bin Menschen begegnet und begegne immer noch, die sich bei der Erinnerung an ihn dankbar zeigen – für seine Hilfe bei ihren ersten literarischen Versuchen, für die ihnen gewidmete Aufmerksamkeit und Zeit, für das Wissen, das er mit ihnen teilte. Selbst für kleine Geldsummen, deren Rückzahlung er nicht verlangte, obwohl er selbst bis zu seinem Tod am Rande der Armut lebte. Ich glaube, Denunzianten ging es um einiges besser.«[4] Es war wohl das einzige Mal, dass sie jemandem die Freundschaft kündigte.

Der Konflikt Włodek – Słomczyński war nicht der einzige Fall, in dem sichtbar wurde, auf welch harte Probe der Stalinismus die Schriftsteller stellte. Viele empfanden eine innere Ambivalenz, die in extremen Fällen zu tragischen Schritten führte – wie im Falle Tadeusz Borowskis, des Autors der legendären Auschwitz-Erzählungen, der sich nach mehreren Jahren im Dienst des Regimes 1951 das Leben nahm. Einige wenige, die diese Möglichkeit hatten, setzten sich in den Westen ab. Das spektakulärste Beispiel war die Flucht des Dichters Czesław Miłosz, der unmittelbar nach Kriegsende in den diplomatischen Dienst der neuen Regierung getreten war und 1951 in Paris um politisches Asyl bat. Die große Mehrheit versuchte aber, sich den politischen und künstlerischen Anforderungen anzupassen. Nur wenige waren so standhaft wie der Dichter Zbigniew Herbert, ein weiterer Freund Szymborskas, der später einmal schrieb, das Verhältnis zum Regime sei auch eine Frage des guten Geschmacks gewesen, und der damals, in den Jahren des finstersten Stalinismus, die innere Emigration bevorzugte. Manche ließen sich auf die Zusammenarbeit mit den Kommunisten aus Überzeugung ein, andere aus Angst oder der Karriere wegen, nicht wenige genossen es einfach, von den neuen Machthabern umworben zu werden.

Viele von ihnen publizierten in *Życie Literackie.* Chefredakteur der Zeitschrift – und damit Szymborskas Vorgesetzter – war Władysław Machejek, ein mäßig begabter, aber sehr produktiver Prosaschriftsteller und Publizist. Er übte diese Funktion fast die gesamte Existenzzeit des Blatts (bis 1990) aus und war damit eine der einflussreichsten Personen im literarischen Krakau. Beliebt war er allerdings nicht. Für den Literaturwissenschaftler Stanisław Balbus war er eine »schreckliche Gestalt, ein Offizier des Sicherheitsdienstes, den man gleich nach dem Krieg zu einem Schriftsteller kreiert hatte«.[5] Dem Dichter und Literaturkritiker Marek Skwarnicki kam er seltsam vor: »Die Seltsamkeit bestand darin, dass er zwar ein hartgesottener Kommunist war, gleichzeitig aber gewisse liberale Regungen hatte, die später in den Schutz parteiloser Autoren übergingen, an dem wohl auch Szymborska beteiligt war.«[6] Und nach Meinung des Satirikers Sławomir Mrożek konnte er zwar Respekt, manchmal gar Angst einflößen (»es wurde gemunkelt, dass er ein Agent des NKWD sei – zu Recht«), hatte aber gleichzeitig komische Züge: Er sei »ein Stotterer und Trinker« gewesen, habe, »ohne es zu wissen, Sinn für Humor« gehabt und sei mit der Zeit zu einer »unerschöpflichen Quelle sprachlicher Missgeburten«[7] geworden. Trotzdem gelang es ihm, *Życie Literackie* zu einem der einflussreichsten Literaturblätter Polens zu machen.

Dass es Machejek nicht schwerfiel, den verstorbenen Stalin in seiner Zeitschrift zu würdigen, liegt auf der Hand. Es gab ohnehin kaum Redaktionen, die es wagten, keinen Nachruf auf Stalin abzudrucken; eine der wenigen (wenn nicht gar die einzige), die es tat, war die des katholischen Wochenblatts *Tygodnik Powszechny* – sie wurde zur Strafe für drei Jahre geschlossen. Ansonsten setzte nach Stalins Tod ein Zustand ein, den Mrożek als »eine Orgie der Verlogenheit« umschrieb. »Diejenigen, die Stalin gehasst hatten«, erinnerte er sich, »konnten es nicht zugeben, weil jeder sich als Konfident erweisen konnte. Sie wurden also zu Heuchlern. Und die, die vor ihm gekatzbuckelt hatten, manifestierten um die Wette ihre Verzweiflung, einer lauter als der andere. Im Endeffekt hatten alle Angst vor ihm, selbst nach seinem Tod.«[8]

Diese Angst hatte zur Folge, dass sich gewisse Teile des Krakauer Künstlermilieus immer mehr in der eigenen Welt einschlossen: in Ateliers, in Theatern, in privaten Wohnungen. Die Zukunft war nach wie vor ungewiss, und die Abende, die man unter Freunden, bei Gesprächen über Leben und Kunst zubrachte, waren ein Schutzschild gegen den Gedanken, dass man um die besten Jahre seines Lebens betrogen wurde. Doch schon bald soll »alles«, wie Mrożek behauptet, »den Charakter einer immer größeren Lockerung des uns immer mehr umschmeichelnden Kommunismus« bekommen haben. Mit »alles« meinte er »sogar Spaß und Unterhaltung«,[9] was auch die Bewohner des Literatenhauses deutlich gespürt hätten: »Ich erinnere mich nicht mehr, wer auf diese Idee gekommen war, auf jeden Fall fanden auf einmal in der Kantine – bald als Café bezeichnet – nicht ganz offizielle satirische Abende statt. Jeden Samstag versammelte

Adam Włodek – ein Foto von 1940, das er Jahre später Szymborska schenkte

sich dort eine elegante Gesellschaft, man aß zu Abend, und dann lauschte man satirischen Werken, die von Kollegen – ebenfalls Literaten – interpretiert wurden. Anschließend wurde – o Graus! – getanzt.«[10] Er selbst will an diesen vergnüglichen Abenden nicht teilgenommen haben, und ob Szymborska es tat, ist nicht überliefert. Aber wohl eher nicht, zumal es in ihrer Ehe inzwischen ernsthaft kriselte.

Seit ihrer Heirat waren erst einige Jahre vergangen, doch inzwischen hatten sowohl sie als auch Włodek erkannt, dass sie in vieler Hinsicht doch sehr unterschiedlich waren. Sie mochte ihre regelmäßigen Arbeitszeiten in der Redaktion und teilte sich auch sonst gern ihren Tag ein, um genug Zeit für andere Dinge zu haben, für Schreiben, Lesen, Spaziergänge, Treffen mit Freunden etc. Ihm fiel es schwer, in einer festen Anstellung lange auszuhalten, und da sein Tag aus unzähligen Terminen bestand, war für ihn die Grenze zwischen Arbeit und Freizeit sehr fließend. Dass er dabei mit ständig wechselnden Partnern reden, diskutieren und streiten konnte, mal mit Schriftstellerkollegen, mal mit jungen Dichtern, mal mit Parteigenossen, machte die Sache umso reizvoller. Sie hingegen liebte Gespräche in einem kleinen, ausgewählten Kreis, intelligente Gruppenspiele, gemeinsames Erfinden von scherzhaften Kurzgeschichten oder Limericks – und fand dafür immer genug »Gleichgesinnte« im Literatenhaus oder im Künstlerhaus Astoria in Zakopane, wohin sie seit 1951 regelmäßig fuhr. Das Haus gehörte dem Polnischen Schriftstellerverband und bot seinen Mitgliedern zu sehr günstigen Preisen Zimmer mit ganztägiger Verpflegung an – allein das hatte für die Dichterin seinen Reiz. Hinzu kam die gute Bergluft, die Zakopane damals noch zu bieten hatte, und die vielen Erinnerungen, die sie mit diesem Ort verbanden. Wenn sich dort auch noch zeitgleich so geistreiche und humorvolle »Komplizen« aufhielten wie Maciej Słomczyński, ihr Freund aus dem Literatenhaus, oder der Science-Fiction-Autor Stanisław Lem, den sie erst im Astoria richtig kennengelernt und sofort in ihren Freundeskreis aufgenommen hatte, war ihr Glück perfekt. Es war ihr wichtig, sich mit Menschen wie Mrożek, Lem (den sie liebevoll Lemik nannte) oder Słomczyński zu umgeben – mit ihrer Intelligenz und ihrem Sinn für Humor brachten sie etwas Farbe in das Grau der frühkommunistischen Jahre.

Adam Włodek verreiste nicht gern, weder nach Zakopane noch sonstwohin, und auf die »Kohorte«, wie Szymborska selbst ihre Krakauer Freunde nannte, reagierte er zunehmend mit Irritation und Eifersucht. Was aber gewiss noch viel mehr wog, war ihr schon erwähntes Ungleichgewicht in puncto literarischer Erfolg und ihr seit einiger Zeit deutlich spürbares Auseinanderdriften hinsichtlich der Einstellung zum Regime. Er war nach wie vor ein Anhänger der kommunistischen Ideologie und ein loyales Mitglied der Partei; sie schlug sich seit Stalins Tod immer mehr auf die Seite der Skeptiker. So geschah es auch immer öfter, dass es zwischen den Eheleuten nicht nur zu Spannungen, sondern auch zu einem offenen Streit kam.

Ironischerweise durften sie genau zu diesem Zeitpunkt in der internen Hierarchie des Literatenhauses aufsteigen und ihre bisherige Wohnung gegen eine mit zwei Zimmern und Küche tauschen. Eine Zeit lang genossen sie die neuen vier Wände gemeinsam, dann zog Włodek von der Krupnicza weg – er bekam eine kleine Wohnung in der Satellitenstadt Nowa Huta, die er sehr schnell gegen eine noch kleinere in der Altstadt tauschte –, und Szymborska blieb im Literatenhaus. Dennoch war es fast so, als hätten sie sich gar nicht getrennt. Sie sahen sich sehr oft, machten füreinander Besorgungen, telefonierten jeden Tag, schrieben einander ständig Briefe und Postkarten. Selbst ihre Freunde empfanden so viel Nähe zwischen den frisch Getrennten, die sich außerdem immer wieder gegenseitig ihrer Zuneigung versicherten und wegen der Trennung trösteten, als etwas eigenartig.

Im Jahr 1954 ließen sie sich schließlich offiziell scheiden. Sie blieben zwar auch danach befreundet – ihre Freundschaft sollte bis zu seinem Tod (1986) andauern –, für die dreißigjährige Dichterin muss es aber trotzdem eine bittere Erfahrung gewesen sein. Nicht nur weil sie sich diese Ehe gewiss anders vorgestellt hatte, sondern auch weil Scheidungen damals viel seltener vorkamen und geschiedene Paare von der Gesellschaft wenn nicht geächtet, dann zumindest kritisch beäugt wurden. Und weil sie wohl sich selbst und ihrer Familie gegenüber das Gefühl hatte, irgendwie versagt zu haben. Die Heirat und der Umzug von zu Hause in das Literatenhaus hatten das Ende der mütterlichen und schwesterlichen Aufsicht und den Beginn ihrer »echten« Selbstständigkeit markiert: Sie war seitdem Dichterin, Redakteurin einer angesehenen Zeitschrift und Mitglied der Krakauer Boheme geworden, und sie hatte sich an der Seite ihres Ehemanns zu einer überzeugten Kommunistin entwickelt. Nun aber, nur einige Jahre später, musste sie sich, in mancher Hinsicht zumindest, wieder neu erfinden, und zwar so, dass sie sich damit wohlfühlte, ohne in den Augen der »Radziwiłłowska« wieder zu einem Sorgenkind zu werden.

Die private Krise tat aber ihrer Kreativität offenbar keinen Abbruch, denn noch im selben Jahr 1954 publizierte sie ihre zweite Sammlung, *Fragen, die ich mir stelle*. Unter den vierzehn Gedichten, die darin versammelt sind, gibt es immer noch solche, die in die Kategorie »engagierte Lyrik« fallen, aber auch solche, in denen sie ihre eigene, »ideologiefreie« Wertung menschlicher Haltungen vornimmt und dabei Fragen moralischer Natur stellt – nach den Grenzen zwischen Wahrheit und Lüge, nach Gewissenskonflikten, die auf ein Vergehen folgen, oder, wie im Titelgedicht, nach dem Wert der Freundschaft (»Weißt du, dass man die Freundschaft / mitschaffen muss, wie Liebe?«[11]), nach der Fragilität jeder Beziehung (»Ist denn von Mensch zu Mensch / alles so selbstverständlich?«[12]) und vor allem – womit sie den Beginn ihrer »Abtrünnigkeit« signalisiert – nach der Diskrepanz zwischen der Abstraktheit der Ideologie und der Konkretheit der Wirklichkeit (»Ob du, für das Glück der Jahrtausende / mitverantwortlich, / die einzelnen Minuten, / die Tränen im Gesicht / nicht missachtest?«[13]) Der Band enthält auch einige Liebesgedichte, in denen sich plötzlich, so die Kritikerin Agnieszka Kluba, »die Existenz einer anderen Realität offenbart, der Realität der Emotionen, des Zögerns, der Unsicherheit, der Zweifel und der zaghaften Begeisterung«.[14] Und die auch die Ansätze von Szymborskas künftigem Stil erkennen lassen – ihren erwachenden Hang zu Skepsis und Ironie oder, wie in *Verliebte*, zum Staunen (»Wir sind von uns so sehr verwundert, was könnte uns noch mehr verwundern?«[15]).

Trotz dieser Abstecher in Bereiche, die mit ihrer »agitatorischen Pflicht« wenig zu tun hatten, ging Szymborskas neuer Band offenbar ausreichend mit den offiziellen Richtlinien konform, denn noch im selben Jahr wurde sie mit dem Literaturpreis der Stadt Krakau und ein Jahr später mit dem Goldenen Verdienstkreuz ausgezeichnet. Man wusste es zu schätzen, dass die junge Dichterin – in den parteitreuen Kreisen gelegentlich mit dem Beinamen »Aristokratin« bedacht – doch noch bereit war, *Einem, der in die Partei eintritt* Ratschläge zu erteilen oder eine *Plauderei über die Heimatliebe* zu verfassen (die auf Deutsch in einer in der DDR erschienenen Anthologie als *Von der Liebe zur Heimat* erschien). Allein am Stil dieses Gedichts, das noch jahrelang in Schulbüchern abgedruckt wurde, lässt sich erkennen, wie sie mit dem Diktat der Kulturideologen umging: Einerseits passte sie sich ihm an, indem sie immer wieder den gewünschten patriotisch-pathetischen Ton anschlug, andererseits gab sie ihrer »Plauderei« die Form von eingängigen, rhythmischen Strophen und regelmäßigen Reimen, was in Verbindung mit der Schönheit der Sprache dem Text eine gewisse Natürlichkeit verlieh.

(…) O Heimaterde, helle Erde!
Ich gleich nicht dem gestürzten Holz,
mit dir verwachs ich täglich tiefer
voll Freude, Trauer, Zorn und Stolz.
Ich bin kein abgerissner Faden,
leeres Geschwätz beacht ich nie.
Man lebt zwar ohne diese Liebe,
doch trägt man Frucht nicht ohne sie. (…)[16]

Solche Beispiele – auch dafür, dass sie bei allem Bemühen um die »kulturpolitische Korrektheit« immer wieder versuchte, nicht die Masse, sondern bestimmte Menschen in realen Situationen im Blick zu behalten (selbst wenn es sich um »Massenereignisse« wie den Bau von Nowa Huta handelte) – lassen sich in ihren zwei Bänden aus der sozrealistischen Phase ausmachen. Dennoch sind heute nur wenige dieser Gedichte in Auswahlbänden und Anthologien zu finden – sie tragen doch ein zu deutliches Stigma ihrer Entstehungszeit. Auch Szymborska betrachtete diese beiden Frühwerke, ähnlich wie die, die posthum erschienen, mit selbstkritischer Distanz. Sogar noch im Jahre 2000, als ihr Verleger Ryszard Krynicki einen Jubiläumsband von ihr vorbereitete, waren es nur fünf Gedichte, die er aus den beiden ersten Sammlungen abdrucken durfte. Den Rest hielt die Dichterin für peinliche sozrealistische Propaganda. Gleichzeitig bekannte sie sich aber zu ihrer damaligen Haltung, wenn auch bedauernd, damit manchem Leser zu einer falschen Sicht der Realität verholfen zu haben. »Wenn diese Traurigkeit und dieses Schuldgefühl nicht wären«, sagte sie in einem Interview, »würde ich die Erfahrungen jener Jahre wahrscheinlich gar nicht bereuen. Ohne sie würde ich nicht wissen, wie es ist, an eine einzige Sache zu glauben. Und wie leicht es dann ist, nicht zu wissen, was man nicht wissen will. Wie weit man in seiner intellektuellen Anstrengung gehen kann, wenn man mit fremden Wahrheiten konfrontiert wird.«[17]

Sie hatte ihre Lektion offenbar gründlich gelernt, denn nach diesem kurzen Flirt mit dem Sozialistischen Realismus stellte sie ihre Poesie nie wieder in den Dienst einer Ideologie. Genauso wenig versuchte sie, dem Leser eine bestimmte Weltsicht zu vermitteln, geschweige denn aufzuzwingen. Den Gedanken »Ich bin mir lieber als Menschenfreund / denn als Freund der Menschheit«, sollte sie zwar erst in den 1980ern (im Gedicht *Möglichkeiten*) formulieren, die entsprechende Erkenntnis spiegelte sich aber schon bald in ihrer Dichtung wider. Trotzdem wurde sie später immer wieder wegen dieser sozrealistischen Episode angegriffen, worauf sie oft sehr gereizt reagierte. Möglicherweise hing diese Gereiztheit wirklich damit zusammen, dass sie sich, wie ihr Dichterkollege Adam Zagajewski einmal mutmaßte, »ihre sozrealistischen Gedichte nie verziehen« hatte. Er glaubte sogar, dass sie sich »ständig, womöglich täglich« daran erinnert habe: »Spuren dieser Erinnerung findet man in fast jedem ihrer Gedichte.« Sie habe gesehen, »wie leicht es zu einer Korruption der Sprache kommen kann, wenn der Dichter oder Schriftsteller nicht ständig seine ethische und philosophische Aufmerksamkeit aufrechterhält«.[18]

Manchmal ging sie in die Gegenoffensive und forderte ihre Kritiker auf, die Ergebnisse ihrer jugendlichen Verirrungen gegen ihre spätere Arbeit aufzuwiegen. Und manchmal versuchte sie es mit Humor, zum Beispiel indem sie eine Szene beschrieb, die sie in einem Film von Charlie Chaplin gesehen hatte: »Charlie hat einen Koffer gepackt und kann ihn nicht schließen. Er setzt sich auf ihn, springt auf ihm herum und endlich gelingt ihm die Schließung. Aber sieh da, an den Seiten schaut einiges heraus, Teile von Unterwäsche, ein paar Hosenträger, ein eingeklemmter Kragen. Ohne lange nachzudenken, greift Charlie zur Schere und schneidet diese Fetzen ab. (…) Das kommt bei der Realität, die wir unbedingt in den Koffer einer Ideologie pressen wollen, auch vor. Es gibt immer etwas, was sich nicht hineinstopfen lässt, was an den Rändern heraussteht. Also versuchen wir, dieses Etwas um der Ruhe willen abzuschneiden. Damit meine ich nicht nur eine bestimmte Ideologie – ich spreche von jeder Ideologie, sogar der edelsten.«[19]

Damals, Mitte der 1950er Jahre, wird sie allerdings nicht an Chaplins Koffer gedacht haben, sondern an ihren eigenen, denn sie durfte auf einmal zwei Auslandsreisen unternehmen: 1954 nach Bulgarien, ein Jahr später in die Slowakei. Die nach Bulgarien resultierte daraus, dass sie damals die Gedichte des bulgarischen Dichters Nikola Wapzarow übersetzte und deshalb zu einer Art Studienreise eingeladen wurde. Ihre Begleiterin war die Schriftstellerin Blaga Dimitrowa, die wiederum ihre Lyrik ins Bulgarische übertrug. Die beiden Frauen, die gemeinsam Sofia und das malerische Städtchen Samokow besichtigten, freundeten sich an, und die sonst so zurückhaltende Szymborska verriet der Bulgarin einiges über ihre dichterischen Anfänge. »Sie erzählte mir«, so Dimitrowa nach Jahren, »dass sie zu Beginn der 1940er Jahre, bevor sie anfing, Lyrik zu schreiben, für sich selbst kleine Novellen verfasste, die immer kürzer wurden, bis sie nur noch aus nicht mehr als zwanzig Zeilen bestanden. Auf diese Weise sei ihr erstes Gedicht entstanden.«[20] Sie hatten viel Zeit für Gespräche, denn, wie Dimitrowa ferner berichtete, Szymborska habe sich geweigert, das vorgesehene Programm zu absolvieren. Es war ihre erste Auslandsreise, doch sie entwickelte sofort ihren eigenen Besichtigungsstil, dem sie ihr Leben lang treu bleiben sollte und den die Filmemacherin Katarzyna Kolenda-Zaleska so beschrieb: »Kein Rennen durch alle möglichen Museen, Kirchen und Kathedralen. Stattdessen genaues Achten auf Details. (…) In einem Museum schaute sie zwei, drei Bilder an. Für andere war es ihr schade um die Zeit, sie wollte dieses eine in Erinnerung behalten, unter den Augenlidern einschließen, erleben.«[21]

Die Reise nach Bulgarien tat ihr in jeder Hinsicht gut. Nicht nur dass sie ihre Neugier auf fremde Orte und Menschen weckte – sie half ihr auch aus einer Depression heraus, von der sie seit einiger Zeit geplagt wurde. Die Scheidung von Adam Włodek war wohl ein tieferer Einschnitt in ihrem Leben, als sie es sich eingestehen wollte. Es gab zwar einen neuen Mann in ihrem Leben – er hieß Jan Paweł Gawlik und war Journalist und Theaterkritiker –, doch es war eine Beziehung, die kaum eine Zukunft hatte (er war verheiratet) und die ihr auch nicht wirklich guttat. Sie hatte sich aus ihrer beruflichen Verbindung ergeben: Gawlik gehörte ursprünglich der Redaktion von *Tygodnik Powszechny* an; erst nachdem das Blatt geschlossen und für drei Jahre von der regimefreundlichen katholischen Organisation PAX übernommen worden war, kam er zu *Życie Literackie*, wo er Theaterkritiken schrieb. Er und Szymborska freundeten sich schnell an, zumal sie zu diesem Zeitpunkt verstärkt Kontakt zu katholischen Intellektuellen suchte (es war ja eine Zeit, in der sie ihre eigenen politischen Ansichten revidierte). Aus der Freundschaft wurde ein intimes Verhältnis, das aber immer wieder ins Stocken geriet. Gawlik war nicht nur verheiratet, sondern hatte auch, wie sich bald zeigte, einen schwierigen Charakter, was bewirkte, dass die Dichterin sich ihrerseits zögerlich verhielt. Als sie einmal zu Beginn ihrer Beziehung in einen einsamen Urlaub fuhr, teilte sie ihm sogar in einem Brief mit, dass sie versuche, ihn zu vergessen.

Im Endeffekt währte ihre Beziehung ca. zehn Jahre, wurde aber von Szymborska wohl vor allem als quälend empfunden. Sie hatte zwar in ihrer Ehe mit Włodek bewiesen, dass sie offene Beziehungen durchaus akzeptierte, doch Gawliks Eifersucht, gepaart mit dem Stil, in dem er die eigene Untreue rechtfertigte – etwa mit der Behauptung, ein einziges Ja könne nicht zu lebenslanger Sklaverei führen –, dürfte sie trotzdem irritiert haben. Hinzu kamen die vielen Klagen, Vorwürfe und Anweisungen, die laut Joanna Gromek-Illg in fast jedem seiner Briefe steckten und deren Kostproben in der Tat befremdend wirken: »Du solltest viel schreiben, jetzt hast du etwas mehr Zeit, einen ruhigeren Kopf und alle Voraussetzungen. Treib dich nirgendwo herum, trink nicht, lass dich auf keine Zufallsbekanntschaften ein, weil es sich nicht lohnt … Wenn es um Bettgeschichten geht – bitte sehr … Aber ein Herumgetue literarisch-freundschaftlich-geselliger Natur – nein …«[22] Solche Passagen waren zwar als Scherz gemeint, doch Gawliks besitzergreifende und herablassende Art, die sich in diesen Briefen und vermutlich in mancher Situation zeigte, war offenbar für die Dichterin auf die Dauer kaum zu ertragen und führte dazu, dass sich das Paar Mitte der 1960er endgültig trennte.

Kapitel 5

Auf der Suche nach sich selbst

Im Sommer 1955 erschien in der Warschauer Monatsschrift *Twórczość* (Schaffen) ein Gedicht, das eines von Szymborskas meistzitierten Werken wurde und dessen Vertonung zudem zu den beliebtesten polnischen Schlagern der Nachkriegszeit gehörte. Spätestens nachdem zehn Jahre später die Sängerin Łucja Prus das Lied auf dem renommierten Internationalen Liederfestival in Zoppot präsentiert hatte, kannte den Text in Polen fast jedes Kind:

Nichts kommt zweimal vor,
auch wenn es uns anders schiene.
Wir kommen untrainiert zur Welt
und sterben ohne Routine.

Und wären wir die dümmsten
Schüler von allen Pennen,
wir werden keinen Winter
und Sommer nachsitzen können.

Kein Tag wird sich wiederholen,
keine Nacht, denn sie entrücken.
Es gibt nicht zwei gleiche Küsse,
zwei wiederholbare Blicke. (…)[1]

Das Gedicht ging 1957 in einen Band ein, dem die Dichterin den ungewöhnlichen Titel *Rufe an Yeti* gegeben hatte. Allein dieser zog sofort die Aufmerksamkeit der Kritiker und Leser auf sich, deutete er doch ein Thema an, für das sich die damalige Presse interessierte: die Frage, ob Yeti, der legendäre Schneemensch aus dem Himalaya, tatsächlich existiere. Die eigentliche Überraschung war aber der Band selbst. Nicht nur dass Szymborska sich in ihm von der sozialrealistischen Diktion, die in den Gedichten anderer Dichter immer noch mitklang, endgültig zu verabschieden schien – er unterschied sich auch so stark von *Fragen die ich mir stelle,* verband so meisterhaft die Auseinandersetzung mit wichtigen existenziellen Fragen wie Liebe, Glaube, Religion, Trauer, Sterben mit Leichtigkeit der Form und Virtuosität des Stils, dass man kaum glauben wollte, dass zwischen den beiden Bänden nur drei Jahre lagen.

Die schlimmsten Erfahrungen ihrer Generation, der Stalinismus und der davor liegende Krieg, sind zwar in *Rufe an Yeti* präsent, doch nicht als direktes Heraufbeschwören jener Zeit oder als Durchdringung von Fragen der Schuld, Verantwortung, Strafe etc., sondern in Form von allgemeinen Reflexionen über den Zustand der Welt und die Natur des Menschen. Nur ganz selten spielt Szymborska direkt auf diese Erfahrungen an, etwa in *Den Freunden* (»Der Weg vom Leid zur Träne / ist interplanetarisch. / Unterwegs vom Trug zum Sein / ergraut unser Kinderschopf.«[2]) und in *Rehabilitierung* (»Worte Worte sind den Toten nicht genug, / Beschreibungen sind so leblos wie Fotos«[3]). Und wohl nur einmal hält sie ein entsprechendes Bild in seinem ganzen Grauen fest – in dem schon erwähnten, die Judenvernichtung thematisierenden Gedicht *Noch.*

Um über Leid oder Heldentum zu schreiben, brauchte sie ohnehin keine Vergangenheit – das Leben um sie herum lieferte ihr genug Beispiele. Allen voran die Tat einer Warschauerin Lehrerin, über die damals die gesamte Presse berichtete und die sie in ihrem Gedicht *Schweigeminute für Ludwika Wawrzyńska* festhielt: Am Morgen des 8. Februar 1955 machte sich die 46-Jährige gerade für die Arbeit fertig, als in einer der Nachbarwohnungen der Hotelbaracke, in der sie lebte, ein Feuer ausbrach. In der brennenden Wohnung befanden sich vier Kleinkinder; ihre Mutter hatte die Tür verschlossen und war weggegangen. Die Lehrerin brach die Tür mit einer Axt auf und trug alle vier Kinder hinaus. Als sie aber ein weiteres Mal in die Wohnung lief, um auch noch ein paar Habseligkeiten der Nachbarin zu retten, stürzte die Decke ein, und sie erlitt schwere Verbrennungen. Kurz danach kehrte die Mutter der Kinder zurück, stürmte, ohne zu wissen, dass sie sich in Sicherheit befanden, in das brennende Haus und kam im Feuer ums Leben. Wawrzyńska gelang es zwar, nach draußen zu gelangen, wonach sie in ein Krankenhaus gebracht wurde. Doch trotz aller Bemühungen der Ärzte, war ihre Rettung nicht möglich – nach zehn Tagen erlag sie ihren Verletzungen. »So viel wissen wir über uns selbst, / wie viel wir geprüft wurden«*: Diese Schlussfolgerung wurde zu einem von Szymborskas meistzitierten Gedanken.

Nicht nur in *Schweigeminute*, auch sonst sucht sie in diesem Band nach ethischen Gewissheiten, allerdings ist diese Suche von Misstrauen und Skepsis begleitet – was naturgemäß mit dem Hang einhergeht, alle fertigen Lösungen und

* Übersetzung der Autorin.

leeren Gesten zu hinterfragen. Diese Mischung aus permanenter Distanz und bitterem Scharfsinn hat wiederum eine besondere Art Humor zur Folge, eine subtile Ironie, die im Gedicht *Von der nicht stattgefundenen Expedition in den Himalaja* die Form der titelgebenden »Rufe an Yeti« annimmt: Wenn schon nicht sie selbst, dann soll wenigstens er, Yeti, das geheimnisvolle Schneewesen, eine gute Meinung von der Welt der Menschen haben (»Yeti, nicht nur Verbrechen / sind bei uns möglich. / Yeti, nicht alle Worte / sprechen das Todesurteil.«[4]). Für sich kann sie höchstens versuchen, anstelle der bestehenden Realität eine neue zu schaffen. Doch der Ton, in dem sie es tut – am deutlichsten im Gedicht *Ich bedenke die Welt* –, lässt keinen Zweifel aufkommen, dass sie sich auch davon nicht allzu viel verspricht:

Ich bedenke die Welt, Ausgabe zwei,
Ausgabe zwei, verbessert,
den Idioten zum Hohn,
den Grüblern zum Heulen,
den Kahlen für den Kamm,
den Hunden für die Katz. (…)[5]

Nur in Liebesgedichten, von denen es in diesem Band mehrere gibt und in die sie mit einer für sie ungewöhnlichen Offenheit ihre intimen Erlebnisse einfließen lässt, verzichtet sie auf die selbstschützende Ironie, ja sie plädiert für die Aufgabe jedes Schutzschildes, für die freiwillige Wehrlosigkeit der Liebenden, denen sie lediglich – im Gedicht *Denkwürdigkeit* – eine Schwalbe als Bewacher ihrer zerbrechlichen Gefühle zur Seite stellt (»Schwalbenherz / erbarme dich ihrer.«[6])

Zu den Liebesgedichten gehört auch *Nichts kommt zweimal*. Einerseits. Und andererseits ist es ein universelles Werk über die Unwiederholbarkeit jedes einzelnen Moments, aber auch über die Einzigartigkeit jedes einzelnen Menschen. Der Kritiker Stanisław Balbus sah darin gar die Widerspiegelung eines ganzen philosophischen Systems: »Szymborska hat hier auf eine poetische und absolut eigene Weise die komplizierte Theorie von Leibniz formuliert, die besagt, dass jeder Mensch eine Monade ist.«[7] Die Schlussfolgerung, die sich für ihn daraus ergab: »Man muss nicht Leibniz, Heidegger oder den von ihr vergötterten Montaigne kennen, um in sich ihre ›poetische Philosophie‹ zu spüren, man muss sich einfach in ihre Gedichte vertiefen. Szymborska sagt uns manchmal dasselbe, was große Philosophen sagen, nur in der Sprache der Imagination und des Herzens.«[8]

Rufe an Yeti war erst ihr dritter Band, doch er wurde zu ihrem endgültigen Durchbruch. Dass sie plötzlich mehr auf Fragen als auf fertige Antworten vertraute und auf der Echtheit individueller Erfahrung bestand, bei deren Beschreibung sie die ganze emotionale Bandbreite von Mitleid über Vernunft und Ironie bis zur Wut einsetzte, kam bei den Lesern natürlich viel besser an als plumpe Lobeshymnen auf die Errungenschaften des verhassten Regimes. Vor allem galt dies für junge Menschen, Studenten und angehende Künstler, die sich längst an der westlichen Kultur orientierten und für andere Zauberworte begeisterten: Paris, Existenzialismus, Jazz. Szymborska war natürlich nicht die einzige literarische »Rebellin« – in der gesamten polnischen Literatur begann damals ein frischer Wind zu wehen, was auf die neue politische Situation zurückzuführen war, die zur allgemeinen Überraschung vom »Großen Bruder« eingeleitet wurde:

Im Februar 1956 fand in Moskau der XX. Parteitag der KPdSU statt, auf dem Nikita Chruschtschow die Verbrechen Stalins enthüllte und somit die Periode der »Entstalinisierung« einleitete. Seine Rede wurde sofort in fast allen Ostblockländern kolportiert, und auch in Polen stieß sie auf großes Interesse, zumal sich dort seit Anfang der 1950er Jahre erneut eine wachsende Spannung bemerkbar machte.

Sie fand in den Ereignissen des Jahres 1956 ihr Ventil – zunächst in den brutal niedergeschlagenen Arbeiterunruhen in Posen und dann im sogenannten »Polnischen Oktober«: Zum Ersten Parteisekretär wurde Władysław Gomułka gewählt, der gleich danach das Ende der Stalin-Ära verkündete und eine durchgreifende Demokratisierung von Staat und Partei versprach. Anfangs wurde er auch von der überwiegenden Mehrheit der Polen unterstützt, zumal er als Erstes die Freilassung von Kardinal Stefan Wyszyński, der höchsten Autorität der Nation, anordnete. Außerdem hatte er selbst längere Zeit im Gefängnis verbracht, was viele seiner Landsleute zu der Annahme führte, dass er kein »richtiger« Kommunist sei. Man sah in ihm vor allem den Befreier, der das Ende des stalinistischen Terrors versprach.

Das damit eingeleitete politische »Tauwetter« machte sich schnell in allen Kulturbereichen bemerkbar, auch in der Literatur. Als Auftakt des literarischen »Tauwetters« galt später das bereits im August 1955 in der Zeitschrift *Nowa Kultura* (Neue Kultur) erschienene *Poem für Erwachsene* von Adam Ważyk. Es enthielt zwar keine wirklich oppositionellen Inhalte, höchstens eine milde Kritik des Stalinismus. In der damaligen Atmosphäre des allgemeinen Gehorsams war es dennoch eine Sensation, zumal Ważyk bis dahin als eifriger Verfechter des Sozialistischen Realismus galt. Die

Leser begrüßten es also als Ankündigung einer neuen künstlerisch-ideologischen Freiheit, die Sławomir Mrożek so beschrieb: »Moderne, abstrakte Kunst herrschte immer stärker in Theater, Literatur und Malerei vor. Es kam so weit, dass das einfache Volk den Begriff ›picassen‹ benutzte – von dem Namen des Malers, den es überhaupt nicht kannte. Eine revolutionäre Stimmung lag in der Luft, obwohl es vorsichtshalber von niemandem ausgesprochen wurde. So ließ sich endlich leben!«[9]

Im Rahmen der Literatur war die neue Entwicklung am deutlichsten in der Lyrik zu erkennen, und in diesem Zusammenhang spielte die Wochenschrift *Życie Literackie* eine große Rolle. Was folglich auch für Wisława Szymborska galt, die dort die Lyrikseite redigierte. Es war nicht allein ihr Verdienst, dass es in jeder Ausgabe des Blatts Gedichte gab, doch deren oft hohes Niveau war gewiss in erster Linie ihr zu verdanken – ihrem sicheren Stilempfinden, aber auch den Kontakten, die sie unter Dichtern und Übersetzern hatte, und der Ausdauer, mit der sie diese pflegte. Die etablierten Dichterkollegen ließen sich zwar meistens nicht lange bitten, waren aber nicht immer verlässliche »Lieferanten«. Dafür galt sie in den Augen der jungen Dichter, die ihr in die Redaktion ihre Gedichte brachten, als die »Herrscherin über Leben und Tod«: Ihr positives Urteil bedeutete den Abdruck in *Życie* – und dieser nicht selten den Beginn einer Karriere.

Zu ihrer Zeit fand dort auch (im Dezember 1955) ein gemeinsames Debüt von fünf Autoren statt, das bald als ein bahnbrechender Moment in der Geschichte der polnischen Nachkriegsliteratur gelten sollte. Heute zumindest wird es von Literaturhistorikern als Debüt bezeichnet – damals trug ihr Auftritt (da alle bereits in der Presse publiziert hatten) die

Wisława Szymborska in der »Tauwetter«-Zeit (Mitte der 1950er Jahre)

Überschrift »Uraufführung«. Wer immer für die Auswahl der fünf Dichter, Zbigniew Herbert, Bohdan Drozdowski, Jerzy Harasymowicz, Miron Białoszewski und Stanisław Czycz, verantwortlich war – vermutlich war es nicht Szymborska allein –, hatte damit ein gutes Gespür bewiesen. Alle fünf machten später eine beachtliche Karriere, was aber viel wichtiger war: Ihr »Debüt« stand für den Einzug von Vielfalt und Individualität in die polnische Lyrik. Auf einmal gab es die »Linguisten«, die mit raffinierten sprachlichen Mitteln das Alltägliche und Nebensächliche aufzuwerten versuchten, die »Turpisten« (von *turpis* – hässlich, ekelerregend), die auf die natürliche Existenz des Bösen und Hässlichen aufmerksam machen wollten, oder die »Klassizisten«, die in ihre Lyrik antike Motive einbezogen. Sie traten zwar nicht als eine geschlossene Formation auf, da ihre Lyrik aber eine gemeinsame Antwort auf den noch vor Kurzem herrschenden Schematismus und auf das spezifische Klima der früheren 1950er Jahre war – ein Klima der Depression und moralischen Atrophie, der Zerstörung jeglicher Ideale und der Nivellierung aller Grundempfindungen –, wurden sie schon bald als »Generation 56« bezeichnet.

Wisława Szymborska entpuppte sich zunehmend als eine ihrer kraftvollsten Stimmen: ein Image, zu dem ihr Erscheinungsbild und ihre Art so gar nicht passen wollten. Mittelgroß, schlank, mit einer fantasievollen dunklen Locke über der hohen Stirn, wirkte sie mädchenhaft und zerbrechlich. Die sanfte Stimme, das verlegene Lächeln, die guten Manieren vermittelten ein Bild der Bescheidenheit und vornehmen Zurückhaltung. Und doch wurde jedes neue Gedicht von ihr mit großer Aufmerksamkeit registriert. Vielleicht lag es auch daran, dass sie eine der wenigen polnischen Dichterinnen war, zu der das Etikett »Frauenlyrik« nicht passte, und dass sie sich zudem keiner bestimmten Stilrichtung zuordnen ließ. Denn so paradox es klingt: Kaum hatte sie zu ihrem eigenen Stil gefunden, wurde zugleich deutlich, dass dessen Eigenart vor allem darin bestand, kein bestimmter Stil zu sein. Sie änderte ihn je nach Leitidee, Thema, Gattungsart, und für viele ihrer Gedichte kreierte sie sogar eine eigene Poetik.

Was aber dabei auffiel: Sie schrieb zwar keine Lyrik mehr, die den Kommunismus glorifizierte, ihr Parteibuch gab sie aber nicht zurück. Es ist insofern ein interessantes biografisches Detail, als sie später, wie gesagt, ihre prokommunistischen Sympathien weitgehend auf den Einfluss von Adam Włodek zurückführte, von dem sie zum einen längst geschieden war und der zum anderen selbst 1956 mit dem Regime brach. Schon Stalins Verbrechen, die teilweise erst damals bekannt wurden, und die beiden antikommunistischen Aufstände, in Posen und in Budapest, lösten bei ihm ein Umdenken aus. Als dann auch noch ein Jahr später die Wochenschrift *Po Prostu* (Geradeheraus) – das meistgelesene Blatt Warschaus, in dem u. a. Marek Hłasko, das literarische Symbol des »Tauwetters«, seine Geschichten publizierte –, geschlossen wurde, befand Włodek offenbar, dass der Kommunismus nicht reformierbar sei, und bat den Schriftstellerverband, ihn von der Liste der Parteimitglieder zu streichen. Damit war er einer der ersten Literaten, die die Partei verließen, obwohl er seinerzeit einer der Ersten gewesen war, die ihr begeistert beitraten.

Szymborska tat es nicht, dafür begann sie in jener Zeit, ihren eigenen, scheinbar apolitischen Stil zu entwickeln. Zu den Dingen, die ihr dabei halfen, gehörte zweifellos das damalige intellektuelle und künstlerische Klima Krakaus. Die immer noch frische Erinnerung an den Krieg, die Unvereinbarkeit des neuen Regimes mit der Eigenart des Landes, die düstere Absurdität des Stalinismus, die Morbidität des alten Krakau und die Sehnsucht der jungen Künstler nach mehr Freiheit – all das ergab eine Mischung, die jemand treffend als »Mehrdimensionalität des Traums« bezeichnete. Sie brachte aber auch eine bestimmte Art Humor hervor, die man kaum woanders eindrucksvoller erlebte als in Piwnica Pod Baranami (Keller zu den Widdern), einem im Dezember 1956 entstandenen Kabarett, zu dessen Begründern spätere Berühmtheiten wie Krzysztof Penderecki, Tadeusz Kantor, Sławomir Mrożek oder Roman Polanski gehörten. Sein Sitz befand sich am Hauptmarkt, im Keller des würdevollen Palais zu den Widdern, das einst Eigentum der bekannten Aristokratenfamilie Potocki gewesen war. Seine Programme, deren Hauptmerkmale Improvisation, gekonnt eingesetzte Kontrapunkte von Ernsthaftigkeit und Heiterkeit, von Satire und Lyrismus und die absurdesten Requisiten (am liebsten aus der k. u. k.-Zeit) waren, bedeuteten jedes Mal ein mehrstündiges, herrliches Spiel mit dem Publikum, in dem scheinbar der Glanz vergangener Zeiten ausgelacht und in Wirklichkeit die Absurdität der Gegenwart entblößt wurde.

Möglicherweise trug zu Szymborskas Stilfindung aber auch ihre erste Reise in den Westen bei: Im Spätherbst 1957 fuhr sie nach Paris und dazu gleich für über zwei Monate. Beides kam genauso überraschend wie der Brief des Hauptvorstands des Schriftstellerverbandes, der dieser Reise vorausgegangen war. Man teilte ihr darin mit, sie werde einen bestimmten Devisenbetrag bekommen, der ihr die Finanzierung eines Aufenthalts in der französischen Hauptstadt ermöglichen solle. In Krakau erhielten solche Briefe außer ihr der Prosaiker Jan Józef Szczepański, der Dichter Tadeusz Nowak und Sławomir Mrożek (landesweit waren es ca. zweihundert Personen). Gegen Ende des Jahres 1957 traten sie also zu dritt ihre Reise an: Szymborska, Mrożek und Nowak. Szczepański sollte vor Ort zu ihnen stoßen, was er auch Anfang Januar 1958 tat. »Wir fuhren nach Paris wahrscheinlich über Kattowitz«, so Mrożek in seiner Autobiografie, »aber ich bin mir dessen nicht ganz sicher. Vielleicht fuhren wir doch über Warschau und Norddeutschland? Jedenfalls stiegen wir, nachdem wir uns in Krakau in den Zug gesetzt hatten, erst zwei Nächte später an der Pariser Gare du Nord aus.«[10]

Die drei reisten tatsächlich über Kattowitz und – was er später offenbar vergaß – über Wien, wo sie genug Zeit hatten, um einen längeren Spaziergang zu unternehmen. In Paris angekommen, stellten sie allerdings fest, dass sie von niemandem erwartet wurden und folglich, um ihre Unterkunft zu erreichen, eine abenteuerliche Eskapade per Metro und zu Fuß unternehmen mussten. Schließlich quartierten sie sich im Hôtel d'Alsace in der Nähe von Notre Dame ein. Szymborska bekam ein Zimmer, das zwar nur 400 Francs pro Woche kostete, das aber kein Fenster hatte, sodass sie im Dunkeln aufwachen musste. Paris sei damals laut Mrożek ganz anders als heute und das Fehlen von elementarem Komfort normal gewesen: »Pferdedecken als Bettüberwürfe waren eine Tatsache. Ich besuchte dieses Hotel etwa dreißig Jahre später. Nur die Fassade des Hauses, eines alten wohlgemerkt, erinnerte an die Vergangenheit. Das Hotel hatte jetzt vier Sterne und war elegant – wie die ganze Rue Saint-Louis-en-l'Île.«[11] Damals habe alles, aus »Mangel an Infrastruktur und Tourismus«, sehr arm gewirkt. Gleichzeitig sei der Stadtteil ganz in den Händen der Araber gewesen, was einen gefährlichen Nebeneffekt gehabt habe: »Jede Nacht explodierten dort Bomben – als Ergebnis der alten Rechnungen zwischen Algerien, das immer noch von Frankreich abhängig war, und der Polizei.«[12]

Die kargen Wohnverhältnisse, die Szymborska übrigens klaglos ertrug – sie war ja aus dem Krakauer Literatenhaus Ähnliches gewohnt –, schmälerten nicht ihre Freude, in Paris, dem Mekka der Künstler und Literaten, zu sein. Laut Mrożek stürzten sie sich sofort auf die traditionellen Pariser Besichtigungsrouten, ausgerüstet mit *L'Officiel de Spectacle*, dem wöchentlichen Programmheft. Theater und Restaurants konnten sie sich trotz des zugeteilten »Devisenbetrags« nicht leisten, also besuchten sie die üblichen Sehenswürdigkeiten und Museen. In den Letzteren sollen die Dichterin nicht so sehr die Bilder der Altmeister, Tizian oder El Greco, sondern die modernere Malerei, etwa die Werke von Rouault, beeindruckt haben. Im Louvre, wo sie gleich mehrmals war, zog es sie vor allem in die Räume mit römischen und griechischen Skulpturen. Ihr Urteil fiel aber durchaus kritisch aus. »Nur Nike«, schrieb sie in einem Brief an Mutter und Schwester, »ist wirklich wunderbar, der Rest hat mich nicht sonderlich beeindruckt. Venus ist gut, aber nur von hinten, sie hat einen sehr berührenden Rücken. Aber sie hat auch ein stumpfes Gesicht, vielleicht das stumpfeste Gesicht, das ich kenne.«[13]

Weniger wählerisch war sie im Falle der Pariser Kinos – da es die billigste Unterhaltungsform war, genoss sie sie in vollen Zügen, meistens in Begleitung von Mrożek. Es gab genug anspruchsvolle Filme zu sehen, zu denen sie in Polen keinen

Zugang gehabt hatten, sie gingen aber auch in Zeichentrickfilme, an denen sie plötzlich Gefallen fand. Sie genoss jede einfache Freude, die Paris zu bieten hatte, die täglichen Mittagessen eingeschlossen. »Wir essen in Selbstbedienungsbars, weil es am billigsten ist. Du hast keine Ahnung, wie schön sie dekoriert sind und wie gut das Essen dort schmeckt«,[14] begeisterte sie sich in einem Brief an Włodek. Nur von den Schaufensterbummeln kam sie frustriert zurück: »Alles, was ich hier trage, ist furchtbar«, klagte sie Mutter und Schwester gegenüber, »der Mantel – schrecklich, die Mütze – scheußlich (zum Glück hat der Wind sie mir heute vom Kopf gerissen und in der Seine ertränkt). Die Schaufenster sehen so aus, dass nur eine blinde Frau glücklich sein kann, wenn sie an ihnen vorbeigeht. Und was wohl am schlimmsten ist: Es gibt hier einfach keine hässlichen Dinge.«[15]

Ein besonderer Höhepunkt der Reise war der Besuch eines Ortes, der in Zukunft zum Pflichtprogramm jedes polnischen Intellektuellen gehören würde: Maisons-Laffitte bei Paris, wo sich der Sitz von Institut Litteraire befand, einem polnischen Exilverlag, der sich in den gut zehn Jahren, die seit seiner Gründung (1946) vergangen waren, schnell den führenden Platz in der polnischen Emigrantenszene erobert hatte. Das verdankte er sowohl seinen anspruchsvollen Buchpublikationen als auch der von ihm herausgegebenen Monatszeitschrift *Kultura*. Direktor des Verlags und Chefredakteur des Blatts war der aus einer litauischen Aristokratenfamilie stammende Jerzy Giedroyc, der auch allgemein – obwohl seine unmittelbaren Vorfahren auf den Titel verzichtet hatten – »der Fürst« genannt wurde. Mit dieser Titulierung war allerdings weniger seine Herkunft als seine Art gemeint: Die Linie der *Kultura* wurde von Anfang an von ihm bestimmt; man sagte ihm gar nach, dass er mit der Führung der Redaktion und des Verlags seine Unfähigkeit kompensierte, sich direkt politisch zu betätigen. Schüchtern, steif und unnahbar, kaum imstande, eine Rede zu halten oder zu polemisieren, spann er von dem Pariser Vorort aus unzählige Fäden, damit seine Vision von Polen Wirklichkeit wurde. Und da er für seine antikommunistische Haltung bekannt war, galt er in den Augen der Machthaber im Land als Feind Nummer eins. Szymborska und ihre Begleiter beschlossen dennoch, ihm einen Besuch abzustatten – nicht ohne sich auf dem Weg dahin ein wenig zu fürchten, wie Mrożek später zugab: »Schon als wir den Zug bestiegen, der nach Maisons-Laffitte fuhr, fühlte ich mich unbehaglich. Ich hatte das alberne Gefühl, dass uns jemand verfolgen würde.«[16] Und nicht ohne den Besuch selbst als ziemlich unbefriedigend zu empfinden: Sie mussten feststellen, dass »der Fürst« viel besser als sie über die politische Situation in Polen informiert war und dass er dafür der Literatur sehr wenig Interesse entgegenbrachte.

Auch in Paris selbst erlebten sie nicht nur glückliche Momente, jedenfalls galt dies für Szymborska. Sie beklagte sich zwar nicht direkt, manchmal ließ sie aber in ihrer Post nach Hause, vor allem an ihren wichtigsten Vertrauten, Adam Włodek, durchklingen, dass sie zunehmend Sehnsucht nach Krakau hatte und dass sie diese glitzernde, reiche westliche Welt, die mit ihrem Leben und ihren Erfahrungen gar nichts zu tun hatte, auf Dauer ermüdend und irritierend fand. Und einige Jahre später, als ihr nächster Gedichtband *Salz* (1962) erschien, fand sich darin auch eine Prosaminiatur mit dem Titel *Wörtchen*, die einiges von dieser Stimmung vermittelte.

»*La Pologne? La Pologne?* Schrecklich kalt dort, nicht wahr?« fragte sie mich und atmete erleichtert auf. Es gibt jetzt so viele von diesen Ländern, daß es am sichersten ist, über das Klima zu sprechen.
»O ja«, möchte ich entgegnen, »die Dichter meines Landes schreiben in Handschuhn. Ich behaupte nicht, sie zögen sie niemals aus; wenn der Mondschein wärmt, dann schon. In ihren Strophen, vom lauten Getöse skandiert, denn nur Getöse dringt durch das Heulen der Stürme, besingen sie das einfach Leben der Seehundhirten. Die Klassiker wühlen mit Tintenzapfen in den festgetretenen Dünen. Der Rest, die Dekadenten, beweint das Schicksal der kleinen Sterne aus Schnee. Wer sich ertränken will, muß zum Beil greifen, um eine Wake zu schlagen. So ist das, meine Liebe.«
So möchte ich ihr antworten. Aber ich vergaß, was Seehund auf französisch heißt. Ich bin mir auch des Zapfens und der Wake nicht ganz sicher.
»*La Pologne? La Pologne?* Schrecklich kalt dort, nicht wahr?«
»Pas du tout«, antwortete ich eisig.[17]

Zurück in Krakau, nahm die Dichterin die Routine ihres dortigen Lebens wieder auf. Sie soll sich zwar niemals über sie beklagt haben, dennoch tat es ihr vielleicht nach so langer Abwesenheit gut, dass sie eine Zeit lang einen neuen Arbeitgeber hatte: den Staatlichen Musikverlag in Krakau. Sie gab für ihn ein Pfadfinder-Liederbuch heraus, übersetzte mehrere Operntexte und schrieb schließlich zwei Sonette zu den einzelnen Teilen von Vivaldis *Vier Jahreszeiten*. Nebenbei setzte sie ihre Arbeit bei *Życie Literackie* fort, wo sie ab 1960 die neue Rubrik *Literarische Post* verantwortete, in der sie, abwechselnd mit ihrem Kollegen Włodzimierz Maciąg, die der Redaktion zugesandten Manuskripte kommentierte. »Unsere Texte waren leicht auseinanderzuhalten«, erzählte sie später. »Włodek schrieb im Maskulinum und in der Vergangenheitsform: ›ich las‹, »›ich dachte‹ – ich benutzte die erste Person Plural. Ich war die einzige Frau in der Redaktion, hätte ich also die gleiche Form benutzt, hätte man mich sofort enttarnt.«[18] Das war wohl aber nicht der einzige Unterschied zwischen den beiden, denn Szymborskas Kommentare waren in ihrer Bissigkeit, um nicht zu sagen: Grausamkeit, kaum zu übertreffen.

So antwortete sie jemandem, der sich hinter »H. C., Krakau« verbarg: »Der Mangel an literarischem Talent ist keine Schande. Das kommt bei vielen klugen, aufgeklärten, edlen Menschen vor, die auf anderen Gebieten hochbegabt sind.«[19] Einem »Mił, Brzesko« teilte sie mit: »Naturbeschreibungen gehören nicht unbedingt zu den Pflichtleistungen eines Autors. Wenn man nicht genug frische Wörter findet, um eine Beschreibung interessant zu gestalten, soll man lieber die Mondreflexe auf der Wasseroberfläche in Ruhe lassen. In dem zugesandten Romanfragment ist übrigens von einem Kuhdiebstahl die Rede. Für gewöhnlich steht aber weder einem Dieb noch einer aus dem Stall hinausgeführten Kuh der Sinn danach, die Reize der Natur zu bewundern.«[20] Und »Ewus, Chełm Lub.« musste die Kritik einstecken: »Schon wieder, zum zweiten Mal in dieser Woche, ermächtigen Sie die Redaktion, alle Korrekturen vorzunehmen, die sie für nötig halte. So sorglose Debütanten werden der Literatur keinen Nutzen bringen. Wir fragen uns, ob das Polnische Olympische Komitee manchmal Briefe dieses Inhalts bekommt: ›Ich habe die Absicht, eine Weltmeisterschaft zu gewinnen, und ermächtige Euch, für mich zu trainieren …‹«[21]

Es gab viele Leser von *Życie Literackie*, die das Blatt hauptsächlich wegen Szymborskas *Literarischer Post* kauften oder zumindest dessen Lektüre mit ihr begannen. Doch einmal hatte für sie eine besondere Überraschung parat. Es war Anfang 1963, als sie zum hundertsten Jahrestag des sogenannten »Januaraufstands«, der größten Erhebung der Polen gegen Russland, einen einzigartigen Text präsentierte: einen Auszug aus den Tagebüchern ihres Großvaters, Antoni Szymborski. Sie wurden in der Wohnung ihrer Eltern in der Radziwiłłowska aufbewahrt und müssen auch für sie selbst ein hochspannendes Dokument dargestellt haben, zumal ihr Großvater ein sehr bewegtes, abenteuerreiches Leben führte. Mit siebzehn floh er aus dem Elternhaus, um am Großpolnischen Aufstand (1848) teilzunehmen und landete in einem preußischen Gefängnis, danach trieb er sich in ganz Europa herum, ging nach Amerika, wo er sich sogar als Goldgräber in Kalifornien versuchte, verbrachte etliche weitere Jahre in verschiedenen Ländern Europas. Schließlich kehrte er nach Polen zurück, um am Januaraufstand von 1863 teilzunehmen, wofür er mit der Inhaftierung in der Warschauer Zitadelle bezahlte, aus der er wie durch ein Wunder entkam. Später wurde er zwar sesshaft, doch seine Ehe ging schnell in die Brüche und auch in materieller Hinsicht hatte er keinen Erfolg. So hatte er seine Lebensgeschichte nach eigenen Worten vor allem für seinen Sohn (Wincenty Szymborski) aufgeschrieben – »damit du«, wie er schrieb, »das Ausmaß an väterlichem Leid kennst und versuchst, all das zu vermeiden, was ich durchmachen musste«.[22] Seine Tagebücher sollten erst im Jahre 2000 in voller Länge erscheinen, doch schon das in *Życie Literackie* abgedruckte Fragment ließ ahnen, dass seine Enkelin nicht die Einzige in der Familie war, die literarisches Talent besaß.

Ansonsten kümmerte sie sich bei dem Blatt weiterhin um die Lyrikseite – und damit auch um junge, noch unbekannte Dichter. Einen besonderen Platz unter ihnen nahm Halina Poświatowska ein, heute eine der literarischen Legenden Polens, damals, als Szymborska erstmals von ihr hörte, ein achtzehnjähriges Mädchen aus Tschenstochau, das Halina Myga hieß, an einer unheilbaren Herzkrankheit litt, Gedichte schrieb und durch ein arrogant-provozierendes Verhalten ihre Todesangst maskierte. Als sie wieder einmal in einem Krakauer Krankenhaus lag, fand ihr Arzt auf ihrem Nachttisch einen Lyrikband von Szymborska, was ihn auf die Idee brachte, Letztere zu überreden, die Kranke zu besuchen. Obwohl zwischen den beiden Frauen zwölf Jahre Altersunterschied bestand, waren sie sofort voneinander fasziniert. Szymborska wurde zu einer Mentorin der jungen Dichterin, deren Gesundheitszustand sich zu bessern begann. Sie fuhr in ein Sanatorium, wo sie den ebenfalls herzkranken Studenten Adolf Poświatowski kennenlernte. Sie verliebten sich und heirateten, nach nur zwei Jahren aber erlag er seinem Herzleiden. Dadurch verschlechterte sich Halinas Zustand dermaßen, dass eine Operation unumgänglich wurde. Dank der Unterstützung von Auslandspolen kam sie 1958 nach New York und wurde dort erfolgreich behandelt. Nebenbei nahm sie das Studium der Philosophie und Literatur am Smith College in Northampton auf, besuchte Sommerkurse an der Columbia University, lernte Fremdsprachen, übersetzte und vor allem schrieb sie weitere Gedichte – bis sie, nach einer weiterhin sehr intensiven Zeit, die sie zwischen Krakau und Paris verbrachte, am 2. Oktober 1967 starb.

Ihr Tod war für Szymborska ein tiefer Schlag. Bei ihrer Beerdigung in Tschenstochau konnte sie zwar nicht anwesend sein, aber sie schrieb ein Gedicht, das »dem Andenken an Halina Poświatowska« gewidmet war, was in ihrem Fall selten vorkam. Es hieß *Autonomie* und erschien später im Band *Alle Fälle*. Trotz ihrer Zuneigung, ohne die es die Dichterin Poświatowska möglicherweise gar nicht gegeben hätte, gestand sie aber nach Jahren ihrem Sekretär, sie habe sie selbst sehr, ihre Poetik aber viel weniger gemocht. »Oder zumindest das an ihr«, präzisierte er, »was sie ›übertriebene Poetisierung‹ nannte. Einmal zeigte Poświatowska ihr ein Gedicht, in dem die Formulierung ›Ich küsse die Quelle seines Halses‹ vorkam. Szymborska fragte, ob es nicht besser sei, einfach ›Schlüsselbein‹ zu sagen? ›Der Unterschied zwischen uns‹, fügte sie hinzu, ›bestand darin, dass Halina die Quellen des Halses küsste – und ich die Schlüsselbeine.‹«[23]

Wenn es eine polnische Dichterin gab, die Szymborska wohl näherstand und mit der sie auch manchmal verglichen wurde, dann war es Maria Pawlikowska-Jasnorzewska, eine 1945 verstorbene Berühmtheit der Zwischenkriegszeit, die gelegentlich als »die polnische Sappho« apostrophiert wurde. Denn sie war die Erste, die sich in der sehr anspruchsvollen und bis dahin von Männern dominierten polnischen Lyrik einen hohen Rang erwarb. Ihre Gedichte waren die einer modernen Frau, die über ihr Leben selbst bestimmte und die Veränderungen in der Welt bewusst registrierte. Und die zudem die bis dahin verpönte Alltagsrealität in ihre Dichtung einbezog und mit viel Charme und Witz ihrer Freude am Leben Ausdruck gab. In jungen Jahren galt sie als die Dichterin der Liebe, doch sobald ihr die Grenzen ihrer eigenen Biologie bewusst wurden, gehörte auch die Angst vor dem Älterwerden, Verfall und Tod zu ihren Themen. Irgendwann fing sie an, sich mit dem Phänomen Natur auseinanderzusetzen, wodurch sie zur Beschäftigung mit Naturwissenschaften, Philosophie und fernöstlichen Religionen sowie zur Lektüre Nietzsches, Schopenhauers und Bergsons fand, was zur Folge hatte, dass aus ihren Gedichten immer öfter katastrophistische Töne herauszulesen waren. Sie hatte auch von Anfang an manche stilistische Überraschung parat. Kaum hatte sie in den ersten Bänden bewiesen, wie gut sie das Spiel mit verschiedenen dichterischen Mitteln beherrschte, schon legte sie eine extreme formale Sparsamkeit an den Tag. Ihre späteren Gedichte waren filigrane, nicht selten nur vierzeilige Miniaturen, deren Knappheit und überraschende Pointen an japanische Haikus erinnerten. Jahre später sollte diese Miniaturkunst von Wisława Szymborska zur Perfektion gebracht werden.

Das Jahr 1960 bescherte den beiden Schwestern, Wisława und Nawoja, ein tragisches Erlebnis: Im Sommer starb ihre Mutter, Anna Szymborska. Ihrem Tod war eine Krankheit vorausgegangen, die – ihrer lebenslangen Angst vor der Tuberkulose entgegen und trotz der Probleme, die ihr immer wieder ihr Herz bereitete – sich ganz anders äußerte: Im März 1960 wurde sie mit Bauchschmerzen und hohem Fieber in ein Krakauer Krankenhaus eingeliefert, wo sie wochenlang behandelt wurde. Da Besuche dort nicht erlaubt waren, schrieb sie sehr oft Briefe an ihre Töchter, in denen sie minutiös ihren Tagesablauf beschrieb und um bestimmte Hygieneartikel und Lebensmittel, die ihre Diäternährung unterstützen sollten, bat. Nach einer fast zweimonatigen Behandlung wurde sie nach Hause entlassen, doch schon bald verschlimmerte sich ihr Zustand dermaßen, dass sie im Sommer in das Krankenhaus zurückkehren musste, wo sie schließlich am 19. August starb.

Ausgerechnet in die Zeit der Krankheit ihrer Mutter fiel eine Reise, die Szymborska als Mitglied einer Delegation polnischer Schriftsteller in die Sowjetunion führte. Auf dem Programm der kleinen Gruppe standen Moskau, Leningrad, zwei Städte in Georgien, Tiflis und Suchumi, und der Kaukasus. »Warum entschied sich Szymborska damals, im Jahre 1960, in die Sowjetunion zu fahren?«, überlegt ihre Biografin Joanna Gromek-Illg – und gibt sich selbst eine Antwort: »Vermutlich wurde sie von der Neugier auf diese ihr vollkommen fremde Welt geleitet, aus der die kommunistische Ideologie nach Polen kam. (…) Vielleicht wollte sie sehen, wie dieses Land, in dem die allgemeine Glückseligkeit herrschen sollte und von dessen Realität sie bestimmt schon viel mehr als in den 1940er Jahren wusste, wirklich aussah. Vor allem aber wird sie sich dessen bewusst gewesen sein, dass die Sowjetunion ein riesiges Konglomerat verschiedener Kulturen war. Die Fülle an Sehenswürdigkeiten, an Schätzen der Architektur und Malerei, die außergewöhnliche, wilde Natur – das muss für sie verlockend gewesen sein.«[24]

Mag sein. Vielleicht war der Grund aber auch einfach der, dass eine Weigerung, Teil einer polnischen Delegation zu werden, die das Land des »Großen Bruders« besuchen durfte, als Affront aufgefasst worden wäre. Hätte jedenfalls die Reise in ein westliches Land geführt, würde sich eher die Erklärung anbieten, dass es an der erneuten Desillusionierung und Unzufriedenheit lag, die sich in der polnischen Gesellschaft bereits seit Ende der 1950er bemerkbar machten – und folglich an der Befürchtung, die Kommunisten würden bald die Schraube wieder fester anziehen und damit auch die Reisefreiheit noch weiter einschränken.

Dass die Stimmung langsam wieder umkippte, lag vor allem an dem Ersten Parteisekretär Gomułka, in den die Polen anfangs große Hoffnungen gesetzt hatten. Seine Innenreformen gingen kaum darüber hinaus, der Kirche ihr Oberhaupt zurückzugeben, die Landwirtschaft zu restrukturieren (die sowjetische Erfindung namens »Kolchosen« wurde abgeschafft) und in der Außenpolitik eine gewisse Souveränität gegenüber Moskau durchzusetzen. Doch aus Angst, Polen könnte das Schicksal Ungarns teilen, wo 1956 bekanntlich ein Aufstand blutig niedergeschlagen worden war, wollte er offenbar auf die Versuche tiefgreifender Liberalisierung verzichten. Diese langsame Abwendung vom Reformkurs führte einerseits zu Spannungen innerhalb der Partei und andererseits zu den ersten oppositionellen Regungen in den Intellektuellenkreisen. Die frühen 1960er Jahre waren folglich eine Zeitspanne, in der Literatur und Theater neue Ausdrucksformen fanden, um die Absurditäten des Kommunismus bloßzustellen. Zu einer wahren Meisterschaft brachten es in dieser Hinsicht die Dramatiker Tadeusz Różewicz und Sławomir Mrożek, die dem Publikum seitdem jahrelang vor Augen führten, was es bedeutete, mit Mitteln der Groteske, der Parodie und der Verfremdung auf die Deformation der Realität zu reagieren.

Welche Mittel dafür einer Lyrikerin zur Verfügung standen, demonstrierte Wisława Szymborska eindrucksvoll mit ihrem vierten Gedichtband *Salz* (1962), der sich zwar durch eine große formelle und thematische Vielfalt der Texte auszeichnet, der aber dennoch den Eindruck eines gedanklichen Ganzen macht. Sein Grundthema ist die Relativität aller Dinge, begriffen als Gegensatz zu Selbstverständlichkeit, Gewissheit, aber auch als permanenter Wandel. Nicht zufällig bildet das Wasser sein Hauptmotiv. *Wasser*, so der Titel eines dieser Gedichte, als Synonym der sinnlichen Erfahrung der Welt (»Auf meinem Zeigefinger / ist das Kaspische Meer eine offene See«[25]), aber auch als Sinnbild der unendlichen Vielfalt des Lebens. Man könne zwar versuchen, scheint die Dichterin zu sagen, diese Vielfalt in Worte zu fassen, doch im Grunde sei ein solcher Versuch von vornherein zum Scheitern verurteilt, weil ihm – davon handelt *Im Fluß des Heraklit* – die Unbeständigkeit des Seins, auf die kurze Formel *panta rhei* gebracht, im Wege stehe (»Im Fluß des Heraklit / fischen Fische nach Fischen, / zerlegen Fische Fische, wohnen Fische in Fischen …«[26])

Sie macht sich hier auch Gedanken über die Eigenständigkeit der materiellen Welt – und damit über die Grenzen zwischen belebter und unbelebter Materie. Wie in *Gespräch mit dem Stein* mit den litaneiartig wiederholten Zeilen »Ich klopfe an die Tür des Steins. / ›Ich bin's, mach auf‹«, auf die der Angesprochene lauter entmutigende Antworten gibt, von den geduldigen Erklärungen der eigenen Natur (»Sogar in Teile zerschlagen, / bleiben wir dicht verschlossen. / Sogar zu Sand zerrieben, / lassen wir niemanden ein.«) bis zur finalen Abweisung (»Ich hab' keine Tür«, sagt der Stein.«[27]).

Interessanterweise erschien ihr *Gespräch* fast zeitgleich mit Zbigniew Herberts Gedicht *Kiesel*, dessen philosophische Inhalte sich ebenfalls auf das Symbol des Steins bezogen, was die Literaturhistoriker bis heute zu den Spekulationen verleitet, ob die beiden Dichter damals womöglich eine entsprechende Diskussion geführt hätten. Falls ja, dann wären sie dabei nach Ansicht von Joanna Gromek-Illg durchaus »gleichberechtigte Partner« gewesen: »Herbert interessierte sich seit früher Jugend für Philosophie, und Szymborska las – wenn man dem Notizbuch glauben will, in dem sie sich die gelesenen Titel notierte – sehr viele Werke klassischer Denker. (…) Vielleicht kamen sie später nicht mehr auf dieses Thema zurück, in ihrer Korrespondenz gibt es keine Spur eines solchen Dialogs, aber das Nachdenken über die Natur der Dinge hatte einen großen Einfluss auf das Schreiben von beiden.«[28]

Worüber die Dichterin in diesem Band ferner nachdenkt, ist der Zusammenhang zwischen menschlichen Interaktionen und unserer Art, die Sprache zu benutzen, darüber, wie sehr gesellschaftliche Konventionen und starre Rituale mit dem Verwenden von Verallgemeinerungen und abgenutzten Begriffen Hand in Hand gehen – und für Distanz statt für Nähe sorgen. Sie sagt zwar nirgendwo direkt, dass sie einen spontanen, natürlichen Austausch zwischen zwei Menschen für unmöglich halte, liest man aber Gedichte wie *Überraschendes Wiedersehen* (»Wir verstummen mitten im Satz, / rettungslos lächelnd. / Unsereiner hat sich / nichts mehr zu sagen.«[29]) oder *Auf dem Turm Babel*, einen Wirrwarr von zusammenhangslosen Gesprächsfetzen (»›Denkst du immer an ihn?‹ – ›Aber ich weine doch nicht.‹ / ›Und das ist alles?‹ – ›Niemanden so wie dich.‹«[30]), kann man leicht diesen Eindruck gewinnen. Selbst in der Liebe, der sie etliche Gedichte widmet, von der sie aber erstaunlich kühl und sachlich spricht, als sähe sie in ihr lediglich ein weiteres Modell zwischenmenschlicher Kommunikation – was wohl etwas mit ihren gescheiterten Beziehungen zu tun hatte –, glaubt sie eine Konventionalisierung von Gesten auszumachen. Eine Theatralik, deren Form nur von der Phase der Liebesbeziehung abhänge. In *Beim Wein* stellt sie die scheinbar spontane Art zweier frisch Verliebter als Kalkül bloß, als eine raffinierte Methode, dem Wunschbild des anderen zu entsprechen (»Ich ließ geschehen, daß er mich ausdachte / zum Ebenbild der Spiegelung / in seinen Augen.«[31]) In *Goldene Hochzeit* hält sie den Moment fest, in dem von der Liebe nur eine Handvoll Routinegesten übrig bleibt (»Eines Tages fiel die Antwort vor der Frage. / Eines Nachts errieten sie den Ausdruck ihrer Augen / nach der Art des Schweigens, im Dunkel.«[32]).

Obwohl sie in mehreren Gedichten das menschliche Verhalten ziemlich streng beurteilt – was sie manchmal bereits im Titel signalisiert (*Schönheitskonkurrenz der Männer*) –, tut sie es nie in Form beißender, verletzender Kritik, sondern eher mit einer kritisch-humorvollen Distanz, die sie auch dann behält, wenn sie von sich selbst spricht. Etwa in *Autorenabend*, in dem sie auf die Schattenseiten ihres Berufs anspielt:

> Muse, kein Boxer zu sein bedeutet, gar nicht zu sein.
> Das brüllende Publikum hast du uns nicht gegönnt.
> Zwölf Zuschauer sind im Saal.
> Zeit anzufangen.
> Die Hälfte ist da, weil es regnet,
> der Rest sind Verwandte. Muse! (…)[33]

Es gibt in *Salz* schließlich auch einige Gedichte, in denen Szymborska das Reisen thematisiert. Manchmal nur, um über ein mit ihrem Blick eingefangenes Bild nachzudenken, etwa über den Pariser *Clochard* – so der Titel des entsprechenden Gedichts –, manchmal aber auch, um die negativen Seiten einer Reise zu reflektieren. Das Gefühl des Überdrusses, das sich gelegentlich einstellen kann, beschreibt sie in *Museum* (»Aus Mangel an Ewigkeit wurden / zehntausend alte Gegenstände versammelt. / Ein verschimmelter Diener schlummert behaglich / und läßt seinen Schnurrbart auf die Vitrine fallen.«[34]). Von der Flüchtigkeit der Eindrücke spricht sie in *Reiseelegie* (»Alles ist mein, nichts ist mein eigen, / nichts gehört meinem Gedächtnis, / mein freilich bleibt es, / solange ich schaue.«[35])

Sie hatte bis dahin noch nicht sehr viele Reisen unternommen – die Zeit der vielen Einladungen aus aller Welt sollte ja erst kommen –, doch schon jetzt wusste sie, wie wenig sie von ihren Reisen in Erinnerung behielt: aus dem bulgarischen Städtchen Samokow nur den Regen, von dem Pariser Boulevard Saint-Martin eine kleine Treppe, die sich irgendwo verlief, aus dem brückenreichen Leningrad gerade mal anderthalb Brücken, aus Uppsala ein Fragment der riesigen Kathedrale, aus dem Kaukasus einen Adler, der über der Rekonstruktion einer Schlucht schwebte.

Jahre später würde sie dem Filmemacher Andrzej Koszyk ihre Empfindungen so erklären: »Reisen ist wunderbar, man sieht so viele Dinge, die man sonst nicht sehen würde. Auf Reisen begleitet mich aber immer ein Gefühl der Niedergeschlagenheit, das damit zusammenhängt, dass ich an Menschen vorbeigehe, die ich nie näher kennenlernen werde; wir werden nie etwas übereinander erfahren. Jeder Mensch ist für mich eine eigene Welt, und die Reisen machen mir bewusst, wie wenig ich im Leben von dieser Welt haben kann, was für kleine Bruchstücke, was für kurze Momente es sind.

Ich schließe mit jemandem Bekanntschaft, die meist flüchtig ist, bei der ich niemals das Gefühl der Vollständigkeit habe. Von diesen Bekanntschaften gibt es viele, und es bleiben davon nur Bruchstücke übrig. Meiner Meinung nach wird dieser Zustand von dem Wort ›Gewimmel‹ besonders treffend umschrieben – es gibt von etwas schrecklich viel, und alles wirbelt in einem Chaos herum.«[36]

Kapitel 6

Auf dem Zauberberg

Ein Appartement, das von seiner Bewohnerin selbst als »Schublade« bezeichnet wird, stellt man sich nicht gerade als den Gipfel des Komforts vor. Als Wisława Szymborska es aber 1963 bezog – es lag in der fünften Etage eines sechsstöckigen Hochhauses in der Nowowiejska-Straße –, war sie dennoch froh, endlich ihre eigenen vier Wände zu haben. Nach dem Tod ihrer Mutter hatte sie zwar die Hälfte des Hauses in der Radziwiłłowska geerbt, doch dort einziehen konnte sie schon allein deshalb nicht, weil alle Wohnungen außer der, in der Nawoja lebte, vermietet waren. Bald sollte sich auch das ändern: Da die Mieteinnahmen für den Unterhalt des Hauses nicht reichten, mussten die Schwestern 1964 akzeptieren, dass es vom Bezirksgericht mit einer Zwangshypothek, sprich: mit den Kosten der von der Stadt durchgeführten Sanierung belastet wurde. Schließlich geriet es ganz unter die städtische Verwaltung, was die beiden Frauen vermutlich mit Erleichterung hinnahmen, zumal Eigentum damals eine geringe Rolle spielte und Nawoja dort bis an ihr Lebensende wohnen durfte.

Wisława hingegen lebte seit Herbst 1963 in ihrer »Schublade«. Eigentlich hatte sie sie schon früher zugeteilt bekommen (die Zuteilung erfolgte auf einen Antrag hin, und die Wartezeit betrug oft viele Jahre), doch sie befand sich in einem Neubau und war noch nicht ganz fertig. Das Badezimmer musste erst eingebaut werden, für die Küche war nicht einmal ein Platz vorgesehen, und das einzige Zimmer war so klein, dass Wisława sich nur auf die nötigsten Möbel (Tisch, Sitzbank, Bücherregale) beschränken und diese nach Maß anfertigen lassen musste. Hinzu kam, dass die Wohnung direkt neben dem Aufzug lag, dessen schwere Metalltür mit lautem Geräusch zuging und der bei jedem Benutzen knarrte. Doch nach einer Weile gewöhnte sich die Dichterin an alle Unzulänglichkeiten oder zumindest lernte sie, außer ihnen auch die Vorteile – die gute Lage, den großen Balkon, die Zentralheizung, das neue Bad mit Badewanne – zu sehen, und fühlte sich in ihrer »Schublade« ganz wohl.

Eine eigene Wohnung zu haben, von welchem Standard auch immer, kann die Vierzigjährige nur als Vorteil empfunden haben. Nicht nur weil es gewiss ihrem natürlichen Bedürfnis nach Privatsphäre entsprach – schließlich war sie eine schöne, unverheiratete Frau –, sondern auch weil die Jahre der »kleinen Stabilisierung«, wie die 1960er im Volksmund bezeichnet wurden (nach dem Titel eines Theaterstücks von Tadeusz Różewicz) so vermutlich leichter zu ertragen waren als unter den primitiven Verhältnissen des Literatenhauses. Es war eine Zeit der wirtschaftlichen Misere, der mangelnden Aussichten auf beruflichen Aufstieg und Verbesserung des Lebensstandards, der plumpen Erfolgspropaganda. Und damit eine Zeit, in der auch Krakau zunehmend ein anderes Gesicht bekam. Es war grau, hässlich, wie von einem schmerzhaften Dauerkrampf entstellt. Das kommunistische Regime, dem die Stadt einst eine klare Absage erteilt hatte, scheute keine Mühe, ihrer Noblesse seinen eigenen, vulgären Stempel aufzudrücken. Mit Erfolg, wie der Dichter Adam Zagajewski später in seinen Erinnerungen festhalten sollte:

Die Dichterin in den 1960er Jahren

»Das schöne magische Krakau (...) hatte das Gefühl für Wetterfühligkeit verloren, hatte sich lange Jahre der grauen, bürokratisch ausgerichteten kommunistischen Diktatur gebeugt.«[1] Ihm selbst kam die Stadt aber – vor allem nach dem tristen Gleiwitz, aus dem er zum Studium gekommen war –

trotzdem sehr schön vor. Und da sie auch einige Inseln geistiger und künstlerischer Freiheit in sich barg, blieb er in Krakau auch dann, als die Studienzeit zu Ende war und er selbst sich zu einem vielversprechenden Dichter und bald auch zu einem, wie er selbst sich gern bezeichnete, »enthusiastischen Oppositionellen« zu wandeln begann.

Grund für seine Politisierung war eine erneute Verschärfung des gesellschaftlichen Klimas, die Mitte der 1960er Jahre von den politischen Kadern ausging. Damals kam eine neue Generation der Parteifunktionäre an die Macht, unter denen es auffallend viele Opportunisten, Zyniker und Karrieristen gab, die schon bald begannen, das gesellschaftliche Klima mit populistisch-nationalistischen Losungen zu vergiften. Dabei richteten sich ihre Attacken immer öfter gegen die Intellektuellen, was umso mehr auffiel, als diese von den bisherigen Machthabern eher umworben als bekämpft worden waren. Der neue Ton zwischen Staatsmacht und Intelligenz setzte im Frühjahr 1964 ein, als eine Gruppe von 34 Intellektuellen es erstmals in der polnischen Nachkriegsgeschichte wagte, gegen die Kulturpolitik der Regierenden zu protestieren: die Verschärfung der Zensur, die Liquidierung von zwei wichtigen Kulturzeitschriften, eine Drosselung der Auflagen von Kinderbüchern und einiges mehr. Im März 1964 formulierte die besagte Gruppe also einen an Premierminister Józef Cyrankiewicz gerichteten Protestbrief, in dem sie eine Änderung der Kulturpolitik im Sinne der Verfassung verlangte. Er bestand zwar nur aus zwei Sätzen, fand aber dennoch eine ungewöhnlich starke Resonanz – dank Radio Free Europe auch im Ausland.

Die Reaktion der Kommunisten ließ nicht lange auf sich warten. Von jetzt an waren die Unterzeichner des Briefs diversen Schikanen ausgesetzt, Publikations- und Reiseverbot eingeschlossen. Außerdem führten die Behörden eine »spontane« Unterschriftenaktion durch, die gegen die Unterzeichner, die Polen im Ausland »verleumden« würden, gerichtet war. Unter den 600 Unterschriften der Mitglieder des Schriftstellerverbandes befand sich auch die von Wisława Szymborska; auch diesmal, ähnlich wie bei dem Priesterprozess von 1953, herrschte während der entsprechenden Versammlung der Krakauer Literaten eine »Einstimmigkeit«, der sie sich nicht entziehen konnte. Danach schickte sie zwar ein Schreiben an den Vorstand des Verbandes, in dem sie sich verblüfft zeigte, ihren Namen auf der Liste der Gegner der »34« zu sehen, und behauptete, eine andere Version der Kritik an dieser Aktion unterzeichnet zu haben. Dennoch konnte sie später kaum leugnen, damals noch auf der »sicheren« Seite der Barrikade gestanden zu haben.

Auf die andere, oppositionelle schlug sie sich erst 1966, als es zu einem Zwischenfall kam, der für eine weitere Verschlechterung des Klimas zwischen Machthabern und Intellektuellen sorgte: Der Philosoph Leszek Kołakowski, der während des Stalinismus zu den führenden Ideologen gehört hatte und nun an der Warschauer Universität einen Vortrag zum zehnten Jahrestag des »polnischen Oktobers« (1956) halten sollte, überraschte alle mit einer Rede, die deutlich regimekritische Akzente enthielt. Die Behörden reagierten sofort, indem sie ihn von der Universität entfernten und aus der Partei ausschlossen. Daraufhin formulierten mehrere namhafte Intellektuelle einen offenen Protestbrief, und als die Behörden auch ihnen mit Sanktionen drohten und Reue verlangten, antworteten sie mit der Rückgabe ihrer Parteibücher. Unter ihnen war auch Wisława Szymborska, die daraufhin ihren Posten als Leiterin der Lyrikabteilung bei *Życie Literackie* verlor.

Trotz dieser Degradierung durfte sie im folgenden Jahr 1967 ihren neuen, fünften Gedichtband publizieren, *Hundert Freuden* – eine Sammlung von siebenundzwanzig Gedichten, die mit einem der bekanntesten, *Freude am Schreiben,* beginnt und in der sie abwechselnd über den Akt des künstlerischen Schaffens und die Komplexität der menschlichen Existenz reflektiert. Es war ein weiterer wichtiger Moment in ihrer Karriere, die in den letzten Jahren ohnehin deutlich an Fahrt gewonnen hatte. Schon 1963 hatte sie für den Band *Salz* den Preis des Ministers für Kultur und Kunst bekommen, im Ausland erschienen immer öfter die Übersetzungen ihrer Gedichte, und der Polnische Schriftstellerverband gewährte ihr mittlerweile die Privilegien, die nur seine bekanntesten Mitglieder genießen durften. Dazu gehörten auch weitere Reisen, etwa nach Dänemark, wo sie im August 1963 an einem Treffen polnischer und dänischer Schriftsteller in Krogerup bei Kopenhagen teilnahm, nach Jugoslawien, wo sie im November desselben Jahres Dalmatien und Mazedonien besuchte, darunter auch das vor Kurzem von einem Erdbeben zerstörte Skopje, oder – im Herbst 1967 – nach Südfrankreich und Spanien.

Bei *Życie Literackie* war sie zwar nicht mehr für die Lyrikseite verantwortlich, dafür begann sie 1967 eine Kolumne zu schreiben, die ihr mit der Zeit fast eine genauso große Anerkennung brachte wie ihre Gedichte. Sie trug die Überschrift *Freiwillige Lektüren* und enthielt Texte über Bücher, mit denen hauptberufliche Rezensenten sich nur selten oder gar nicht befassten: Lexika, Monografien, Tagebücher, Anthologien, Wörterbücher und Ratgeber. Szymborska schrieb allerdings keine klassischen Rezensionen, sondern kurze, meist scherzhafte oder boshafte Feuilletons über die Disziplinen, Zeitperioden, Länder oder Personen, von denen die Bücher handelten. Sie sinnierte also in ihren Texten über den Zustand der Welt, die Beschaffenheit der Natur, die Gesetze der Geschichte, die Ästhetik der Sprache und vieles mehr, womit sie zwangläufig auch über sich selbst Auskunft gab. Das Feuilleton über Thomas R. Henrys Buch *Die Paradoxa der Natur* etwa begann sie mit der Feststellung: »Ich mag Bücher, in denen man bei den Tausendfüßlern die Füße zählt. Das Lesen der sogenannten schönen Literatur hat etwas Erschreckendes an sich. Man verliert die richtige Perspektive.«[2] Wacław Gołębowicz' Buch *Wissenschaftler in der Anekdote* bescheinigte sie eine aufbauende Wirkung: »In puncto chemische Elemente ist mir Mendelejew bestimmt um einiges voraus, was aber die Behaarung betrifft, so bin ich entschieden gepflegter und zurückhaltender als er. Und habe ich wie Pasteur vergessen, bei der eigenen Hochzeit zu erscheinen? Oder schließe ich wie Laplace die Zuckerdose vor der eigenen Ehefrau ein? Wenn es um den Alltag geht, fühlen wir uns im Vergleich zu den Wissenschaftlern ein wenig vernünftiger, besser erzogen und vielleicht sogar etwas großmütiger.«[3] Aleksander Wadimows Lehrbuch *Magierkünste* hielt sie hingegen für problematisch: »Die Adepten dieser Disziplin sollten geheime Exklusivkurse besuchen und nicht ein Lehrbuch benutzen, das auch für ihr Publikum zugänglich ist. Wenn ich von vornherein weiß, auf welche Weise ein Magier seine Assistentin durchsägt, damit sie anschließend fröhlich zusammenwachsen und dem Publikum freundlich zuwinken kann, wozu sollte ich dann, mit Verlaub, überhaupt in so eine Vorstellung gehen?«[4]

Den Lesern und vor allem den Leserinnen der *Freiwilligen Lektüren* entging auch nicht, dass die Dichterin darin sehr oft den Standpunkt der Frauen vertrat. Dass sie jedes Mal, wenn eine Frau im Spiel war, ihrem Verständnis oder Mitgefühl Ausdruck gab. Hinsichtlich der Erinnerungen von Marthe de Caylus, einer französischen Adligen, die am Hofe Ludwigs XIV. aufgewachsen ist, bemerkte sie beispielsweise: »In den Augen der Franzosen war Ludwig XIV. ein großer König. Die Französinnen sollten jedoch anderer Meinung sein. Nicht deshalb, weil er seinen Frauen untreu war, sondern weil er sie nicht intelligenter steuern konnte. Ich vermute, dass er in dieser Hinsicht infantil war und ein gedankenloses Vergnügen empfand, während er zuschaute, wie sich diese Damen gegenseitig ertragen mussten. (…) Da man psychiatrische Heilanstalten damals noch nicht kannte, landeten sie eine nach der anderen in Klöstern. Aber selbst dort bewirkte die fatale Kraft der Gewohnheit, dass sie sich immer wieder begegneten. Diesmal aber sprachen sie miteinander ehrlich. Worüber? Wahrscheinlich darüber, wie schwierig es ist, im Leben dem richtigen Mann zu begegnen. Und dass sie, Gott sei Dank, das Schlimmste schon hinter sich haben.«[5]

Szymborskas Feuilletons, von denen sie im Laufe der Jahre mehrere Hundert verfasste, waren so beliebt, dass sie nicht nur in drei Zeitungen hintereinander (zuletzt in der renommierten *Gazeta Wyborcza*), sondern auch mehrmals in Buchform erschienen. Sie zeigten die Seite der Dichterin, die ihre Leser am meisten an ihr mochten – eine Mischung aus Scharfsinn und Humor, die auch immer wieder an ihrer Art als Privatperson auffiel. Sie wirkte einerseits schüchtern, zurückhaltend, in sich gekehrt, andererseits lauerte in ihren dunklen, intelligenten Augen und in den Winkeln ihrer schmalen Lippen ständig ein verschmitztes Lächeln. Ihre Freunde behaupteten, sie habe einen ungewöhnlich guten Blick für die Situationskomik, ja sie sammle geradezu komische Situationen, die sie genüsslich in ihren Gedichten und Feuilletons ausschlachte oder zumindest in eine effektvolle Anekdote umwandle.

Die politischen Ereignisse der Jahre 1967/68 fielen allerdings bestimmt nicht unter diese Kategorie. In allen größeren polnischen Städten brachen nämlich Unruhen aus, die, angeblich von Intellektuellen und Studenten ausgelöst, in Wirklichkeit aber von einem Flügel der Partei provoziert wurden: einer Gruppe um den Innenminister Mieczysław Moczar, die fest entschlossen war, die Spitzenpositionen innerhalb des Machtapparates zu übernehmen und dabei die Unzufriedenheit, die in der Bevölkerung herrschte, zu nutzen. Ein Ereignis, das ihr dabei half, war eine scheinbar unwichtige Entscheidung der Kulturbehörden: die Absetzung einer Inszenierung am Warschauer Nationaltheater. Seit dem 25. November 1967 wurde dort Adam Mickiewicz' Nationaldrama *Totenfeier* aufgeführt, das teilweise vor dem Hintergrund des von den Russen niedergeschlagenen »Novemberaufstands« von 1830/31 spielt. Ursprünglich war die Inszenierung zum 50. Jahrestag der Oktoberrevolution geplant, doch stattdessen wurde sie von der Partei als antisowjetisch erklärt und am 30. Januar 1968 vom Spielplan genommen.

Die Absetzung des Stücks rief landesweit eine Welle von Protesten hervor, an denen sich Künstler und Intellektuelle, vor allem aber Studenten, beteiligten, gegen die das Regime auch am schärfsten vorging. Mehrere polnische Hochschulen wurden von den Sicherheitskräften gestürmt, die gegen die Demonstranten mit Knüppeln und Tränengas vorgingen. Gleichzeitig wurden von den Kommunisten in allen Großstädten »spontane« Arbeiterkundgebungen organisiert, die den Anschein des »gerechten Volkszorns« erwecken sollten. Und als dann in den Medien unter den Namen der Anführer der Warschauer Studentendemonstrationen einige jüdische auftauchten, sahen die »Moczaristen« die Zeit für sich gekommen, die antisemitische Hetze zu entfachen, auf die sie monatelang hingearbeitet hatten, mit dem Ziel, alle Juden aus den Führungspositionen zu entfernen. Die Folge war eine Welle von Repressalien und Verhaftungen, auf die eine Massenvertreibung folgte, in deren Folge etwa zwanzigtausend Polen jüdischer Abstammung das Land verließen.

Auch die jüdische Intelligenz in Krakau blieb von den Attacken nicht verschont. Etwa 200 Krakauer Juden entschieden sich für die Ausreise, viele andere verloren ihre Stellung und waren diversen Schikanen ausgesetzt. Dennoch hatten die Unruhen in Krakau eine weniger scharfe Form als in Warschau, Danzig oder Breslau. Zum Teil weil die Kirche alles tat, um auf die Studenten mäßigend einzuwirken, und die Arbeiter – sei es wegen der hohen Autorität der Universität, sei es wegen der antikommunistischen Tendenzen in den eigenen Reihen – nur mit geringem Eifer an den von der Partei organisierten Anti-Studenten-Demonstrationen teilnahmen. Zum Teil, weil antisemitische Exzesse sich hier aufgrund der langen Tradition, die das jüdische Leben in Krakau hatte, nicht so leicht provozieren ließen.

Über Szymborskas Reaktionen auf die Ereignisse von 1968/69 ist kaum etwas bekannt. In ihren Gedichten fanden sie keinen Niederschlag, und wenn sie selbst später etwas über diese Zeit erzählte, dann hauptsächlich im Zusammenhang mit dem Mädchennamen ihrer Mutter (Rottermund), der, wie schon erwähnt, für manchen Befürworter der antisemitischen Hetze als Beweis ihrer jüdischen Abstammung galt. Allerdings ist es denkbar, dass sie diese Ereignisse schon deshalb aufmerksam verfolgte, weil es seit einiger Zeit in ihrem Leben einen Mann gab, um dessen politisches Engagement es ganz anders stand als um ihr eigenes: den Schriftsteller Kornel Filipowicz. Er war um zehn Jahre älter als sie, hatte zwei Ehen hinter sich, und doch wurde er der Mann, mit dem sie – so eine ihrer raren intimen Selbstauskünfte – das wichtigste und am längsten währende Gefühl verbunden habe.

Möglicherweise war er auch derjenige, dem man in Deutschland manche Ausgabe ihrer Gedichte verdankte. Szymborska und ihr deutscher Übersetzer Karl Dedecius kannten sich zwar seit Mitte der 1950er Jahre, ihre Verbindung gestaltete sich aber anfangs etwas lustlos. Damals, so Dedecius in seiner Autobiografie, sei er »auf ihre Gedichte aufmerksam geworden«, doch als er anrief, sei sie »kurz angebunden« gewesen und habe »erst langsam Vertrauen«[6] gefasst. Erst als Filipowicz ihr Lebenspartner geworden sei, habe sich ihre Bekanntschaft sofort vertieft: »Den kannte ich schon, er war von Anfang an bei allen meinen Krakau-Besuchen der Cicerone; stadtbewandert, hilfsbereit, einfühlsam, mit einem unaufdringlichen Talent zur Kameradschaft. Ich hatte ihn ins Herz geschlossen. Er zeigte mir Krakaus interessanteste, versteckteste Winkel, Buchhandlungen, Antiquariate, half mir, das eine oder andere für meine Arbeit zu erwerben.«[7]

Filipowicz war nicht nur ein hervorragender Krakau-

Kornel Filipowicz

Kenner, sondern auch ein glänzender, in Deutschland bis heute viel zu wenig bekannter Prosaiker (immerhin hat ihm Dedecius in seiner Polnischen Bibliothek einen eigenen Band,

Der Kater im nassen Gras, gewidmet); ein Meister der epischen Kurzformen, in denen er sich gern an der Grenze zwischen Fiktion und Augenzeugenbericht bewegte. Er war thematisch sehr vielseitig, kam aber immer wieder auf den Krieg zurück, während dessen er Dramatisches erlebt hatte, deutsche Gefangenschaft und zwei Konzentrationslager, Groß-Rosen und Sachsenhausen, eingeschlossen. In seiner Prosa ging er allerdings weit über seine eigenen Erlebnisse hinaus, indem er Figuren und Handlungen konstruierte, an denen er die allgemeingültige Frage der individuellen Haltung in Zeiten eines ideologischen Zwangs erörterte. Wie in *Der Garten des Herrn Nietschke,* der Geschichte eines älteren, naturliebenden Deutschen, der sich als ein Kriegsverbrecher entpuppt, oder in *Tagebuch eines Antihelden,* dessen Protagonist sich nicht nur weigert, in den Kampf zu ziehen, sondern auch offen zugibt, von der allgemeinen patriotisch-kämpferischen Stimmung angeekelt zu sein und seine Bequemlichkeit dem von ihm erwarteten Heldentum vorzuziehen. Mit anderen Worten, Filipowicz war ein Moralist. Doch Langatmigkeit oder Geschwätzigkeit gehörte nicht zu seinem Stil, im Gegenteil, er liebte die Lakonie, und seine Pointen hatten oft die Form einer Anspielung, eines dezenten Hinweises.

In Krakau kannte ihn jeder. Groß, schlank, gutaussehend und mit fantasievoller Lässigkeit gekleidet, stach er sofort ins Auge. So muss es viele gegeben haben, denen es ähnlich wie der Schriftstellerin Janina Katz ging: »Für mich gehörte er schon immer zur Stadtlandschaft, wie die dortigen Parks oder Kirchen. Es wurde über ihn gesprochen, aber nicht geklatscht. Er war ohne Zweifel der schönste Mann in Krakau, angeblich auch vor dem Krieg.«[8] Man kannte ihn wegen seines markanten Äußeren, aber auch dank seiner gleichzeitigen Zugehörigkeit zu mehreren Künstlerkreisen. In erster Linie natürlich zu dem Literatenmilieu, da er aber gelegentlich Drehbücher schrieb, fühlte er sich auch unter den Filmemachern zu Hause. Mit Tadeusz Różewicz und seinem Bruder Stanisław bildete er sogar eine Zeit lang die informelle Gruppe Miczura-Film. Und es gab ferner all die Künstler, mit denen er dank seiner ersten Frau, der Malerin Maria Jarema, befreundet war: mit den Mitgliedern der sogenannten Zweiten Krakauer Gruppe, die von ihr, dem international bekannten Jonasz Stern und einigen anderen Malern ins Leben gerufen wurde. Und mit den Schauspielern der Experimentierbühne Cricot 2, die Tadeusz Kantor zeitgleich, also in den späten 1950ern, gegründet hatte und das, neben dem Alten Theater, die Einrichtung war, der die Krakauer in den folgenden Jahren am meisten das Gefühl verdankten, Kulturereignissen von europäischem Rang beizuwohnen.

Auch für Szymborska war er jemand, den sie zumindest vom Sehen »schon immer« gekannt habe. »Zum ersten Mal sah ich Kornel ungefähr 1946 oder 1947«, erzählte sie ihren Biografinnen Bikont / Szczęsna. »Ich weiß nicht mehr, wo es war, aber ich kann mich an den Eindruck erinnern, den er auf mich machte. Ein angegrauter Blonder, braungebrannt, in einer blauen, ausgeblichenen Hose – damals gab es noch keine Jeans-Mode – und einem Hemd in so einer wunderbaren hellgelben Farbe. Ich dachte: ›Gott, was für ein schöner Mann.‹ Aber das hatte damals überhaupt keine Konsequenzen. Viele Jahre lang sahen wir einander nur von Weitem an.«[9] Der Gedanke an einen Flirt, geschweige denn eine Beziehung kam offenbar lange Zeit keinem von ihnen in den Sinn. Verständlicherweise: Sie war ja bis 1954 mit Adam

Włodek verheiratet, dann mit Jan Paweł Gawlik liiert, und er führte zwei Ehen hintereinander – zuerst mit Maria Jarema, die 1958 an Leukämie starb, dann mit der Kunsthistorikerin Maria Próchnicka. Mit jeder der Frauen hatte er einen Sohn.

Hinzu kam, dass eine ernsthafte Beziehung zwischen Szymborska und einem prinzipientreuen, couragierten Mann, der zu den entschiedenen Gegnern des Kommunismus gehörte, erst dann möglich war, als auch sie mit dem Regime endgültig brach. Sie wurden vermutlich gegen Ende 1967 ein Paar. »Zuvor hatten sie wie melancholische Einzelgänger auf mich gewirkt«, so Dedecius. »Nun passten sie zueinander wie der männliche und der weibliche Teil eines Ginkgo-Blatts. Sie stellten eine organische Verbindung, Einheit und Ganzheit dar.«[10] Das Zusammenwohnen reizte keinen von beiden, diese Art Nähe brauchten sie nicht. Sie waren eher, so Szymborskas gelegentliche Umschreibung, »wie zwei Pferde, die nebeneinander galoppieren«. Aber sie sahen sich täglich – ihre Wohnungen lagen nur ein paar Minuten Fußweg voneinander entfernt – und führten zudem ständig Telefongespräche und schrieben einander Briefe. Den Anfang machte Filipowicz, der ziemlich oft verreiste und der Dichterin aus verschiedenen Teilen Polens und aus dem Ausland Postkarten schickte, mit der Zeit wurde daraus aber eine umfangreiche, meist humorvolle Korrespondenz (die 2016 in Buchform erschien).

Sie hatten auch ihren gemeinsamen festen Freundeskreis, der sich selbst als Biprostal-Gruppe bezeichnete. Obwohl sie aus lauter Schriftstellern bestand, war sie nicht etwa eine kleine literarische Formation, sondern einfach eine Handvoll Menschen, die befreundet waren und zufällig alle in der Nähe desselben Hochhauses wohnten: des 1964 errichteten

Bürogebäudes Biprostal, das, überspitzt ausgedrückt, Krakaus erster Wolkenkratzer war. Der Gruppe gehörten neben Szymborska und Filipowicz die Dichterin Ewa Lipska, die Literaturhistorikerin Marta Wyka, die Prosaschriftstellerin und Übersetzerin Barbara Czałczyńska und auch Adam Włodek an, obwohl er in einem anderen Stadtteil wohnte. Sie trafen sich zum gemeinsamen Kochen, Essen und Trinken, wobei sich unter den alkoholischen Getränken ein Likör namens Kornelówka besonderer Beliebtheit erfreute (Filipowicz' Erfindung: Wodka mit Zitronenschale und etwas Vanillezucker), zum Kartenspielen, zum gemeinsamen Erfinden von kleinen, amüsanten Reimgedichten, Bonmots oder kurzen Erzählungen und vor allem zu Gesprächen, die sich oft bis in die Nacht hinein zogen.

Was die Biprostal-Gruppe zusätzlich verband – und ein Licht auf ihre und damit Szymborskas Sicht auf die antisemitische Hetze wirft –, war die Tatsache, dass sie sich stark für die jüdische Thematik interessierten. Da sie alle auf die eine oder andere Weise zu den Kulturschaffenden gehörten, hatte jeder Freunde und Bekannte unter Schriftstellern und Künstlern jüdischer Herkunft. Manchmal waren es sogar eigene Familienmitglieder, wie im Falle Barbara Czałczyńskas, deren Ehemann, der Arzt Gabriel Gottlieb, und Schwager, der Maler Henryk Gottlieb, Juden waren. Sie waren aber auch alle mit dem Krakauer Judenviertel Kazimierz und dem Schicksal seiner Bevölkerung bestens vertraut, lange bevor das eine zu beliebtem Touristenziel und das andere im Zuge der Auseinandersetzung mit dem Holocaust ins Bewusstsein der Öffentlichkeit drang. Adam Włodek, der, obwohl selbst kein Jude, in der Sozial-Kulturellen Gesellschaft der Juden in Polen (TSKŻ) aktiv war und für deren Blatt *Fołks Sztyme*

(Volkes Stimme) schrieb, plante sogar eine Ausgabe der Gedichte des wohl berühmtesten Bewohners von Kazimierz, des 1942 ermordeten Dichters Mordechaj Gebirtig.

Es gibt aber noch einen weiteren, einfachen Grund, weswegen insgesamt so wenig über Szymborskas Reaktion auf die Ereignisse von 1968 bekannt ist: Im Sommer desselben Jahres war sie plötzlich gezwungen, Krakau für mehrere Monate zu verlassen. Bei ihr wurde nämlich die in ihrer Familie so gefürchtete Tuberkulose festgestellt, und die Ärzte empfahlen ihr einen Aufenthalt in Zakopane, in einem Sanatorium, das auf Lungenkrankheiten spezialisiert war. Sie fühlte sich in diesem Haus von Anfang an nicht wohl, beklagte sich bei Freunden und Familie über die strenge Disziplin, die dort herrschte, über die Alltagsgewohnheiten anderer Patientinnen und die Banalität ihrer Gespräche. »Der Zauberberg ist es nicht«, schrieb sie in einem Brief an Adam Włodek. »(...) Der liebe Herr Thomas wäre schockiert, wenn er die hiesigen Gespräche hören könnte. Zwar habe ich ein wenig den Verdacht, dass es in Davos mehr oder weniger ähnlich zuging, nur dass der liebe Herr Thomas sich das Vergnügen nicht verkneifen konnte, seine Helden geistig aufzuwerten. Doch wie dem auch sei, man muss hier leben, ohne genau zu wissen, was in der Welt passiert ...«[11]

Die Assoziation mit Thomas Mann – dem »lieben Herrn Thomas«, wie sie ihn auch sonst gern nannte – und seinem *Zauberberg* war in Szymborskas Fall besonders naheliegend. Sie hegte seit Jahren eine tiefe Bewunderung für den deutschen Schriftsteller, was sie auch in ihrem Gedicht *Thomas Mann* (aus dem Band *Hundert Freuden*) zum Ausdruck brachte – sie schilderte ihn darin als eine Art Naturphänomen, als ein »Säugetier mit der von einem Waterman herrlich

Die Biprostal-Gruppe

befiederten Hand«.[12] Sie setzte sich immer wieder mit seinem Werk auseinander und sprach auch gern über ihn in der Öffentlichkeit, obwohl sie sonst Äußerungen dieser Art mied. Was nicht bedeutet, dass sie mit seiner Prosa völlig unkritisch umging; deren Lektüre versetzte sie eher in entdeckungsfreudige Aufmerksamkeit als in permanente Begeisterung. Über *Doktor Faustus* etwa schrieb sie 1960 in einem

Brief an Adam Włodek: »Der Roman ist schwerverdaulich, schwierig, ohne irgendwelche großartigen Szenen, ohne goldene Gedanken, ohne Zurschaustellung von Intelligenz. Wie Bachs Brandenburgisches Konzert – so ein monotones Getöse, in dem sich plötzlich eine unbekannte und ungemein schöne Ordnung offenbart. Mit ›Ordnung‹ meine ich natürlich nicht das Thema, weil es hier um extrem unordentliche Zeiten geht, sondern den Kopf, der es gestaltet und kommentiert.«[13] Sie hielt Thomas Mann zudem für den, wie sie es formulierte, letzten professionellen Schriftsteller, für jemanden, der sein Schreiben als Berufung empfand und es folglich mit äußerster Hingabe betrieb – worin sie ihm laut ihrer Freundin Marta Wyka nicht ganz unähnlich war: »Er hatte sich einmal für diese Rolle entschieden und niemals gezweifelt, dass seine Wahl richtig war. Genauso war es mit Szymborska: Sie sagte über sich, sie schreibe Gedichte und sie werde bis an ihr Lebensende Gedichte schreiben, andere Formen ihrer Kreativität würden nur eine Nebenrolle spielen. Es war wohl diese tiefe Überzeugung von der eigenen Lebensaufgabe, die sie Mann näherbrachte.«[14]

Der zweite Grund für die Assoziation mit dem *Zauberberg* war rein äußerer Natur: Das Sanatorium in Zakopane, riesig, düster (es stammte aus den frühen 1930er Jahren), auf einer Anhöhe namens Ciągłówka gelegen, mit Blick auf eine herrliche Berglandschaft, hätte es leicht mit »Sanatorium Berghof«, dem Schauplatz des *Zauberbergs,* aufnehmen können. Doch auch nach knapp einem Monat dort war die Dichterin kaum in der Stimmung, ihre literarischen Konnotationen zu genießen. Stattdessen klagte sie erneut, nur diesmal in einem Brief an Kornel, dass sie sich »in einem Gefängnis« befinde, das zwar recht mild, »doch für jemanden, der immer sein eigenes Zimmer hatte und stets tat, was er wollte«,[15] dennoch ziemlich schwer zu ertragen sei. Was ihn zu der Antwort animierte:

Juli 68 (rund ein Monat ohne Dich)

Liebste!

(…) Das Sanatorium ist zwar ein Gefängnis, aber, wie ich mir vorstelle, doch auch ein Zauberberg. Und an diesem vom Rest der Welt abgeschnittenen Ort scheinen Romanzen zum Lauf der Dinge zu gehören. Das kennen wir nicht nur aus der Literatur …

Hinzu kommt, dass ich heute ein unangenehmes Erlebnis hatte: In einem bestimmten Kreis habe ich gehört, dass Jan Paweł verreist sei. Wozu? Wenn um Dich zu besuchen, wäre ich sehr, sehr traurig darüber, dass Du es ihm als Erstem erlaubt hast … Überhaupt, liebe Wisława, bin ich sehr unglücklich. Ich habe mich schon an Deine verlässliche Anwesenheit in meinem Leben gewöhnt. Also schreibe mir bitte viel, oder besser: oft, damit ich wenigstens auf diesem Weg eine Bestätigung bekomme, dass Du wirklich existierst.

Lass mich bitte wissen, was Du brauchst. Bücher vielleicht? Hast du dort gute Bedingungen, um etwas für *Życie Literackie* zu tun? Für Dich selbst? (Nichts gegen mich zu tun?)

(…) Oder vielleicht, meine Liebe, wird Dein Aufenthalt dort kürzer dauern, als Du denkst? Du wirst etwas Streptomycin bekommen und im September nach Krakau zurückkehren?

Ich küsse dich.

Kornel[16]

Seine Befürchtung, sie könnte etwas »gegen ihn tun« war nicht ganz unbegründet. Es war ihm bekannt, dass sie mit ihren Ex-Partnern, Adam Włodek und Jan Paweł Gawlik, befreundet war und dass beide Männer sie in Zakopane besuchten. Doch auch sie hatte nicht vergessen, wie gut er bei den Frauen aus ihrem gemeinsamen Bekanntenkreis ankam (von anderen ganz zu schweigen), und wegen einer von ihnen, der Schriftstellerin Janina Katz, machte sie sich sogar ein wenig Sorgen.

Zeit zum Nachdenken hatte sie während ihrer Behandlung genug. Für den ersten Monat hatten ihr die Ärzte ganztägige Bettruhe empfohlen, danach sollte sie einen Teil des Tages beim Liegen auf der Terrasse (»in der Liegekur«, wie Hans Castorp sagen würde) verbringen oder kurze Spaziergänge im Garten unternehmen. Erst nach zwei Monaten durfte sie das Gelände des Sanatoriums verlassen, wovon sie allerdings nur selten Gebrauch machte. Stattdessen bat sie ihren Arzt um Erlaubnis, während der Abwesenheit anderer Patientinnen allein im Zimmer zu bleiben, die er ihr schließlich widerwillig gab. Diese paar Stunden mit sich allein brauchte sie dringend für ihre geistige Erholung – ihm kam ihr Wunsch äußerst seltsam vor. Zum ersten Mal wurde ihr bewusst, wie sehr sie sich von der Masse ihrer Geschlechtsgenossinnen unterschied und, was sie noch mehr überraschte, wie sehr ihr Anderssein ihre Umgebung irritieren konnte. In ihrem Krakauer Alltag bewegte sie sich die meiste Zeit unter Intellektuellen und Künstlern, in Kreisen also, in denen Individualität und Originalität hoch im Kurs standen, ja die Bedingung der Zugehörigkeit waren. Hier, im Sanatorium, hatte sie es mit dem volksrepublikanischen Durchschnitt in seiner weiblichen Version zu tun, mit Frauen, die aus verschiedenen Teilen des Landes und unterschiedlichen Milieus stammten, die aber trotzdem auf das aktuell Erlebte – Krankheit, Schmerzen, Behandlungsroutine, Mangel an Privatsphäre, Trennung von der Familie – auf die gleiche hemdsärmelig-lautstarke Art reagierten, die ihr selbst völlig fremd war. So schrieb sie in einem Brief an Adam Włodek: »Ich habe mich selbst nie als jemanden gesehen, der sehr von der Norm abweicht, das weißt Du ja selbst. Hier sehe ich aber, dass ich extrem anders bin, eigentlich dramatisch anders, was mich gar nicht besonders freut.«[17]

Ihre Genesung hatte also einen hohen Preis, es blieb ihr jedoch nichts anderes übrig, als die Zähne zusammenzubeißen und die Situation zu akzeptieren. Ihre Schwester und Freunde taten alles, um diese Zeit im Sanatorium für sie erträglicher zu machen – Nawoja versorgte sie mit selbstgekochten Leckerbissen, denn das Krankenhausessen sagte ihr auch nicht zu, die anderen mit Büchern und Zeitungen. Ein Brief, den sie im August an Filipowicz schrieb, deutete aber darauf hin, dass ihr die Eingewöhnung trotzdem mäßig gelang und dass sie zwar keine solche Verdrossenheit mehr, dafür viel Unbehagen und Resignation empfand:

11.8. 68

Lieber Kornel!
Ich schreibe an Dich, weil ich mich dadurch etwas besser fühle. Ich muss noch viele Schwierigkeiten überwinden, um diese Kur irgendwie durchzustehen. Dass ich nicht mehr weine, ist nur der erste Schritt. Ich habe die ganze Zeit das Gefühl, dass ich nicht so herzlich zu Dir war, wie ich hätte sein sollen und wie ich es wollte. Heute ist Sonntag, zu meinen Mitbewohnerinnen sind die Familien zu

Besuch gekommen, ich habe also etwas Ruhe und Einsamkeit, aber ich kann mich nicht konzentrieren, weil ich nur darauf warte, dass die Tür aufgeht und das Geplapper wieder losgeht. Ich lese ein bisschen, denke ein bisschen nach, und das war's. (...)
Mein sehr Teurer, schreib mir bitte ein paar Worte über Deine Angelegenheiten.
Küsse,
W.[18]

Doch schon drei Tage später schien sich ihre Stimmung zu bessern, denn sie schickte ihm im Anflug ihres typischen Humors einen langen Katalog von Fragen, die ihr »den Schlaf rauben« würden: »Wie viele Gattungen Wodka hast Du zu Hause?«, »Warum gibt es in ganz Zakopane niemanden, der Dir ähnlich sieht?« oder »Wann beendest du endlich den sechsten Band des Romans *Der verliebte Schwager*?«[19] In diesem Stil war der ganze Brief gehalten. Und nach weiteren drei Tagen teilte sie ihm mit:

17.8.68

Kornel, du Mangelware!
Ich werde hier von niemandem als Frau geschätzt, aber meine fachlichen Qualifikationen kommen voll zum Einsatz. Die besonders talentierten Patienten schreiben zum Beispiel:

Im Speisesaal ist Ruhe angeordnet,
Egal, ob beim Schnitzel oder beim Kotelett.

Und dann kommen sie zu mir und fragen, ob das gut sei.
Ich glaube, ich werde sehr schnell gesund werden müssen.

W.[20]

Ihr Aufenthalt im Sanatorium dauerte im Endeffekt fast ein halbes Jahr, doch die Behandlung hatte die erhoffte Wirkung: Sie hatte ihre Lungenkrankheit überstanden. Als die Ärzte ihr schließlich erlaubten, den »Zauberberg« kurz vor Weihnachten zu verlassen, begannen beide Seiten, sie und ihre Freunde, sich auf ihre Heimkehr vorzubereiten. In Krakau wurde ein Organisationskomitee gegründet, das sich aus den Mitgliedern der Biprostal-Gruppe rekrutierte, die – bestens gelaunt – ein aufwendiges Begrüßungsprogramm vorbereiteten. Die Dichterin selbst schien allerdings der Gedanke an den Impetus des ersten Treffens mit ihnen eher zu beunruhigen, sie traute sich nur nicht, es ihnen (und Filipowicz am wenigsten) zu sagen. So schickte sie lediglich an ihren engsten Vertrauten, Adam Włodek, ein entsprechendes Signal: »Warne alle Fans von gesellschaftlichen Zusammenkünften, dass ich mich nicht sofort ins Geschehen stürzen kann. Ich brauche etwas Zeit, um mich wieder einzugewöhnen. Und Ruhe!«[21]

Kapitel 7

Kornel

Eine fast sechsmonatige Trennung kann eine frische Beziehung ernsthaft in Gefahr bringen. So rechnete auch Wisława Szymborska damit, dass sie und Kornel Filipowicz von vorne beginnen müssten, oder gar, dass von ihrer oder seiner Faszination nicht mehr viel übrig geblieben war. Sobald sie aber wieder in Krakau war, stellte sie fest, dass ihre Ängste unbegründet waren: An der Temperatur ihrer gegenseitigen Gefühle hatte sich nichts geändert, und der Rest ihres 23-jährigen Zusammenlebens konnte beginnen. Ihren schriftstellerischen Alltag verbrachte jeder von ihnen in den eigenen vier Wänden, ansonsten hielten sie sich mal bei ihr, mal bei ihm auf – ihre Wohnungen lagen ja nur ein paar Minuten voneinander getrennt. Seine befand sich in der Dzierżyński-, heute Leo-Straße, war allerdings viel geräumiger als ihre »Schublade«. Sie bestand aus drei Zimmern, nahm den ganzen dritten Stock ein und soll ein besonderes Flair gehabt haben: dunkel, verqualmt und sehr unordentlich, doch voller faszinierender Dinge. Filipowicz bewohnte sie seit den späten 1940er Jahren, also seitdem er, seine erste Frau Maria Jarema und zwei weitere Maler sie gemeinsam gemietet hatten. Später durfte das Ehepaar sie für sich allein behalten, weil Jarema dort gleichzeitig ihr Atelier hatte. Und da Filipowicz seit ihrem Tod (1958) fast nichts geändert hatte und zudem leidenschaftlich gern Flohmärkte besuchte, waren in seiner

Szymborska mit Filipowicz (und seiner Katze), 1980er Jahre

Wohnung zwischen den alten Möbeln, vollgestopften Bücherregalen und Stapeln von Papieren und alten Zeitungen einerseits die Bilder und Skulpturen der Verstorbenen und andererseits seltsame Gegenstände wie verrostete Schürhaken, Messingkannen oder Kohlebügeleisen zu finden.

Filipowicz selbst hätte seine Wohnung wohl am präzisesten beschrieben, viel präziser jedenfalls als Szymborska, denn, wie sie Jahre später ihrem Sekretär anvertraute, es gab zwischen ihnen einen wesentlichen Unterschied, der aus ihrem jeweiligen literarischen Profil resultierte. »Ich kann mich an ein Gespräch über das Gedächtnis erinnern«, erzählt der Sekretär in seinen Erinnerungen. »Szymborska behauptete, dass das Gedächtnis eines Prosaschriftstellers anders sei als das eines Dichters. Wenn sie und Filipowicz an irgendeinem neuen Ort gewesen seien und sich danach über ihn unterhalten hätten, habe sich immer gezeigt, dass er sich an viel mehr Details erinnert habe – als ob er sich auf die präzise Beschreibung eines Handlungsortes vorbereiten würde. Sie hingegen habe sich an Stimmungen erinnert, manchmal an Anekdoten. Aber nicht daran, dass die Türklinken aus Messing waren.«[1]

An Tagen, an denen sie die Gesellschaft anderer brauchten, hatten sie die Biprostal-Gruppe. Diesmal allerdings – anders als in den Jahren der Krupnicza und der »Kohorte« – war es offenbar nicht Szymborska, die unter ihren Mitgliedern den Ton angab, sondern Filipowicz. Er sei, so die Beobachtung einiger Freunde, der einzige Mann gewesen, dessen Willen sie sich gern untergeordnet habe. Dafür hatte sie ihren eigenen kleinen Kreis, zu dem er keinen Zugang hatte. Es waren ein paar ihrer alten Schulfreundinnen, mit denen sie sich seit Ende der 1960er Jahre regelmäßig traf – sie nannte diese

Treffen »Hexensabbate« – und die sie niemals mit ihrem sonstigen Freundeskreis vermischte. Abgesehen davon, dass im damaligen Krakau ohnehin jeder jeden kannte und man selten um einen Gesprächspartner verlegen war. »Heute kann man das kaum erklären«, erinnerte sich einmal ihr Freund, der Literaturwissenschaftler Stanisław Balbus, »aber in den düsteren Jahren des Kommunismus ging es unter uns sehr fröhlich zu, vor allem deswegen, weil wir einen geschlossenen Kreis bildeten. In Krakau herrschte fast eine familiäre Atmosphäre. Egal, wohin man ging – in den Journalistenclub, zu den Literaten in der Krupnicza oder in den Club der Schauspieler am Szczepański-Platz –, überall traf man dieselben Bekannten.«[2]

Eine der Sachen, die Szymborska und Filipowicz verband, war die Liebe zum Kino. So sah man das Paar oft im Sztuka (Kunst), dem besten Filmtheater Krakaus, das nur ein paar Schritte vom Hauptmarkt entfernt lag und in dem es regelmäßig Premieren oder sorgfältig zusammengestellte Programmreihen gab – immer bei vollem Saal und mit einem einleitenden Kommentar, dem man andächtig im Dunklen lauschte. Kino war damals nicht nur Unterhaltung; wie Bücherlesen oder Fremdsprachenlernen gehörte es zu einem Wissen, das man sich begierig aneignete. Es ist aber auch überliefert, dass die beiden sich zu Hause mit Genuss die brasilianische TV-Serie *Sklavin Isaura* anschauten, was offenbar etwas mit ihrer gemeinsamen Schwäche für alles Kitschige zu tun hatte: Die Serie sei »so grauenhaft und kitschig« gewesen, »dass es schon faszinierend war«,[3] befand später Bronisław Maj. In Szymborskas Fall wirkte sich diese Schwäche auch auf ihr Verhältnis zum Theater aus. Sie ging zum Beispiel sehr gern ins Teatr Kolejarza (Theater des Eisenbahners), eine

Laieneinrichtung, die von anspruchsvollem Theaterpublikum niemals frequentiert wurde. Auf die meisten Aufführungen professioneller Theater hingegen reagierte sie zurückhaltend bis irritiert, und die Frage, warum sie bei dieser oder jener Premiere nicht gewesen sei, pflegte sie mit dem Satz zu quittieren, sie würde seit dem Tod von Sophokles nicht mehr ins Theater gehen. Will man ihrem Gedicht *Eindrücke aus dem Theater* Glauben schenken, so interessierte sie am Theater am meisten der Moment, in dem das Spiel aufhört und die Schauspieler in die Realität zurückkehren:

Für mich ist das Wichtigste in einer Tragödie der sechste
Aufzug:
die Auferstehung vom Schlachtfeld der Bühne,
das Zupfen an den Perücken, Gewändern,
das Entfernen des Dolchs aus der Brust,
das Lösen der Schlinge vom Hals,
der muntere Auftritt in einer Reihe
mit dem Gesicht zum Parkett.
Verbeugung, einzeln, gemeinsam:
die weiße Hand auf der Wunde des Herzens,
die Knickse der Selbstmörderin,
das Nicken geköpfter Häupter. (…)[4]

Ganz besonders liebte sie die gemeinsamen Urlaube mit Filipowicz. Jahre später vertraute sie zwar dem besagten Filmemacher Andrzej Koszyk an, mit Kornel wäre sie ans Ende der Welt gefahren, meistens aber waren ihre Reiseziele viel bescheidener. Er war ein begeisterter Angler und Kajakfahrer, weswegen er sich Ferien anders als am Wasser gar nicht vorstellen konnte. Ihr waren seine Urlaubsgewohnheiten anfangs völlig fremd, aber sie, akzeptierte sie, und mit der Zeit schien sie auch richtig Spaß daran zu haben, neben ihm in ähnlich lässiger Kleidung an einem Fluss oder See zu sitzen, ein Lagerfeuer zu machen und in einem Zelt zu schlafen – was meistens dann passierte, wenn sie kurze Ausflüge in die Gegend südlich von Krakau, meistens an den Fluss Raba, unternahmen. Sie besaßen zwar kein Auto, aber unter ihren Freunden fand sich immer jemand, der motorisiert war und sie hinfuhr oder gar begleitete. Wenn es ein längerer Sommerurlaub sein sollte, fuhren sie gern nach Großpolen, wo sie sich an irgendeinem abgelegenen Ort in einem Forsthaus oder einem ruhigen Ferienhaus einquartierten. Meistens half ihnen ein befreundeter Arzt, das Richtige zu finden, wobei er immer darauf achtete, dass es für Kornel einen See mit Fischen und für Wisława einen Wald mit Pilzen und Beeren gab. Der Ort sollte schön und, da keiner von ihnen vermögend war, nicht allzu teuer sein. Schwieriger wurde es im Herbst, wenn sie, wie üblich, für einen Monat nach Zakopane aufbrach und ihn überreden wollte, sie zu begleiten. Filipowicz, der Herzprobleme hatte, mochte die Berge nicht besonders, und schon gar nicht das Künstlerhaus Astoria mit seinen neugierigen und tratschenden Gästen. Meistens endete es also damit, dass er sich dort kurz blicken ließ und dann zum Fischen fuhr.

Als Angler und studierter Biologe wusste er eine Menge über Fische, die er auch oft zu einem Motiv seiner Erzählungen machte. Er wusste aber auch sehr viel über die Welt der Pflanzen und Tiere im Allgemeinen und ließ Szymborska gern an seinem Wissen teilhaben – was sie wiederum in ihrer Lyrik verarbeitete, wenn auch auf eine andere Art: Sie nutzte gern dieses Wissen, um davon ihre eigenen Reflexionen über den Menschen, seine Eigenart und seinen Platz in der Natur abzuleiten. Ihr Interesse für sie spielte sich auch auf der sprachlichen Ebene oder, um mit Joanna Gromek-Illg zu sprechen, »eher in der Nähe eines Wörterbuchs als in der Natur selbst ab. Philosophische Überlegungen zum Universum verbanden sich bei ihr mit der Bewunderung für die Namen verschiedener Lebewesen, während er vor allem den greifbaren, körperlichen Kontakt mit der Natur schätzte.«[5] Und gleichzeitig schlummerten in ihm offenbar gewisse wissenschaftliche Ambitionen, weil an den Wänden seiner Wohnung, neben Wandteppichen, Bildern und einem belgischen Karabiner, ordentlich präparierte und genau beschriebene Fischköpfe hingen.

Als lebendige Mitbewohner bevorzugte er Katzen, ja er war der Meinung, eine eigene Katze gehöre unzertrennlich zum Leben eines Schriftstellers, weshalb es immer eine in seiner Wohnung gab. Szymborska hingegen mochte Katzen auf die gleiche Art, wie sie Affen oder Insekten mochte – als Objekt der von ihr betriebenen »Verhaltensforschung«, deren Ergebnisse sie irgendwann vielleicht in einem Gedicht verwenden könnte. Sie pflegte auch zu sagen, Katzen seien das, was Herrn Gott am besten gelungen sei. Eine als Haustier kam für sie aber nicht infrage, auch wenn sie Kornels Katzen viel Sympathie entgegenbrachte. Das dürfte aber eine der wenigen Sachen sein, durch die sie sich unterschieden, sonst gaben sie – darüber waren sich alle ihre Bekannten einig – ein geradezu ideales Paar ab. »Wenn ich sie zusammen sah«, so der Kritiker Tadeusz Nyczek, »hatte ich den Eindruck, dass sie sich selbst dann anschauten, wenn sie mit dem Rücken zueinander saßen. Ihre Denkart und ihr Verhältnis zur Welt und zu den Menschen waren absolut identisch.«[6]

Diese vollkommene Übereinstimmung galt auch zunehmend für die politische Wirklichkeit – es war fast, als hätte es die Zeit, in der Adam Włodek in dieser Hinsicht einen starken Einfluss auf Szymborska ausübte, der bekanntlich in die entgegengesetzte Richtung ging, niemals gegeben. Ihrem endgültigen Seitenwechsel kam vermutlich auch die Tatsache entgegen, dass Krakau Anfang der 1970er Jahre endlich eine eigene oppositionelle Stimme fand und dass es ausgerechnet eine Gruppe von Dichtern war, die dazu entschieden beigetragen hatte. Die faschistoiden Töne der späten Sechziger waren zwar abgeklungen, doch die Politik hielt die Menschen weiterhin in Atem. Im Dezember 1970 brach an der Ostküste eine Welle von Arbeiterstreiks aus, die, gewaltsam beendet, die Absetzung des Parteichefs Władysław Gomułka zur Folge hatte. Zu dessen Nachfolger wurde Edward Gierek, dem es anfangs auch gelang, eine deutliche Steigerung des Lebensstandards zu erwirken. Trotzdem wurde er von den Intellektuellen kritisch beäugt. Denn zum einen erreichte er seine Ziele nicht etwa durch längst überfällige Reformen von Industrie und Landwirtschaft, sondern durch die Aufnahme hoher Kredite im Westen. Die wachsende Verschuldung des Landes, die übertriebene Forcierung der Industrialisierung und der steigende Konsum, der durch großzügige Lohnerhöhungen und das Einfrieren der Nahrungsmittelpreise erreicht wurde, mussten also, so ihr Eindruck, früher oder später zu einem wirtschaftlichen Kollaps führen (was auch einige Jahre danach geschah). Und zum anderen war in der Vergangenheit zu viel Kompromittierendes für das Regime passiert, als dass sie noch einmal an irgendeinen kommunistischen Politiker hätten glauben können.

So hatte auch der Protest der Krakauer Dichter einerseits

einen politischen Charakter – er richtete sich gegen die Exzesse der Regierung, die Verlogenheit der Erfolgspropaganda und die plumpe Aufdringlichkeit der Indoktrination. Andererseits einen literarischen: Sie forderten die Rückkehr zur Einfachheit und Präzision des Ausdrucks sowie das Recht, heikle aktuelle Themen aufzugreifen. Mit anderen Worten: Sie bestanden darauf, der Sprache ihre Glaubwürdigkeit und der Literatur ihre gesellschaftliche Funktion wiederzugeben. Ihre Gedichte waren kurz und ohne jede Sentimentalität, hatten nicht selten den Charakter einer lakonischen Berichterstattung. Dabei nutzten sie oft die stilistische Attitüde der Ironie und Parodie, um den Politikern und Medien die Phrasenhaftigkeit ihrer eigenen Sprache zu demonstrieren. Einer der Mitinitiatoren dieser Bewegung, die schnell alle bedeutenden Kulturzentren Polens erfasste und allgemein als Generation 68 bzw. Neue Welle bezeichnet wurde, war Adam Zagajewski. Er wurde nicht nur zum Mitbegründer und Sprecher einer Krakauer Dichtergruppe, die sich – dem Stil ihrer Lyrik entsprechend – Teraz (Jetzt) nannte. Er schrieb auch, zusammen mit Julian Kornhauser, den Essayband *Die nicht dargestellte Welt* (1974), der eine scharfe Kritik der damaligen literarischen Situation enthielt und schon bald als das wichtigste Manifest dieser Dichtergeneration galt.

Für Wisława Szymborska waren die Forderungen der »Neuen Welle« nach Sachlichkeit und Realitätsnähe, nach Direktheit und Klarheit der Sprache nichts Neues, weil all das längst zu den Attributen ihrer Dichtung gehörte. »Die Poesie ist ein ständiger Versuch, der Umgangssprache gerecht zu werden«, sagte sie einmal in einem Rundfunkinterview. »Selbst Adam Mickiewicz, unser Nationaldichter, musste sich seinerzeit den Vorwurf gefallen lassen, dass die Sprache, in der er schreibe, keine literarische Sprache sei. Die Poesie muss sich aber immer wieder literarischen Schemen widersetzen, sie muss nach Verknüpfungspunkten mit der Umgangssprache suchen. Es ist ein ununterbrochener Entwicklungsprozess. Auch ich höre genau auf die Alltagssprache und versuche sie, wenigstens teilweise, mit jener Sprachebene zu verbinden, auf der man sich normalerweise bewegt, wenn man denkt oder liest. Das ist eine ständige Verbindung der literarischen Sprache mit der Umgangssprache. Es kommt natürlich auf das gegenseitige Verhältnis, auf die Proportion an. Als Dichter muss man das eben abwägen können.«[7]

Sie ging mit der Sprache ohnehin sparsam um, im Leben wie in der Literatur. Das lag an ihrer Überzeugung, dass überall zu viel geredet werde. Man tue es unentwegt, sagte sie manchmal, und in Wirklichkeit gebe es in jeder Epoche nur drei oder vier Gedanken, die es wirklich wert seien, ausgesprochen zu werden. Alles andere seien nur leere Phrasen. Ihr persönlich genügte manchmal nur ein kleiner Satz, damit sie einen halben Tag über eine Sache nachdachte. Ganz besonders vertraute sie auf die drei kleinen Wörter: »Ich weiß nicht«. Sie seien zwar klein, wird sie Jahre später in ihrer Nobelpreisrede sagen, »aber mit starken Flügeln«. Sie würden unser Leben »weiter und weiter« machen, »sowohl nach innen als auch nach außen, in die Sphären hinaus, in denen unsere kleine Erde schwebt«.[8] Dieser Hang zur sprachlichen Sparsamkeit bedeutete übrigens nicht, dass ihre Gedichte einfach, im Sinne von leicht zu interpretieren, waren. Einfach und anschaulich waren nur die Mittel, mit denen sie ihre Gedanken zum Ausdruck brachte. Ein Gegenstand des täglichen Gebrauchs, eine alltägliche Situation, ein banaler Vorfall animierten sie zu einer simplen Feststellung oder einer naiven Frage, die aber zu einer tiefgründigen Schlussfolgerung führte. Dieses Prinzip lag immer öfter ihrer dichterischen Methode zugrunde, egal, welches Thema sie behandelte.

Und das thematische Repertoire ihrer Lyrik, das sie mit jedem Band erweiterte, schien unerschöpflich zu sein. Es reichte von der Banalität des Alltags bis zur Unergründbarkeit der Metaphysik, von realem Erlebnis bis zum Traum, von verschiedenen Epochen der Geschichte über diverse Aspekte der Kunst bis zur Beschaffenheit der Natur. Es gab kaum ein Thema, mit dem sie sich nicht befasst hätte. In ihren Gedichten, so Karl Dedecius, finde man »ungewöhnliche Museumsbesuche, soziologische Studien über die allerjüngste Gegenwart; subtil ziselierte Novellen und Kurzgeschichten, (…) Kleinanzeigen der alltäglichen Kümmernisse als Universalgeschichte; Archäologisches, Kosmologisches, Biologisches – Logisches in allen Fällen. Naturwissenschaftlich und seelenkundlich erhärtete, geradezu chemisch durchgeführte Untersuchungen so flüssiger Begriffe wie ›Liebe‹. Rezensionen über nicht geschriebene Bücher. Biblische Lektüren mit Hiob und Lots Frau als bevorzugten Figuren.«[9]

Sie wusste sehr wohl um die Vergeblichkeit solcher Studien und Untersuchungen. Sie gab dem in ihren Gedichten Ausdruck, indem sie zwischen Konkretheit und Abstraktion, zwischen Vorsicht und Bejahung, zwischen scheinbarer Naivität und hohem intellektuellen Anspruch schwankte. Mit der Zeit wurde dieses Schwanken zur tragenden Kraft ihrer Lyrik. Zugleich wurde ihr Hang zu Ironie und Sarkasmus immer deutlicher sichtbar. Ironie sei gleichsam der natürliche Zustand dieser Poesie, schrieb einmal ein Kritiker. Doch sie war für Szymborska keineswegs ein Ausdruck von Zynismus; sie benutzte sie als ein Mittel, ihre Distanz zu manifestieren und paradoxe oder groteske Aspekte der Wirklichkeit ans Tageslicht zu holen, um so den Leser zu zwingen, über die Fragen, die ihre Poesie stellte, ernsthaft nachzudenken.

Das Publikum wusste ihre Erfindungskraft zu schätzen. Ihre Gedichtbände erschienen zwar nicht oft, doch jedes wurde als ein Ereignis gefeiert und brachte ihr Titulierungen wie »Meisterin der philosophischen Miniatur« oder »Virtuosin der kleinen Pointe« ein. Einen weiteren publizierte sie Anfang der 1970er Jahre. Er heißt *Alle Fälle* (1972) und enthält mehrere Gedichte, in denen sie ihrer Verwunderung über ein Phänomen Ausdruck gibt, das der Kritiker Piotr Sobolczyk als »die Existenz von etwas mit bestimmten Eigenschaften an einem bestimmten Ort und zu einer bestimmten Zeit«[10] umschrieb. Und das sie selbst – ohne sich festzulegen, ob für dieses Phänomen in ihren Augen ein Zufall oder eher eine Ursache-Wirkung-Kette verantwortlich war – im Titelgedicht so veranschaulicht:

Es hätte geschehen können.
Es hat geschehen müssen.
Es war schon früher geschehen. Später.
Näher. Ferner.
Es ist nicht dir geschehen.[11]

Noch einmal greift sie hier diesen Gedanken in dem nicht minder bekannten Gedicht *Verwunderung* auf, das aus einer Reihe von Fragen besteht (»Wieso in der allzu einen Person? / Der und nicht andren? Was tu' ich hier schon? / Am Tag, der ein Dienstag? Im Haus, nicht Nest?«[12]). In *Ansprache im Fundbüro* fasst sie die Menschheitsgeschichte in Form einer Aufzählung großer und kleiner Verluste dar; sie beginnt mit der Antike (»Ich verlor ein paar Göttinnen unterwegs von Süd nach Nord / und ebenso viele Götter unterwegs von Ost nach West.«[13]), um am Ende in der Gegenwart anzukommen und zu staunen, »wie wenig von mir zurückblieb: / die Einzelperson vorläufig noch menschlicher Gattung, / die gestern nur ihren Schirm in der Trambahn verlor«.[14] In *Das Massenfoto* denkt sie über die beunruhigende Auflösung des Individuums in der Masse nach (»mein Kopf, wer weiß, der wievielte, / nicht mehr der eine, der einzige, / ähnlich den ähnlichen schon, / weder weiblich noch männlich«[15]). Und in *Das Nichts* benutzt sie Heideggers Ausdruck »das Nichts nichtet«, um die Geburt des Menschen darzustellen (»Das Nichts hat sich umgenichtet, auch für mich. / Es drehte sich tatsächlich auf die andere Seite.«[16]) und dieses Bild mit dem Motiv der Liebe zu verbinden (»Für mich hat sich's so ergeben, daß ich bei dir bin. / Und wirklich, ich sehe darin gar nichts / Gewöhnliches.«[17]). In *Glückliche Liebe* geht sie mit diesem Motiv allerdings viel strenger um, indem sie die Liebe mit der ihr eigenen Ironie als eine Art Abweichung von der gesellschaftlichen Norm darstellt (»Glückliche Liebe. Ist das normal / ist das seriös, und ist das nützlich – / was hat schon die Welt von zwei Menschen, / die diese Welt nicht sehen?«[18]). Wer nicht verstanden hat, wem ihre Ironie wirklich gilt, der kann es zum Schluss nachlesen (»So mögen alle, denen die glückliche Liebe fremd ist, / behaupten, es gebe sie nicht. / Mit diesem Glauben lebt es und stirbt es sich leichter.«[19]).

Zum politischen Geschehen nahm sie in diesem Band keine Stellung. Doch obwohl auch direktes politisches Engagement nicht wirklich ihrer Natur entsprach (in dieser Hinsicht war Kornel Filipowicz die treibende Kraft), rang sie sich Mitte der 1970er Jahre zu einem weiteren Akt der Rebellion durch. Im Jahre 1975 wurden nämlich von der Parteiführung einige Änderungen in der polnischen Verfassung beschlossen – ein paar neue Formulierungen, die Polens Bindung an die Sowjetunion hervorheben sollten. Dies löste eine heftige Protestwelle hervor, zumal Warschau soeben die KSZE-Schlussakte von Helsinki unterzeichnet hatte und die Polen sich stärker als je zuvor mit Westeuropa verbunden fühlten. Die Folge dieser Änderungen war eine Reihe von Petitionen und Offenen Briefen, allen voran das Memorial der 59 vom Dezember 1975, das im Endeffekt nicht von neunundfünfzig, sondern von sechsundsechzig Personen aus Kultur und Wissenschaft unterschrieben wurde – auch von Szymborska und Filipowicz, die dadurch ins Visier des Sicherheitsdienstes gerieten.

Im Falle der Dichterin brachte die Überwachungsoperation (die das nicht sehr originelle Kryptonym *Lyrik* trug) keine besonderen Resultate, weil der Sicherheitsdienst schnell erkannte, dass sie tatsächlich eher der Typ einer, wie jemand es nannte, »passiven Gegnerin« als einer Aktivistin war. Dennoch war es ihr ab sofort verboten, Autorenabende zu bestreiten und in den Westen zu reisen. Das für die Ausgabe der Pässe zuständige Büro bekam vom Sicherheitsdienst die strikte Anweisung, »alle Reisen der Genannten in die kapitalistischen Länder zu unterbinden«, was »sowohl für private als auch für geschäftliche Reisen«[20] galt. Dabei hatten in den vergangenen Jahren sowohl sie als auch Filipowicz öfter einen Grund gehabt, ins Ausland zu fahren, etwa die Biennale Internationale de Poésie im belgischen Knokke-Heist, die sie 1970 allein besucht hatte, oder die deutschen Ausgaben ihrer Gedichte und seiner Erzählungen, die sie beide 1972 zur Frankfurter Buchmesse, 1973 zu den Polnischen Tagen in Göttingen und zu etlichen weiteren Lesungen in Deutschland und Holland geführt hatten. Nun waren sie beide mit Reiseverbot belegt, und all das, was sie an ihren gemeinsamen Auslandseskapaden besonders mochten – Besuche von Museen und Galerien, Treffen mit Freunden und Übersetzern –, musste auf bessere Tage warten.

Für Reisen wäre ihnen ohnehin nicht viel Zeit geblieben, denn bald brach in Polen die Zeit der offenen politischen Opposition an, und Filipowicz war einer der Krakauer Intellektuellen, die am energischsten daran teilnahmen. Der Auslöser der neuen Aktivitäten waren die Ereignisse von 1976: In Radom und Ursus bei Warschau kam es zu Arbeiterprotesten, die eine Reaktion auf die drastischen Preiserhöhungen waren. Die Anführer der Streiks wurden verhaftet und von den Sicherheitskräften dermaßen brutal behandelt, dass eine Gruppe von Intellektuellen sich gezwungen sah, den Verfolgten rechtlichen Beistand zu leisten. Dies führte zur Gründung des sogenannten Komitees zur Verteidigung der Arbeiter (KOR), die den Beginn eines Bündnisses zwischen der Arbeiterklasse und den Intellektuellen markierte. Anfangs ging es wirklich nur um rechtliche und finanzielle Hilfe für die verfolgten Teilnehmer der Proteste (zu den KOR-Gründungsmitgliedern gehörten u. a. Jan Józef Lipski, Jerzy Andrzejewski und Jacek Kuroń), dann aber wurde die Tätigkeit der Organisation allmählich erweitert, u. a. durch die Schaffung der »Fliegenden Universität«, die ab Herbst 1977 illegale, in Privatwohnungen abgehaltene Vorlesungen zu Themen der Politik, Ökonomie, Geschichte und Literatur anbot, und der ersten unabhängigen Verlage und Zeitschriften.

Filipowicz war ganz in seinem Element. Er unterschrieb die Gründungsdeklaration des KOR, engagierte sich in einer weiteren 1976 entstandenen oppositionellen Organisation namens Polnisches Unabhängigkeitsbündnis (PPN), beteiligte sich an der Arbeit der »Fliegenden Universität« bzw. der Gesellschaft für wissenschaftliche Studiengänge (TKN), wie die Bildungszirkel seit Januar 1978 genannt wurden. Er nahm sich auch viel Zeit für junge Autoren, die Rat oder Unterstützung brauchten und die in ihm eine große Autorität und einen verlässlichen Freund sahen. »Kornel war für uns ein Fels in der Brandung«, erzählte Jahre später der Literaturkritiker Tadeusz Nyczek. »Wenn er einen Vorschlag machte, wurde er befolgt. Er war ein Orakel. Wenn jemand Probleme hatte, sich ausweinen wollte oder nicht wusste, wie er sich verhalten sollte, ging er zu Kornel. Seine Besonderheit bestand darin, dass es für niemanden einen Zweifel gab: Wir hatten es mit einem Mann zu tun, der sowohl als Schriftsteller als auch als Persönlichkeit ein Großmeister war.«[21] Mancher seiner jungen Freunde dürfte ihn zum Beispiel um Rat gefragt haben, ob er im sogenannten »zweiten Umlauf« publizierten soll – einem Netz von Untergrundverlagen, das seit 1976/77 ständig an Ausmaß und Bedeutung gewann –, zumal er selbst es als einer der Ersten tat.

Szymborska hingegen blieb weiterhin den staatlichen Verlagen treu, und in einem von ihnen erschien 1976 ihr zweiter Gedichtband dieser Dekade, *Die große Zahl*. Wie der Titel schon signalisiert, wendet sie sich hier erneut einem Thema zu, das sie besonders zu faszinieren schien: dem, wie die

Literaturkritikerin Agnieszka Kluba es formulierte, »erstaunlichen Phänomen der enormen Anzahl von Wesen, die die Realität bewohnen, und gleichzeitig der einzigartigen, wenn auch unbedeutenden Singularität jedes von ihnen, einschließlich ihrer eigenen«.[22] So gibt sie im Titelgedicht sowohl ihrem stets wachsenden Gefühl Ausdruck, die Welt nicht mehr erfassen zu können (»Vier Milliarden Menschen auf dieser Erde, / und meine Vorstellungskraft ist wie sie immer war. / Sie tut sich schwer mit den großen Zahlen.«[23]), als auch ihrer Ratlosigkeit, die dieses Gefühl in ihr weckte (»Ich wähle, indem ich verwerfe, es gibt keine andere Art, / doch was ich verwerfe ist zahlreicher, / dichter, bedrängender mehr denn je.«[24]) Sie kommt auf dieses Thema noch in manchem anderen Gedicht dieses Bandes zurück, etwa in *Rezension eines nicht geschriebenen Gedichts*, in dem sie der besagten Ratlosigkeit die Form einer bissigen Selbstrezension gibt: »Gleich zu Beginn / stellt die Autorin fest, daß die Erde klein ist, / der Himmel dagegen übertrieben groß, / und Sterne, ich zitiere: ›gibt es dort mehr als genug‹.«[25]

Sonst aber ist etwas anderes als Grundton von *Die große Zahl* auszumachen: eine kaum maskierte Irritation, die nahezu jedem Lebensbereich zu gelten scheint. In *Einsiedelei* entlarvt sie die Häufigkeit der herrschenden Denkschablonen (»Ich dachte, der Einsiedler wohne in einer Wüste, / aber er wohnt im Häuschen mit Garten / im lustigen Birkenwäldchen ...«[26]). In *Lots Frau* zeigt sie aus der Perspektive derselben die Fraglichkeit interpretatorischer Klischees auf (»Ich sah aus Verlassenheit zurück. / Aus Scham, ich hätte zu eilig die Flucht ergriffen. / Aus Lust, jetzt aufzuschreien, umzukehren.«[27]). In *Das Experiment* spottet sie über den permanenten Wissensdrang und Experimentierwahn (»Der Kopf /

gehörte soeben noch zu –/ nun war er getrennt,/ jeder konnte es sehen, ihm fehlte der Rumpf.«[28]). In der makellosen *Mittelalterlichen Miniatur* nimmt sie die Falschheit künstlerischer Perfektion ins Visier (»So ziehen sie denn goldigst dahin/ in hochfeudalstem Realismus«[29]). In *Frauenbildnis* ironisiert sie die Widersprüchlichkeit der Anforderungen an eine moderne Frau (»Ihre Lektüre sind Jaspers und Frauenjournale./ Sie weiß nicht, wozu dieses Schräubchen gut ist, aber sie baut eine Brücke.«[30]). Und in *Danksagung* gesteht sie, der Liebe die Freundschaft vorzuziehen, indem sie all das aufzählt, was sie »denen, die ich nicht liebe«,[31] verdanke: »Die Reisen mit ihnen gelingen immer,/ Konzerte werden erlebt,/ Kirchen besichtigt, Landschaften deutlich.«[32]

Mit anderen Worten: Die Dichterin kritisiert in diesem Band »gnadenlos«, so Agnieszka Kluba ferner, »die langweilige Beschränktheit des Schematismus« und »das Diktat von Stereotypen, die dem Leben den Charme von Spontaneität und Authentizität«[33] nehmen würden. Und sie setzt alldem die in ihren Augen wohltuende Unendlichkeit der *Zahl Pi* entgegen:

> Der Zug der Ziffern, aus denen die Zahl Pi besteht,
> hält nicht am Rande des Zettels an,
> er zieht sich über den Tisch hinaus, durch die Lüfte,
> durch Mauern, Blätter, Vogelnester, Wolken …[34]

Die große Zahl ist somit ein Band, mit dem Szymborska die Leserschaft noch stärker als früher zu einem intellektuellen Spiel einzuladen scheint. Fast in jedem Gedicht spricht sie ein Thema an, das sich für einen philosophischen Diskurs eignen würde, doch sie relativiert selbst diesen Anspruch, indem sie ihre Argumente mit ironischem Augenzwinkern vorbringt oder mit abstrakten Begriffen jongliert, denen sie durch fantasievolle Umformulierungen ihren üblichen Ernst nimmt. Wie im Gedicht *Utopia*, in dem sie eine »Insel, auf der sich alles klärt«, schafft, um mit ihrer näheren Beschreibung das menschliche Streben nach erkenntnistheoretischen Gewissheiten zu belächeln:

> Links liegt der See der Tiefen Überzeugung.
> Vom Boden löst sich die Wahrheit und schwimmt
> mühelos nach oben.
> Über das Tal erhebt sich die Unbeugsame Gewißheit.
> Von ihrem Gipfel breitet sich aus der Sinn der Dinge.[35]

Doch der Zeitpunkt war wohl falsch gewählt, denn den Lesern schien die Freude an literarischen Spielen vergangen zu sein. Gerade unter den Intellektuellen herrschte eine sehr gedrückte Stimmung, woran auch die Entstehung der ersten oppositionellen Strukturen nichts ändern konnte. Sie waren sich dessen bewusst, dass sie nur, wie jemand es ausdrückte, ein Lager der moralischen Opposition bildeten; daran, dass sie die Macht übernehmen könnten, glaubte in Wirklichkeit niemand, auch wenn die Regierenden ihnen solche Ansprüche zweifellos unterstellten. Und gleichzeitig herrschte in den späten 1970ern in der polnischen Gesellschaft eine seltsam angespannte Atmosphäre, als wenn – wie es der im Pariser Exil lebende Sławomir Mrożek umschrieb, nachdem er Polen zum ersten Mal nach langer Zeit besucht hatte – jeden Augenblick eine Massenhysterie ausbrechen sollte.

Und in der Tat folgte im Oktober 1978 ein Ereignis, das

die Polen in einen an Hysterie grenzenden Zustand versetzte: Der Krakauer Kardinal Karol Wojtyła wurde zum Papst gewählt. Weniger begeistert waren freilich die kommunistischen Machthaber. Die Beziehungen zwischen Staat und Kirche hatten sich zwar in den davor liegenden Jahren nicht immer harmonisch gestaltet, doch diese Wahl versetzte die Kommunisten in regelrechte Panik. Es war, als ob die seit Jahrzehnten von ihnen gesteuerte Situation plötzlich außer Kontrolle geraten sei. Dieser Eindruck war insofern berechtigt, als die meisten Polen sich dadurch nicht nur in ihren religiösen Gefühlen, sondern auch (wenn nicht gar vor allem) in ihrer antikommunistischen Haltung bestärkt fühlten. Sie ahnten, dass die Entscheidung für einen osteuropäischen Kardinal ein bewusster Schachzug war, der die Weltpolitik in eine neue Richtung lenken würde. Als Wojtyła also im Juni 1979 erstmals als Johannes Paul II. nach Polen – und damit auch nach Krakau – kam, bereiteten sie ihm einen so enthusiastischen Empfang, als wären ihre neugeweckten Hoffnungen bereits Realität geworden. Die Folgen dieser Aufbruchsstimmung ließen auch nicht lange auf sich warten: Im Sommer 1980 entstand die freie Gewerkschaft Solidarność, die schon bald über zehn Millionen Mitglieder zählte.

Szymborska trat zwar der Solidarność nicht bei – kollektive Emotionen würden ihr wenig liegen, lautete später ihre Erklärung –, sie beteiligte sich aber weiterhin an den oppositionellen Aktivitäten, an denen sie an der Seite von Kornel Filipowicz seit etlichen Jahren teilnahm. Etwa an der Arbeit der Gesellschaft für wissenschaftliche Studiengänge, was durchaus Mut erforderte. Das Regime tat alles, um die Arbeit der TKN zu behindern. Es kam vor, dass sich unter die Anwesenden »Studenten« mischten, die eine Vorlesung oder

Diskussion mit lautstarkem Verhalten störten und Zwischenfälle provozierten, es gab aber auch Wohnungsdurchsuchungen, handgreifliche Übergriffe und Festnahmen, auf die Drohungen und Geldstrafen folgten. Der Dichterin selbst (und auch Filipowicz) blieben zwar solche Repressionen erspart. Dennoch mussten volle zehn Jahre vergehen, bis sie ihren nächsten Gedichtband publizieren durfte.

Kapitel 8

Die wichtigste Lyrikerin Polens

Wie findet man eine Balance zwischen angeborener Vorsicht und Zurückhaltung, Abneigung gegen öffentliche Auftritte und dem Bedürfnis, einen bewunderten Dichterkollegen zu ehren? Diese Frage dürfte sich Wisława Szymborska im Herbst 1980 gestellt haben, als bekannt wurde, dass der bis dahin auf der schwarzen Liste stehende und im amerikanischen Exil lebende Czesław Miłosz mit dem Nobelpreis für Literatur ausgezeichnet wurde. In den Augen der überwiegenden Mehrheit seiner Zeitgenossen hatte zwar diese Entscheidung der Schwedischen Akademie einen politischen Charakter, was auch in ihrer Begründung Ausdruck fand: In Miłosz' Poesie, hieß es dort unter anderem, finde sich ein leidenschaftliches Streben, uns bewusst zu machen, dass das Böse und die Zerstörung Kräfte seien, gegen die es zu kämpfen gelte. Und ein anderer Satz besagte, er erhalte den Preis, weil er mit kompromisslosem Scharfblick der exponierten Situation des Menschen in einer Welt von schweren Konflikten Ausdruck verleihe. Für Szymborska aber, die Miłosz seit Jahren kannte und bewunderte, zählte doch in erster Linie das hohe Niveau seines lyrischen Werks.

Als sie also zusagte, die Entscheidung der Akademie im Polnischen Rundfunk zu kommentieren, ließ sie die politischen Umstände beiseite und konzentrierte sich ganz auf sein Schaffen. Dass seine Lyrik von einem sehr hohen Rang sei und innerhalb der polnischen Dichtung einen besonderen Platz einnehme, wisse sie seit Langem, sie könne also nicht behaupten, dass sie der Entscheidung der schwedischen Jury irgendwelche neuen Erkenntnisse verdanke, verkündete sie als Erstes. »Es ist aber auch eine schmerzhafte Tatsache«, setzte sie fort, »dass diese Lyrik in Polen seit Jahren entweder gar nicht oder nur wenig bekannt war. Wenn es jemanden gab, der sie gut kannte, dann waren es Dichter und nicht Leser, Professoren und nicht Studenten, Verleger und nicht Drucker oder Buchhändler. Ich bin sicher, dass sich das demnächst ändern wird, und das ist für mich der erste Grund zur Freude. Der zweite Grund ist, dass diese Lyrik jetzt in der ganzen Welt bekannt wird. Das ist wichtig, denn sie hat der Welt sehr viel zu sagen. Und der dritte Grund schließlich: Mit dem Nobelpreis wurden bislang oft Dichter bedacht, die sich gewissermaßen bereits im Ruhestand befanden, deren Werk weitgehend abgeschlossen, nicht selten schon ein wenig abgekühlt und abgeklungen war. Und nicht immer – sagen wir es offen – wirklich herausragend. In diesem Fall ist es aber anders: Diesmal wurde ein Dichter ausgezeichnet, der sich im Vollbesitz seiner schöpferischen Kräfte befindet, der immer noch unterwegs ist, der weiterhin sucht und findet.«[1]

Sie nutzte auch sofort die Gelegenheit, die sich ihr damals bot, dem Lesepublikum das Gesagte zu demonstrieren. In dieser Zeit engagierte sie sich nämlich, zusammen mit Filipowicz, in der Redaktion einer neuen Krakauer Literaturzeitschrift namens *Pismo* (Schrift). Es war ein Monatsblatt, das im Herbst 1980 entstand und um dessen Entstehung seit Jahren gekämpft wurde. Genau genommen seit den frühen 1950er Jahren, in denen die renommierte Monatszeitschrift

Tworczość (Schaffen), 1945 in Krakau gegründet und anfangs von dem Literaturkritiker Kazimierz Wyka geleitet, nach Warschau verlegt wurde. Dort verkam sie zunächst zu einem Forum für sozrealistische Texte, später aber, unter der Chefredaktion des Schriftstellers Jarosław Iwaszkiewicz, fand sie zu ihrem alten hohen Niveau zurück. Die Krakauer Schriftsteller, darunter Szymborska, bemühten sich seitdem um die Schaffung eines neuen eigenen Literaturblatts, doch die Behörden fanden immer einen Vorwand, es zu verhindern. Nun war es endlich da, und Kornel Filipowicz und der Literaturkritiker Jerzy Kwiatkowski, die sich besonders um seine Entstehung bemüht hatten, wurden stellvertretende Chefredakteure (die Leitung übernahm der Publizist Jan Pieszczachowicz, der im Gegensatz zu ihnen Mitglied der Partei war). Und da Szymborska ebenfalls der Redaktion angehörte, sorgte sie dafür, dass in der Ausgabe von *Pismo* im März 1981 Gedichte von und ein Interview mit Czesław Miłosz erschienen.

Schon bald folgten aber Ereignisse, die nicht nur der Existenz der Zeitschrift, sondern auch der allgemeinen Solidarność-Euphorie ein abruptes Ende setzten und deren Beginn auch Szymborska in einer sehr unsanften Form erlebte: Als sie am Morgen des 13. Dezember 1981 wie jeden Tag Filipowicz anrufen wollte, war ihre Leitung tot. In der Annahme, dass das Telefon kaputt sei, machte sie sich auf den Weg in seine Wohnung. Doch als sie dort ankam, stellte sich heraus, dass auch sein Apparat nicht funktionierte. Erst in dem Moment schalteten sie das Radio ein und erfuhren die fatale Neuigkeit: In der vergangenen Nacht war in Polen der Kriegszustand ausgerufen worden. Der allgemeine Schock war groß, wobei er mehr durch die Form ausgelöst wurde, in der die nächtliche Aktion durchgeführt worden war, als durch den Kriegszustand selbst – mit ihm hatten viele gerechnet, nicht zuletzt aufgrund der Tatsache, dass seit Oktober 1981 General Wojciech Jaruzelski sowohl Parteichef als auch Ministerpräsident war, was darauf hindeutete, dass bald die Militärs das Sagen haben würden.

Nun war das Befürchtete eingetreten. In Funk und Fernsehen wurde die berühmte Rede von General Jaruzelski ausgestrahlt, aus der hervorging, dass die Macht im Land der Militärrat zur Nationalen Rettung (WRON) übernommen habe. Die Grenzen Polens wurden geschlossen, und es begann die Zeit der Repressalien, Inhaftierungen und Internierungen. Gleichzeitig kam das ganze öffentliche Leben zum Stillstand; alle Verbände, Gewerkschaften und Organisationen wurden suspendiert, jegliche Versammlungen verboten. Zu den Institutionen, die das Kriegsrecht mit besonderer Härte zu spüren bekamen, gehörten der PEN-Club – er durfte erst 1988 seine Arbeit wieder aufnehmen – und der Schriftstellerverband, der aufgelöst und durch eine neue Organisation ersetzt wurde. Sie trug zwar den gleichen Namen (ZLP), hatte aber einen eindeutig regimefreundlichen Charakter, woraufhin das Literatenmilieu in zwei Lager zerfiel: Die einen sprachen sich offen für den Kriegszustand und den neugegründeten Verband aus, die anderen, zu denen die Mehrzahl der renommierten Autoren gehörte, boykottierten von nun an die offiziellen Verlage und publizierten nur noch im Ausland oder im Untergrund.

Da auch alle Redaktionen geschlossen wurden, war die Existenz der neugegründeten Zeitschrift *Pismo* von sehr kurzer Dauer. Später, nachdem das Kriegsrecht (im Juli 1983) aufgehoben worden war, durften zwar noch vier weitere Ausgaben erscheinen. Als Jan Pieszczachowicz aber aufgefordert wurde, die Namen aus dem Impressum zu entfernen, die den Behörden ein Dorn im Augen waren, reichte er seine Kündigung ein – und mit ihm die gesamte Redaktion. Die oppositionellen Krakauer Literaten, darunter Szymborska und Filipowicz, gaben sich allerdings nicht geschlagen, sondern reagierten auf die Schließung von *Pismo* mit dem ihnen eigenen Einfallsreichtum: Sie gründeten die Zeitschrift *NaGłos* (Laut gesagt), die, wie der Name schon sagt, nicht geschrieben, sondern gesprochen wurde. Die Idee stammte von dem Dichter Bronisław Maj und dem Prosaiker Jerzy Pilch, der sich später mit seinen satirischen Romanen (*Zum starken Engel*) auch in Deutschland einen Namen machte. Die erste »Ausgabe« von *NaGłos* wurde im Dezember 1983 im Klub der Katholischen Intelligenz (KIK) präsentiert, wobei der Verlauf des Abends der Gliederung von *Pismo* entsprach – es gab also Gedichte und Prosa, literaturkritische Feuilletons, Filmkritiken und Besprechungen von Neuerscheinungen.

Seitdem wurden alle paar Wochen neue Editionen von *NaGłos* »gesprochen«, und diese Abende, die von Bronisław Maj mit dem ihm eigenen Humor moderiert wurden und an denen jeweils zehn Autoren teilnahmen, erinnerten zunehmend an eine Mischung aus Happening und literarischem Salon: Die oft sehr namhaften Schriftsteller trugen ihre Texte selbst vor, und das Publikum reagierte umso spontaner, als die Entfernung zu den Akteuren so knapp war, dass man sie berühren konnte. Die Veranstaltungen lockten jedes Mal mehrere Hundert Zuschauer, wobei einmal – im Jahre 1984, als Ehrengast des Abends der soeben aus der Haft entlassene

Dissident (und heutige Chefredakteur der *Gazeta Wyborcza*) Adam Michnik war – so viele kamen, dass man kurzfristig auf einen größeren Raum im nahe gelegenen Dominikanerkloster ausweichen musste. Was zur Folge hatte, dass eine der engsten Straßen der Krakauer Altstadt sich plötzlich mit gut tausend Menschen füllte.

Jede »Ausgabe« der Zeitschrift endete mit einem großen Empfang, an dem auch Wisława Szymborska oft teilnahm. Sogar noch Jahre später (1994), als in Posen ein *NaGłos*-Abend zu Ehren des Dichters Stanisław Barańczak stattfand, fuhr sie hin und wurde dabei von dem Hauptgast – einem weiteren Enthusiasten von Limericks – in entsprechender, auf ihren nahe gelegenen Geburtsort anspielender Form begrüßt:

Die berühmteste Tochter von Bnin
tadelte so den Kremlchef Jelzin,
als er flehte: »Sei Moskaus Zarin!«
– »Mach mich nicht zu deiner Rivalin,
sondern gib dem Volk Kaviar und Gin.«

Szymborskas eigener Protest gegen den Kriegszustand war zugleich ein bedeutender Einschnitt in ihrem Leben: Ende 1981 verließ sie die Redaktion von *Życie Literackie*. Die Trennung von einem Blatt, mit dem sie fast dreißig Jahre verbunden war, hatte sie ein wenig in die Isolation getrieben, und der Kriegszustand mit all seinen Suspendierungen und Verboten schien sich ebenfalls nicht gerade positiv auf ihre Schaffenskraft auszuwirken. So nahm auch ihre literarische Aktivität in dieser Zeit stark ab. Sie publizierte nur noch selten: da ein einzelnes Gedicht, dort eine Übersetzung französischer Dichtung, manchmal einen Essay oder ein kleines Prosastück. Hin und wieder schrieb sie unter Pseudonym für die Untergrundpresse oder die Pariser Exilzeitschrift *Kultura.* Einmal allerdings – 1989, kurz vor der Wende – willigte sie ein, Jerzy Pilch ein Gedicht für die Londoner Zeitschrift *Puls* mitzugeben (es trug den Titel *Es darf ohne Überschrift bleiben*), wo es unter ihrem Namen erschien, was für ein gewisses Aufsehen sorgte.

Einen neuen Gedichtband veröffentlichte sie, wie gesagt, erst nach einer zehnjährigen Pause. Doch das Warten hatte sich gelohnt: Die Sammlung *Menschen auf der Brücke* (1986), die zweiundzwanzig Gedichte aus der Zeit des Kriegsrechts enthielt, wurde von der Kritik zu ihrem besten Buch und bald auch, zusammen mit dem *Bericht aus einer belagerten Stadt* (1983) von Zbigniew Herbert, zur wichtigsten dichterischen Leistung der gesamten Dekade erklärt. Es war ein besonders großes Kompliment angesichts der Tatsache, dass in der damaligen polnischen Lyrik sehr starke Konkurrenz herrschte – weil es eine Gattung war, in der die Ereignisse der frühen 1980er Jahre in erster Linie (oder zumindest am schnellsten) ihren Niederschlag fanden, und weil die meisten Gedichte aus jener Zeit eine ähnliche narrative Tendenz aufwiesen: eine Vorliebe für Lakonismus, für Ironie, gar für Groteske.

Sie ist auch reichlich in *Menschen auf der Brücke* zu finden, wo Szymborskas sogar von den letzten Dingen mit ironischer Distanz spricht, so in dem vielzitierten Gedicht *Vom Tod ohne Übertreibung*, in dem sie der Unausweichlichkeit des Todes die Einzigartigkeit jedes Lebens entgegensetzt:

(…) Es gibt kein solches Leben,
das nicht wenigstens für einen Augenblick
unsterblich wäre.
Der Tod
kommt immer um diesen einen Augenblick zu spät.
(…)[2]

Zur politischen Situation nimmt sie auch diesmal nicht direkt Stellung. Doch indem sie das Tagesgeschehen mit der gewohnten Verbindung von Ironie und Moralismus, Humor und Ernsthaftigkeit betrachtet, schafft sie eine Distanz, durch die jede Unstimmigkeit sichtbar wird. Im Gedicht *Angefangene Erzählung* etwa konstatiert sie:

(…) Unser Vorrat an Verbandszeug, Streichhölzern,
Argumenten, Messstangen und an Wasser ist erschöpft.
Uns fehlen Lastwagen und die Unterstützung der
Mings.
Mit dieser Mähre ist der Sheriff nicht zu bestechen.
Es gibt bis jetzt keine Nachricht über die ins türkische
Joch Verschleppten.
Uns fehlt für die Frostzeit eine wärmere Höhle
und jemand, der die Harari-Sprache beherrscht. (…)[3]

Wenn sie direkten Bezug auf die aktuellen politischen Ereignisse nimmt, dann tut sie es in einer sehr dezenten Form. Wie im Gedicht *Ein Wort zur Pornographie*:

(…) Schrecklich, in welchen Stellungen,
wie zügellos simpel
der eine Geist den anderen zu befruchten vermag!

Selbst dem Kamasutra sind solche Stellungen fremd.
Während dieses Beisammenseins kocht höchstens
der Tee.
Die Menschen sitzen auf Stühlen, bewegen die Lippen.
Jeder schlägt sich selbst ein Bein übers andere.
Auf diese Weise berührt ein Fuß den Boden,
der zweite baumelt frei in der Luft.
Nur manchmal steht jemand auf,
geht ans Fenster
und beobachtet heimlich durch den Gardinenschlitz
die Straße.[4]

Später sorgte das Gedicht manchmal für amüsante Missverständnisse. Das amüsanteste bestand darin, wie sich Stanisław Balbus später erinnerte, »dass sie vom *Playboy* um Erlaubnis gebeten wurde, dieses Gedicht – in dem es ja vordergründig um die Pornografie bzw. die Sittenzensur, in Wirklichkeit aber um die Unterdrückung der freien Meinung und konspirativen Tätigkeit geht – abzudrucken«.[5]

Im Titelgedicht *Menschen auf der Brücke* wiederum zeichnet sie anfangs ein scheinbar harmloses Bild:

(…) Nichts Besonderes auf den ersten Blick.
Man sieht Wasser.
Man
sieht eines seiner Ufer.
Man sieht einen Nachen mühsam gegen den Strom
schaukeln.
Man sieht eine Brücke über dem Wasser und auf der
Brücke Menschen. (…)[6]

Dann aber sorgt sie dafür, dass die Banalität des Bildes plötzlich gebrochen wird:

> (…) Hier ist die Zeit angehalten worden.
> Man hörte auf, ihre Gesetze zu respektieren.
> Man raubte ihr den Einfluß auf den Lauf der Dinge.
> Man mißachtete und man entwürdigte sie. (…)[7]

Die Leser verstanden sofort jede Anspielungen und jede Doppeldeutigkeit. Sie waren durch die aktuelle politische Situation sensibilisiert, und auch in der Vergangenheit hatten sie ja reichlich Gelegenheit, ihre Sensoren zu schärfen. »Manche Gedanken lassen sich nicht aufschreiben. Nur denken«,[8] lautete schließlich einer der beliebten Aphorismen von Stanisław Jerzy Lec.

Seit dem Erscheinen des Bandes, der eine Auflage von 20 000 Exemplaren hatte und für den sie den Solidarność-Kulturpreis und den Preis der Monatsschrift *Odra* (Die Oder) erhielt – den Preis des Ministeriums für Kultur und Kunst nahm sie nicht an –, galt Szymborska endgültig als die wichtigste Lyrikerin Polens. An ihrer bescheidenen Art änderte sich dadurch nichts. Sie lebte weiterhin zurückgezogen, ließ sich selten zu einem Leseabend überreden, war kaum in den Medien präsent. Vermutlich hatte zu diesem Rückzug ins Private auch der Verlust eines lebenslangen Freundes beigetragen: Ihr Ex-Mann Adam Włodek hatte zwar schon seit längerer Zeit gesundheitliche Probleme, doch statt seiner Krankheit – er litt an Angina Pectoris – erlag er einem perfiden Unfall. Er war in einer Straßenbahn bei einem plötzlichen Ruck gestürzt und hatte sich mehrere Rippen gebrochen, von denen eine sein Rippenfell durchstochen hatte. Er starb am 19. Januar 1986 im Alter von vierundsechzig Jahren.

Das wohl Wichtigste, was sich damals sonst im Leben der Dichterin geändert hatte, war ihre Adresse: Einige Jahre zuvor (1982) hatte eine Freundin von ihr beschlossen, Polen für immer zu verlassen, und schlug ihr vor, die Wohnungen zu tauschen. Auf diese Weise kam Szymborska zu einem Appartement in der Chocimska-Straße, das sich zwar im vierten Stock eines Wohnblocks ohne Aufzug befand, dafür aber etwas größer war als ihre »Schublade« – zwei kleine Zimmer mit Küche –, und genauso nahe an Filipowicz' Wohnung lag. Letzteres war ihr ohnehin am wichtigsten, zumal sie dort sehr viel Zeit verbrachte – auch dann, wenn seine Freunde von der Opposition da waren, in deren politische Arbeit sie sich weniger engagierte. »Ich lernte Wisława erst in den 1980er Jahren kennen«, berichtete später einer von ihnen, der Literaturkritiker Bogdan Rogatko. »Wenn sie in Kornels Wohnung kam, hatte sie meistens ein Mittagessen für ihn dabei, das ihre Schwester gekocht hatte. Sie setzte sich auf das Sofa in seinem Arbeitszimmer, wir tauschten uns über verschiedene, meist banale Themen aus, und wenn Kornel und ich auf die ›konspirativen‹ Dinge kamen, machte sie sich diskret davon. Sie nahm an dem in unserem Kreis damals sehr regen Untergrundleben nicht teil, mit einer Ausnahme: Sie stellte ihre kleine Wohnung in der Chocimska für die Treffen des illegal geschaffenen Schriftstellervereins zur Verfügung.«[9] Damit meinte er eine Organisation, die von den Gegnern des regimetreuen Schriftstellerverbandes (ZLP) Ende Mai 1989 ins Leben gerufen wurde: den Verein der Polnischen Schriftsteller (SPP), in den neue Krakauer Mitglieder in Szymborskas Wohnung aufgenommen wurden.

Dass die Existenz dieser zwei konkurrierenden Institutionen das Schriftstellermilieu weiter spalten könnte, war kaum zu befürchten. Die Folgen der Polarisierung, die es während des Kriegszustands erlebt hatte, waren ohnehin nicht so schnell zu beheben. Die Bücher der einst vom Regime Verstoßenen wurden zwar wieder verlegt, und die anderen, die »Kollaborateure«, schienen die Zeit, in der die Leser ihre Auftritte boykottiert oder gestört hatten, fast schon vergessen zu haben. Dennoch wollte sich ein »Wir-Gefühl« unter den polnischen Literaten nicht so recht wieder einstellen. Das entsprach auch der allgemeinen Atmosphäre in der polnischen Gesellschaft. Obwohl der Kommunismus deutlich bröckelte und Polen sich auf einem Reformkurs befand, schienen die Menschen in den späten 1980ern eine weitere kollektive Krise zu durchleben. Als hätten sie sich plötzlich mit dem Status quo abgefunden, legten sie vor allem Überdruss und Müdigkeit an den Tag. Die Emphase der Solidarność-Zeit war verflogen, es blieben die Trivialität der Alltagssorgen, die Leere der zur Routine gewordenen patriotischen Gesten und die Erinnerung an die Demütigung der Kriegsrechtszeit.

Erst die Ergebnisse der Gespräche am Runden Tisch sorgten für eine neue Aufbruchsstimmung. Während der zweimonatigen Beratungen (Februar-April 1989) hatten die Delegationen der Regierung und der Opposition nicht nur die Wiederzulassung der Gewerkschaft Solidarność, sondern auch die Einführung des Präsidentenamts, die Reaktivierung des 1946 abgeschafften Senats und gemeinsame Parlamentswahlen vereinbart. Diese wurden auf den 4. Juni angesetzt, und die Kommunisten, die sich von der knappen Zeit einen Vorteil versprochen hatten, mussten zusehen, wie ihre Gegner mithilfe der Kirche eine großangelegte Wahlkampagne starteten. Die Wahlen wurden zu einem Triumph der Opposition, doch selbst als die Ergebnisse vorlagen, ahnte sie immer noch nicht, dass sie bereits einige Monate später die Regierungsgeschäfte übernehmen würde. Erst als im August 1989 Tadeusz Mazowiecki zum ersten nichtkommunistischen Ministerpräsidenten seit Kriegsende gewählt wurde, begriffen sie das Ausmaß der neuen Verantwortung.

Auf den Sturz des kommunistischen Regimes hatte vermutlich kaum jemand sehnsüchtiger gewartet als Kornel Filipowicz. Er tendierte zwar schon immer nach links, hatte aber gleichzeitig eine tiefe Abneigung gegen den Kommunismus. In der Zwischenkriegszeit sympathisierte er mit der Polnischen Sozialistischen Partei (PPS), während der deutschen Besatzung arbeitete er mit der Krakauer Untergrundorganisation Polska Ludowa (Volkspolen) zusammen, die zwar einige Kommunisten, vor allem jedoch Anhänger der Bauernpartei und Mitglieder des Demokratischen Clubs versammelte, und auch nach dem Krieg blieb er seinen Ansichten treu: Er lehnte es ab, der neuen Partei beizutreten, und geriet schnell ins Visier des Sicherheitsdienstes, der ihn zu seinem Informanten machen wollte. Doch er blieb standhaft und engagierte sich mit der Zeit immer stärker in der oppositionellen Tätigkeit. Nun, nach der politischen Wende, hatte er allen Grund zu glauben, ein wenig zum Untergang des verhassten Regimes beigetragen zu haben. An der Schaffung der neuen politischen Strukturen konnte er sich nicht direkt beteiligen, doch den Aktivitäten, die ihm zu dem Zeitpunkt wichtig waren, etwa dem Ausbau der Krakauer SPP-Sektion oder der Unterstützung von Schriftstellerkollegen, widmete er viel Zeit – soweit dies sein Alter und sein Gesundheitszustand erlaubten.

Um den Letzteren stand es aber seit einiger Zeit nicht zum Besten. Schon im Herbst 1988, als er und Szymborska eine wegen der Erkrankung einer Berliner Freundin abgebrochene Reise in die Bundesrepublik fortsetzen wollten, zeigte sich, dass dies nicht möglich war – diesmal wegen seiner gesundheitlichen Probleme. Genauso wenig gelang es ihnen, den Plan umzusetzen, gemeinsam nach Neapel und Sizilien zu fahren. Im Laufe des Jahres 1989 verschlechterte sich sein Zustand zunehmend; im Herbst hatte er Nierenprobleme und musste in ein Krankenhaus eingeliefert werden, gegen Ende des Jahres bekam er Hustenanfälle und begann deutlich an Gewicht zu verlieren. Er versuchte, all diese Symptome vor Wisława zu verbergen, nicht ahnend, dass sie im Bilde war und ihrerseits alles tat, um ihm die Situation zu verheimlichen. Wie bei jenem Treffen, bei dem es um die Gründung einer neuen Zeitschrift ging: »Für jeden war es selbstverständlich«, so der auch anwesende Bogdan Rogatko, »dass Kornel der Redaktion angehören sollte, wogegen er selbst nicht protestierte. Ich werde aber niemals Wisławas Gesichtsausdruck vergessen. Sie war entsetzt, doch sie sagte kein Wort. Später vertraute sie mir an, dass es einer der schwierigsten Momente in ihrem Leben gewesen sei: Sie wusste von der unheilbaren Krankheit des geliebten Mannes, konnte ihm aber die Freude und Hoffnung nicht nehmen.«[10] Erst Anfang 1990, nachdem sein Zustand sich dramatisch verschlimmert hatte, entschieden sie gemeinsam, dass es höchste Zeit sei, der Realität ins Auge zu sehen und sich eine genaue ärztliche Diagnose zu holen. Das Ergebnis der Untersuchungen war mehr als ernüchternd: Es war Lungenkrebs in fortgeschrittenem Stadium, sodass eine Behandlung keinen Sinn mehr hatte.

Kornel Filipowicz starb am 28. Februar 1990. Auf seinem letzten Weg auf den kleinen Salwatorski-Friedhof begleiteten ihn, wie Szymborska einen Monat später an Freunde schrieb, eine Menge Menschen, »weil er sehr geliebt, geachtet und bewundert wurde. Jemand hat schön gesagt, dass in diesem Schlamm, der unser Land fünfzig Jahre lang überschwemmt habe, jeder ein wenig eingetaucht sei, der eine bis zu den Knöcheln, der zweite bis zur Taille, der dritte bis zu den Ohren – nur Kornel sei trockenen Fußes durchgegangen. (...) Er hatte wohl bis zum Schluss ein wenig Hoffnung, dass es nicht *das* sein würde. Und ich trug mich vier Wochen lang mit seinem Todesurteil herum und war die ganze Zeit fröhlich und (ihm gegenüber) voller Zuversicht. Erst jetzt kann ich weinen. Ich habe die größte Liebe meines Lebens verloren.«[11] Laut ihrer Biografin Joanna Gromek-Illg, die ihre gesamte Korrespondenz sehr genau studiert hat, sei es das einzige Mal gewesen, dass sie in einem Brief so offen über ihren Verlust gesprochen habe.

Dafür schuf sie mehrere Werke, in denen sie ihrem Schmerz, ihrer Sehnsucht, ihrer Einsamkeit Ausdruck gab. Manche entstanden erst viele Jahre später, etwa das Gedicht *Porträt aus dem Gedächtnis* aus dem Band *Hier* (2009), dem letzten, der zu ihren Lebzeiten erschien – ein verzweifelter Versuch, das verblassende Bild des geliebten Mannes durch das Hinzufügen von wechselnden Details dem Vergessen zu entreißen:

(...) Vielleicht nicht in dieser Pose?
Ein anderes Kolorit?
Vielleicht mehr im Profil,
als würde er sich nach etwas umsehen?

Wenn er was in der Hand hätte?
Ein Buch von sich? Ein fremdes?
Karte? Fernglas? Angelrute? (...)[12]

Und manche schrieb sie bald danach. Wie das bekannteste, *Katze in der leeren Wohnung*, in dem sie durch das völlige Zurücknehmen der eigenen Person ihrer Weigerung, die Unausweichlichkeit des Todes zu akzeptieren, eine besonders tragische Note gab:

Sterben – das tut man einer Katze nicht an,
Denn was soll die Katze
in einer leeren Wohnung.
An den Wänden hoch,
sich an Möbeln reiben.
Nichts scheint sich hier verändert zu haben,
und doch ist alles anders.
Nichts verstellt, so scheint es,
und doch alles verschoben.
Am Abend brennt die Lampe nicht mehr.

Auf der Treppe sind Schritte zu hören,
aber nicht die.
Die Hand, die den Fisch auf den Teller legt,
ist auch nicht die, die es früher tat. (...)[13]

Die Hand, an die sich Kornels echte Katze gewöhnen musste, gehörte nicht Wisława Szymborska. Das Einzige, was die Dichterin aus seiner Wohnung mitnahm, waren angeblich eine Schreibtischlampe, deren Schirm mit Fisch-Abbildungen verziert war, und ihre Briefe (Filipowicz' sonstiges

Archiv kam in die Jagiellonische Bibliothek). Ihre eigene Wohnung war seitdem Schauplatz eines alljährlichen Rituals, das dem ähnelte, mit dem sie seit 1986 Adam Włodek ehrte: An Allerheiligen und an Filipowicz' Todestag traf sich dort eine Handvoll ihrer und seiner Freunde, um sich an ihn zu erinnern und mit einem Glas Cognac oder Kornelówka auf ihn anzustoßen. »Wir mussten nicht die Augen senken, daran denken, dass irgendeine Bemerkung ihr wehtun könnte«, so eine Teilnehmerin dieser Zusammenkünfte. »Wir tranken auf Kornels Gesundheit, denn, wie sie behauptete, ›dort‹ werde ja die Gesundheit auch gebraucht. Ich denke aber, dass sie für diese Ruhe, die sie uns demonstrierte, einen sehr hohen inneren Preis bezahlt hatte.«[14]

Kapitel 9

Collagen und andere Absurditäten

Die Herbstwochen 1990 verbrachte Wisława Szymborska, wie immer, in Zakopane. Offenbar tat ihr das vertraute Astoria nach dem Verlust des geliebten Menschen besonders gut. Sie hatte die Atmosphäre dieses Künstlerhauses einige Jahre zuvor in *Am hellichten Tag* festgehalten, einem Gedicht, das in Polen bald einen besonderen Ruhm erlangen sollte. Allerdings weniger wegen Astoria als wegen einer der größten literarischen Legenden der Nachkriegszeit, der es gewidmet war: Krzysztof Kamil Baczyński, der als der begabteste unter den Dichtern seiner Generation galt und im Alter von zweiundzwanzig Jahren im Warschauer Aufstand gefallenen war. So nutzte Szymborska das Astoria mit seinem damaligen volksrepublikanischen Flair, um sich auszumalen, was von seiner Legende übrig geblieben wäre, wenn er sein Leben nicht so jung verloren hätte.

Ins Erholungsheim in die Berge würde er fahren,
zum Mittagessen ins Speisezimmer würde er kommen,
diese vier Fichten, Zweig für Zweig,
ohne den Neuschnee auf ihnen abzuschütteln,
würde er von seinem Tisch durchs Fenster betrachten.

Mit dem spitz gestutzten Bart,
etwas kahl, ergraut, mit Brille,

mit rundlich gewordenen, müden Zügen im Gesicht,
mit einer Warze auf der Wange und mit faltiger Stirn,
als hätte den Engelsmarmor menschlicher Lehm beklebt –
und wann das geschah, hätte er selbst nicht gewußt,
weil doch der Preis dafür, daß man nicht früher gestorben ist,
keinesfalls plötzlich, sondern allmählich steigt,
und er würde diesen Preis ebenfalls zahlen müssen. (…)[1]

Nun, im Herbst 1990, war sie selbst wieder im Astoria und konnte natürlich nicht ahnen, dass nur wenige Monate später jemand aus ihrem Freundeskreis dafür sorgen würde, dass Krakau ein eigenes, einzigartiges Künstlerhaus bekam und dass er diese Idee ihr und Kornel Filipowicz verdankte. Im Moment deutete noch nichts darauf hin, zumal das kulturelle Krakau die Umstellung auf die kapitalistischen Realien mit der gleichen Souveränität hinnahm, mit der es seinerzeit auf die Einführung des Kommunismus reagiert hatte: Während in ganz Polen die Gesetze des Marktes bald auch das Kulturleben beherrschten, hielt man hier diese neue »Bedrohung« auf Distanz, indem man die wichtigsten Stützpunkte des geistigen Lebens aufrechterhielt. So wie sich die Schriftsteller und Künstler früher gegen das Diktat der Ideologie gewehrt hatten, wehrten sie sich nun gegen das Diktat der Ökonomie und pflegten weiterhin ihre eigenen Sitten und Rituale. Und diese resultierten eben aus der Vergangenheit dieser Stadt, aus ihrer Geschichte und Tradition.

Seit Anfang der 1990er hatte Krakau allerdings auch immer mehr aktuelle Gründe, ein wachsendes Selbstbewusstsein an den Tag zu legen. Dies hing vor allem mit der Tatsache zusammen, dass es immer öfter zum Schauplatz eines Kulturereignisses von europäischem Rang auserwählt wurde. Eines dieser Ereignisse war eine KSZE-Tagung zum Thema Europäisches Kulturerbe, die im Mai 1991 im traditionsreichen Słowacki-Theater stattfand und, wie sich bald zeigte, weitreichende Folgen haben sollte. Zum einen wurden die Gäste gleich zu Beginn zu einem Festakt geladen, der die neue Aufbruchsstimmung eindrucksvoll belegte: zur Eröffnung des Internationalen Kulturzentrums, dessen Aufgabe es sein sollte, die Stadt zu einer Kulturmetropole zu machen, die in Zukunft mindestens neben Edinburgh und Bayreuth würde bestehen können. Und zum anderen: Die Teilnehmer der Tagung wurden von dem Übersetzer Karl Dedecius, der als Mitglied der deutschen Delegation gekommen war, mit einem Projekt konfrontiert, das ihm schon seit vielen Jahren am Herzen lag.

Es ging nämlich auf einen Spaziergang zurück, den er, Szymborska und Filipowicz in den späten 1970ern unternahmen und der sie nach Wola Justowska, einem noblen Vorort Krakaus, führte. Als sie einen kleinen Park erreichten, zeigten ihm die beiden einen imposanten, doch stark heruntergekommenen Bau: ein Palais, »dem man«, so Dedecius, »seine einstige Würde und seinen italienischen Charme trotz des Zerfalls noch ansah«.[2] Es war die sogenannte Villa Decius, deren Entstehung gewissermaßen auf das Goldene Zeitalter in der Geschichte Polens zurückging, auf jenes 15. und 16. Jahrhundert, als Künstler, Gelehrte und Handwerker aus ganz Europa in die polnische Königsstadt kamen, um sich hier anzusiedeln und nicht selten ihre besten Werke zu schaffen. Einer von ihnen war der Elsässer Jost Ludwig Dietz alias Jodocus Ludovicus Decius, der 1470 in Krakau auftauchte und schnell eine beachtliche Karriere am Hofe von Sigismund dem Alten machte. Er war sein Chronist und Sekretär, übernahm in seinem Auftrag heikle diplomatische Missionen und unterhielt Kontakte zu den führenden Gelehrten und Künstlern seiner Epoche. Als er ein hohes Alter erreicht hatte, wurde er vom König mit einem großzügigen Geschenk belohnt: einer im schönsten Renaissance-Stil gebauten Villa, die er in kurzer Zeit zu einem Treffpunkt der berühmtesten Humanisten Europas machte. Nach seinem Tod hatte das Haus einige weitere Besitzer, eine zweite Blütezeit erlebte es aber erst in der zweiten Hälfte des 19. Jahrhunderts, als es von Fürstin Marcelina Czartoryska, einer bekannten Kunstsammlerin und Schülerin Chopins, bezogen wurde. Danach setzte ein allmählicher Verfall der Villa ein, der in kommunistischen Zeiten gefährlich an Tempo gewann und möglicherweise bald gar nicht mehr aufzuhalten gewesen wäre, hätte es den besagten Spaziergang von Dedecius und seinen Krakauer Freunden nicht gegeben.

Der Anblick, der sich ihnen bot, sobald sie das Haus betraten, war jedenfalls alles andere als einladend: In den dunklen, feuchten und muffigen Räumen war eine Einrichtung untergebracht, die Dedecius später vorsichtig als »Hospital« umschrieb. »In rostigen Betten, dicht aneinander gereiht, lagen Schwerkranke«, erinnerte er sich. »Sie husteten, keuchten, stöhnten leise vor sich hin. Die Leiterin des Hospitals, die Chefärztin, kam auf uns zu. Wisława stellte mich vor: ›Das ist der Nachfahre des ersten Besitzers dieses Palais, Herr Karl *de Decius*, das ist die Chefin des Hauses, Frau Doktor …‹ Dieses zufällige Treffen war arrangiert, schoß mir durch den Kopf. Einer von Szymborskas überraschenden Einfällen.«[3]

Damit hatte er natürlich recht, doch was viel wichtiger war: Er beschloss, dem Verfall der Villa ein Ende zu setzen und für deren Umwandlung in einen Treffpunkt europäischer Intellektueller zu sorgen. Dazu hatten ihn sowohl die Vita des ursprünglichen Besitzers als auch der Scherz der Dichterin animiert. »Was aber«, fragte er sich, »könnte Szymborska, abgesehen von dem Scherz, noch gemeint haben? Ihre Anspielungen habe ich mit der Zeit zu verstehen gelernt. Nein, ein Vorfahre von mir war dieser Decius nicht, das wusste ich selbst am besten, meiner war kein städtischer Patrizier, sondern Ackerbauer; dennoch wurde sein Name immer häufiger mit meinem assoziiert. Mir wurde er Vorbild und Ansporn für die Möglichkeiten einer ›Renaissance 2000‹: nicht nur für mein Leben, sondern auch für Europa.«[4]

Und so ergriff Dedecius bei der besagten KSZE-Tagung die Gelegenheit und schlug dem versammelten Publikum vor, das Haus in eine europäische Akademie zu verwandeln. Seine Idee fand sofort regen Zuspruch, und das soeben eröffnete Internationale Kulturzentrum bekam den Auftrag, die Arbeiten zur Umsetzung seiner Idee zu beaufsichtigen. Nach fünf Jahren war es so weit, und den Teilnehmern der Eröffnungsfeier, die am 6. September 1996 stattfand, bot sich ein überraschendes Bild: Die Villa Decius strahlte wieder in ihrem alten Renaissance-Glanz. Damit bekam Krakau ein »neues Wahrzeichen« (Dedecius), und vor allem eine Kultureinrichtung, die den neuen, europäischen Anspruch der Stadt auf eine besonders eindrucksvolle Weise belegte; ein Haus, das sich, wie in den Gründungsunterlagen nachzulesen war, als ein Ort des geistigen Austauschs, der Forschung und der Begegnung im Dienst des europäischen Kulturdialogs verstand.

Einige Monate später hatte die Geschichte noch ein kleines Nachspiel: Wisława Szymborska kam plötzlich auf ihren Decius-Einfall zurück. »Während eines Abendessens im kleinen Kreis ihrer Freunde in der Krakauer Altstadt«, so Dedecius, »zog sie ein Blatt Papier aus der Tasche, die Fotokopie eines lateinisch-polnischen Textes, eine Publikation über Krakaus Altertümer und Kunstschätze, mit Daten, Details, Fußnoten. Sie referierte den Inhalt: Die Beschriftung einer bronzenen Votivtafel in einer der hundert Krakauer Kirchen laute: die ehrwürdigen Ratsherren der urbs celebrissime Cracovia Decius und Rotermund geben die Heirat ihrer Kinder bekannt. Dem Schutze des Herrn empfohlen.

Na und, wo ist die Pointe?

Szymborska ist die Tochter einer geborenen Rotermund [sic].

›Siehst du, jetzt sind wir Verwandte. Ich könnte dich beerben.‹

›Oder ich dich.‹« [5]

Diese kindliche Freude über einen Scherz oder gelungenen Streich, diese Mühe, die sie sich gab, um andere zum Lachen zu bringen, diese Erwartung, sich selbst auch gut zu amüsieren: All das sei ein sehr wichtiger Teil ihrer Vorstellung von Freundschaft gewesen – darin waren sich alle einig, die sich als ihre Freunde bezeichnen durften. Oder besser: die das Gefühl hatten, es zu dürfen. Denn in Wirklichkeit soll ihr engster Freundeskreis sehr klein und hermetisch gewesen sein und größtenteils aus ihren Freundinnen aus der Jugendzeit bestanden haben. Doch sogar mit ihnen sprach sie angeblich nicht über Persönliches, vertraute sich ihnen nicht an, rief sie nicht zu Geburtstagen oder Namenstagen an. Mit allen anderen war sie lediglich locker befreundet, und auch das nach bestimmten Regeln: Treffen, die sie als Zeitverschwendung empfand, reduzierte sie auf ein Minimum. In ihrer Gestik war sie, wie später ihr Privatsekretär feststellte, äußerst sparsam: »Körperkontakt mochte sie nicht. Menschen, die jemanden berühren müssen, während sie mit ihm reden, konnte sie nicht ausstehen. Sie begrüßte jeden mit einem kurzen Händedruck, einem einzigen Schütteln. Keine übertriebene Herzlichkeit, kein Überschwang, keine Umarmungen, kein Streicheln über die Köpfe der Kinder. Nur eine kurze Berührung. Oder sogar eine Geste, die Berührung markieren sollte, ein Erfassen der Luft mit den Händen.«[6]

Nach Filipowicz' Tod pflegte sie zwar ihre Freundschaften noch sorgfältiger als früher, war ihren Vertrauten fast bedingungslos treu, konnte viel verzeihen, war großzügig, auch wenn es sie manchmal viel kostete. Freundschaften waren aber für sie vor allem dazu da, gemeinsam Spaß zu haben, über Paradoxa des Lebens und Absurditäten des Alltags zu lachen, sich interessante, gut pointierte Geschichten und lustige Anekdoten zu erzählen. Und selbst das hatte seine Grenzen: »In einem vertrauten Kreis fühlte sie sich sicher und blühte auf«, so die Beobachtung von Bronisław Maj. »Sie musste sich dann nicht kontrollieren, aufpassen, ob jemand nicht versucht, ein Foto von ihr zu machen oder sie zu filmen. Aber gleichzeitig hatte man das Gefühl, dass sie immer für sich allein bleibt. Von engen Freundschaften zu sprechen, vor allem im Fall von Personen, die sie schlecht kannten, wäre also eine Übertreibung. In Wirklichkeit war sie allein – wie jeder intelligente, sensible Mensch.«[7]

Dennoch tat sie alles, damit ihre Freunde – vor allem wenn sie zu ihr nach Hause kamen – sich in ihrer Gesellschaft wohlfühlten. Dazu gehörte ein Ritual, mit dem jedes Abendessen bei ihr enden musste: die sogenannten *loteryjki* – Verlosungen, bei denen sie die von ihr mit Genuss gesammelten ausgefallenen oder kitschigen Gegenstände als Preise verteilte. Die Freude sei immer, meinte einer der Beschenkten, doppelt gewesen: über den gewonnenen, meist scheußlichen und völlig unbrauchbaren Gegenstand und über den humorvollen Kommentar der Gastgeberin. Ihre Schwäche für jede Art Kitsch hatte sich in ihrem Bekanntenkreis schnell herumgesprochen, weshalb sie selbst sehr oft entsprechende Geschenke bekam, die dann im Schrank auf die nächsten *loteryjki* warteten. Manchmal kam es sogar vor, dass ein Gast genau den Gegenstand gewann, den er einmal selbst mitgebracht hatte. Geschenke, die besonders raffiniert oder witzig waren, behielt sie aber für sich und platzierte sie an sichtbaren Stellen, sodass ihre Wohnung eine Art Museum der Kuriositäten war. »Was rechtfertigt Szymborskas Liebe zum Kitsch?«, überlegte einmal öffentlich der Schriftsteller Jerzy Pilch, wobei er sich gleich selbst eine Antwort gab: »Ihr Werk und ihre umfangreichen Lektüren. Wer die Väter der Kirche liest und sich in der Philosophie auskennt – und sie erfüllt diese Bedingungen –, der hat das Anrecht auf Kitsch.«[8]

Was dicht an der Grenze zwischen kitschig und surreal lag, waren ihre berühmten Collagen, mit denen sie Menschen, die ihr nahestanden, beschenkte. Sprich: Ihre selbstproduzierten Karten, die sie aus eigenen Zeichnungen oder Bildern aus meist alten Zeitungen und Zeitschriften, Modejournalen, Alben, Postkarten, Versandhauskatalogen oder Lebensmitteletiketten und verschiedenen gedruckten Textfragmenten komponierte. Meistens gingen sie dann an ihre Freunde per Post, manchmal klebte sie sie aber auch in ein

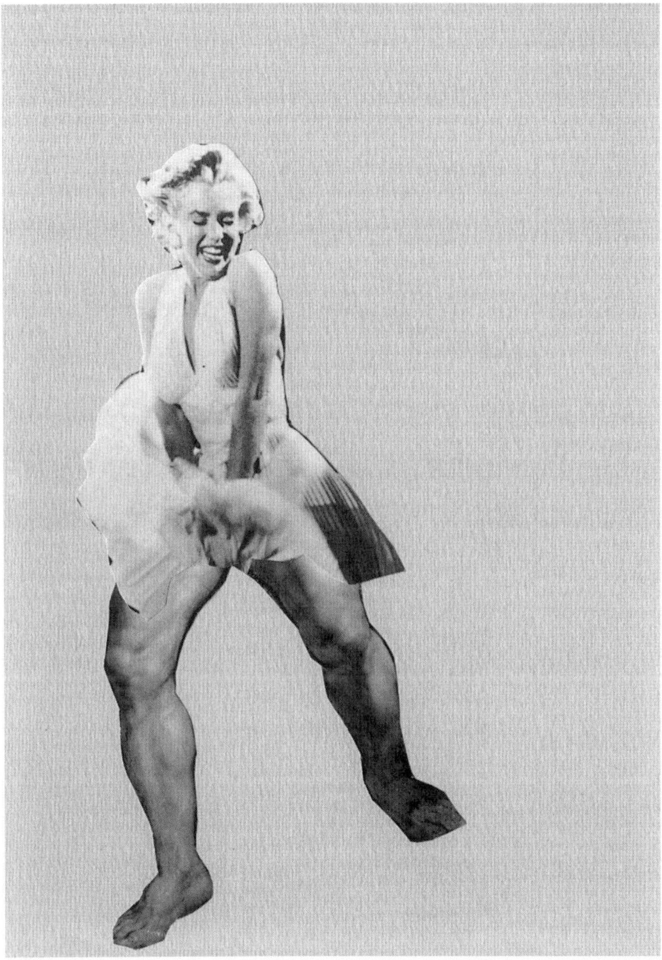

Manche Collage bedurfte keines Textes

eigenes Buch, mit dem sie jemanden beschenken wollte – neben die Widmung oder auf einzelne Seiten. Vielleicht weckte das in ihr angenehme Kindheitserinnerungen, denn

»Kratz mich am Rücken«

Letzteres tat sie bereits in ihrer Schulzeit, indem sie in die Poesiealben der Freundinnen zu ihren lustigen Eintragungen kleine Collagen klebte.

»Achtung, ich wachse schnell!«

Ihre »reifen Arbeiten« schickte sie natürlich nur an Personen, die Sinn für Humor hatten – diejenigen, die ihn kaum besaßen, bekamen gewöhnliche Ansichtskarten. Die »Auserwählten« schätzten aber ihre Collagen sehr, zumal sie wussten, dass sie ein Ausdruck derselben künstlerischen Sensibilität, derselben Vorliebe fürs Absurde und Kuriose waren, die sie in ihrer Lyrik zeigte. Nur dass man im letzteren Fall kaum passende Vergleiche fand, während ihre Collagen Assoziationen mit diversen Künstlern des Dadaismus und Surrealismus (Marcel Duchamp) oder der Popart (Andy Warhol) weckten. »Erst vor Kurzem«, schrieb einmal der Literaturkritiker Aleksander Fiut, »als ich in Wien eine Ausstellung von René Magritte besichtigte, wurde mir bewusst, wie stark Wisławas scheinbar sorglose plastische Spiele einer wichtigen, wenn auch marginalen Strömung des Surrealismus zuzurechnen sind. Sie (…) fügt dem Kreis seiner Inspirationen eigene und einmalige Akzente hinzu. Vor allem akzentuiert sie in ihren Collagen stärker seinen reflexiven und gleichzeitig spielerischen Charakter. Sie ruft einen grotesken Effekt hervor, indem sie eine an sich lustige Collage mit einem Kommentar verbindet, der ihr eine überraschende, tiefere Bedeutung verleiht.«[9]

Das tat sie auch immer wieder in ihrer Lyrik, insofern überrascht es nicht, dass es etliche Motive gibt, die sowohl in ihren Gedichten als auch in ihren Collagen zu finden sind. Etwa das Motiv des Affen, auf das sie besonders gern zurückgreift. Sie war von Affen fasziniert und gab dem immer wieder Ausdruck, in *Der Affe*, *Tarsius* und vor allem in *Die zwei Affen von Breughel*, ihrem ersten und zugleich bekanntesten Werk zu diesem Thema:

So sieht er aus, mein großer Traum von der Reifeprüfung:
Im Fenster sitzen zwei angekettete Affen,
hinter dem Fenster segelt der Himmel
und badet das Meer.

Ich werde in Menschheitsgeschichte geprüft,
Ich stottere und ich stocke.

Der eine Affe hört mir ironisch zu, begafft mich stier,
der andere tut, als nicke er ein –
erst als die Frage fällt, das Schweigen beginnt,
sagt er mir vor
mit leisem Kettengeklirr.[10]

Keine Anerkennung also für Bruegels Malkunst, nur eine kurze, bittere Meditation über die Geschichte der Mensch-

Mit der Schimpansin Cziki im Krakauer Zoo (1960er Jahre)

heit, die ihre »Reifeprüfung« – zumindest in den Augen der Angehörigen einer in Sachen Unfreiheit und Gefangensein geübten Generation (das Gedicht erschien wohlgemerkt 1957) – nicht bestanden hat, verbunden mit einem perfiden Blick auf die Geschichte der Evolution. Denn um diese ging es der Dichterin wohl in erster Linie. »Für sie waren die Augen eines klugen, denkenden Affen«, so Bronisław Maj, »ein Fenster, durch das sie in die Tiefe der Zeit hineinblicken wollte, um zu erfahren, wie alles zustande gekommen ist, wo wir hergekommen sind. Dort fand sie die Antwort auf diese Frage, oder besser: eine der Antworten.«[11]

Über ihre Collagen sprach sie (im Gegensatz zu ihren Gedichten) sehr gern, doch wenn man sie fragte, wann sie mit deren »Produktion« angefangen habe, gab sie verschiedene Antworten – sie wusste es offenbar selbst nicht mehr genau. Ihrem Verleger Ryszard Krynicki erzählte sie jedenfalls, die ersten habe sie Anfang der 1970er Jahre gemacht, weil es damals keine schönen Postkarten gegeben habe. Sie verriet auch das Geheimnis der richtigen Machart, die sie nicht nur perfekt beherrschte, sondern auch sehr ernst nahm. Zuerst müsse man die Karten exakt zuschneiden, erklärte sie. In Polen könne man keine unbedruckten Postkarten bekommen, aber sie habe Freunde, die sie ihr aus dem Westen mitbringen würden. Und der beste Klebstoff sei der russische. Man dürfe ihn nur nicht auf Vorrat kaufen, weil er in der Tube eintrockne. Wenn sie sich in ihrer Wohnung einschloss und verkündete, keine Besuche zu empfangen, dann war es ein Zeichen, dass sie ihre Collagen schuf. Man durfte nicht stören »nicht wegen der schöpferischen Konzentration der Künstlerin«, so ihr späterer Sekretär, »sondern wegen der Technik, die sie verwendete. Der Fußboden von Szymborskas Wohnung war mit Ausschnitten aus Zeitungen und alten Katalogen übersät. Und sie stakste zwischen ihnen herum wie ein Storch, stellte sie paarweise zusammen und klebte sie auf diese speziellen Karten; dabei brach sie immer wieder in Lachen aus.«[12] Wie viele sie auf diese Weise fabriziert hatte, konnte auch er nicht sagen: »Wahrscheinlich sind es mehrere Tausend, vielleicht sogar weit über zehntausend. Sie sind über die ganze Welt verstreut und bei den Erben ihrer Freunde und Bekannten zu finden.«[13] Trotzdem wurden sie schon in mehreren Ausstellungen gezeigt, in Polen, aber auch im Ausland, ungewöhnliche Orte wie Gavoi, Macau oder Astana eingeschlossen.

Auch die Texte ihrer Postkarten und Widmungen konnten sich sehen lassen. Einer ihrer Freunde, der Literaturkritiker Ryszard Matuszewski, machte sich einmal die Mühe, aus der umfangreichen, von ihr im Laufe der Jahre erhaltenen scherzhaften Post die besten Zitate rauszusuchen und sie in einem Artikel, zusammen mit der Beschreibung der jeweiligen Begleitumstände, zu präsentieren. Als er ihr etwa im Herbst 1977 seine in einem französischen Bulletin abgedruckte Rezension ihres Gedichtbandes *Die große Zahl* schickte, antwortete sie prompt: »Lieber Ryszard, ich danke Dir für Deinen Werbetext, geschrieben in der Sprache von Montaigne, Pascal, Ronsard, Racine, Molière, Robespierre, Pasteur, Brüdern Montgolfier, Champollion, Balzac, Flaubert, Maupassant, Landru, Proust, Apollinaire, Watteau, Rousseau (des einen und des anderen), Madame Pompadour, de Gaulle, Pétain, Corot, Jeanne d'Arc, Cendrars, Brigitte Bardot sowie dieses schrecklichen Weibs Nathalie Sarraute – Wisława. (Entschuldige bitte die chaotische Chronologie!)«[14] Ein anderes Mal – es war das Jahr 1981 und Polen wurde von einer besonders harten Wirtschaftskrise erschüttert – schenkte sie ihm und seiner Frau eine Buchausgabe ihrer Feuilletons mit der Widmung: »Ich schicke euch dieses bescheidene Büchlein, obwohl ich natürlich weiß, dass ihr viel dringender Glühbirnen, Streichhölzer, Schinken, warme Unterwäsche, Maggi-Würze, Zitronen, Käse und irgendein wirklich interessantes Buch gebraucht hättet.«[15] Und zu seinem 80. Geburtstag (1994) erfreute sie ihn mit der Karte: »Lieber Ryszard, die schlimmsten achtzig Jahre hast Du schon hinter Dir. Sobald die nächsten achtzig beginnen, komme ich nach Warschau, um Dich zu drücken und Dir zu sagen, was ich von Dir halte – Deine Wisława.«[16]

Collagen, scherzhafte Widmungen, kitschige Geschenke: Es war nicht nur Jerzy Pilch, der sich fragte, woher dieser Hang zu Spielen und Scherzen bei einer Person kam, die in ihrer Lyrik die wichtigsten Probleme des Menschen erörterte. Als diese Frage kurz nach ihrem Tod Bronisław Maj gestellt wurde, antwortete er sofort: »Eben daher. Das mag seltsam, unnatürlich, überraschend erscheinen, aber es sind zwei sich ergänzende Seiten derselben Person. (...) Es war unglaublich, ich habe so etwas noch nie erlebt, so eine Mischung aus einer zu den Menschen pessimistisch eingestellten, scharfsinnigen, gnadenlosen Klugheit und einer kindlichen, also wahrhaft dichterischen Neugier auf die Welt und Intensität des Erlebens. Jemanden wie Szymborska hat es nie gegeben und wird es nie wieder geben, denn dazu kommen noch Sensibilität, absolutes Sprachgehör, Ironie, Witz, Distanz. Wenn man all das gleichzeitig hat, ist es keine Kunst, so geniale Gedichte zu schreiben. Sie hatte es, sie allein«,[17] schwärmte er, nicht ohne seine Worte mit einer von Szymborskas meistzitierten dichterischen Selbstauskünften, den letzten Zeilen des Gedichts *Himmel*, zu untermauern: »Meine besonderen Kennzeichen: / Begeisterung und Verzweiflung« – deren erfrischende Knappheit in der »offiziellen« deutschen Übersetzung (von Karl Dedecius) leider verlorengegangen ist:

Meine besonderen Kennzeichen sind:
Ich begeistere mich und verzweifle.[18]

Das Gedicht stammt aus ihrer nächsten Sammlung, die *Ende und Anfang* hieß und erst 1993, sieben Jahre nach *Menschen auf der Brücke*, erschien. Sie enthielt nur achtzehn Gedichte, darunter aber einige ihrer berühmtesten und wichtigsten, *Manche mögen Poesie*, *Haß* oder eben das besonders wichtige – *Himmel*. Es war auch der erste Band, den sie nach Kornel Filipowicz' Tod publizierte und in dem sie sich von ihm mit *Katze in der leeren Wohnung* und einigen weiteren Gedichten verabschiedete: *Was die Wirklichkeit verlangt* (»Das Leben geht weiter.«[19]) oder *Abschied vom Ausblick* (»Ich verzeihe dem Frühling, / daß er wieder gekommen ist«[20]). Als sie allerdings angefangen hatte, aus diesen elegischen Gedichten einen Band zu komponieren, soll sie der Dichterin Bogusława Latawiec gestanden haben, dass sie ihn selbst zu traurig finde und, da sie zu viel Trübsinn nicht möge, zum Ausgleich an ein paar optimistischen Gedichten arbeite.

Im Endeffekt wurde *Ende und Anfang* zu einer ihrer wichtigsten Sammlungen. Denn, wie der intime Kenner ihre Lyrik Stanisław Balbus zu Recht befand, keines der hier enthaltenen Gedichte »verfällt in den Ton diskursiver Überlegungen und doch hat jedes die Tiefe und das Gewicht eines philosophischen Traktats und zugleich die stilistische Leichtigkeit eines brillanten Gesprächs, die Kürze, Genauigkeit und Finesse eines Aphorismus und die plastische Klarheit eines Miniaturgemäldes«.[21] Und das Gedicht *Himmel* enthält darüber hinaus diese zwei Wörter, Begeisterung und Verzweiflung, die sie selbst und ihr Werk am besten umschreiben. »Sie sind in ihrem Fall«, so Balbus bei einer anderen Gelegenheit, »so unzertrennlich, als wäre es ein Wort. Denn zu jeder Sache, die es gibt, gehört das Böse, das Unglück, der Leid, aber auch das Helle, das Gute. Es gibt kein Glück ohne den Schmerz.«[22]

Kapitel 10

Nach Stockholm

Um Popularität hatte sie sich nie bemüht, im eigenen Land nicht und schon gar nicht im Ausland. Und dennoch: Es dauerte nicht lange, bis ihre Lyrik auch die nichtpolnischen Leser erreichte (heute liegt sie in über vierzig Sprachen vor). Einer ihrer ersten Übersetzer war Karl Dedecius, der von sich behauptete, die Gedichte von Szymborska seien für ihn der Anstoß gewesen, sich überhaupt mit der polnischen Lyrik zu befassen. So war es auch zum großen Teil seiner translatorischen Arbeit zu verdanken, dass sie in den 1990er Jahren zwei der höchsten Auszeichnungen des deutschsprachigen Raums erhielt: den Goethe-Preis (1991) und den Herder-Preis (1995). Bei den Verleihungen zeigte sie sich dankbar und gerührt, zumal sie wusste, dass die polnische Literatur es im Ausland noch nie leicht hatte. Zu national, zu eigen, zu esoterisch sei sie, lautete der gängige Vorwurf, um von einem nichtpolnischen Leser wirklich verstanden und akzeptiert zu werden.

Ihr deutscher Übersetzer konnte sie allerdings in diesem Zusammenhang gelegentlich von ihrer strengen Seite erleben. Seiner Behauptung entgegen, sie spreche kein Deutsch, verfügte sie nämlich durchaus über gewisse Kenntnisse dieser Sprache; sie waren sogar ausreichend, um ihr die Beurteilung seiner Übersetzungen ihrer Lyrik zu ermöglichen. So schickte sie ihm immer wieder lange Briefe mit Kommentaren und Änderungswünschen und entpuppte sich dabei als eine kritische und anspruchsvolle Leserin; sie war zwar in ihrer Wortwahl sehr höflich, aber auch recht bestimmt. Sie lobte ihn beispielsweise dafür, dass er in einem Gedicht mit Norwid, einem in Deutschland unbekannten Dichter der Romantik, »wunderbar fertiggeworden« sei, indem er ihn durch Hölderlin ersetzt habe, bat ihn aber gleich im nächsten Satz, trotzdem zu Norwid zurückzukehren. »Ich weiß«, fügte sie hinzu, »dass ich dem deutschen Leser kaum bekannt bin, aber wäre es trotzdem richtig, dass ich meine eigene literarische Tradition aufgebe, nur damit mein Gedicht es im Ausland leichter hat und besser gefällt? Übrigens, beim Lesen von Übersetzungen fremdsprachiger Gedichte bin ich schon oft auf mir unbekannte Namen oder Begriffe gestoßen, und dann habe ich in diversen Lexika und Büchern nachgeschaut, um etwas über sie zu erfahren. So sollte es wohl auch sein!«[1]

Vielleicht hat sie mit diesen Bemerkungen sogar ein wenig dazu beigetragen, dass Dedecius, der auch immer wieder gegen solche Vorurteile kämpfen musste, in entsprechenden Situationen eine souveräne Antwort parat hatte. »Die polnische Literatur ist so national wie alle anderen Literaturen auch«, sagte er zum Beispiel in einem Interview. »Wenn man *Faust* liest oder einen Goethe-Roman, muss man auch das Lexikon zur Hand nehmen oder die Geschichte nachschlagen. Shakespeares Werke ohne englische Geschichte versteht man auch nicht. Bloß das ist die Arroganz, Polen müssen so verständlich sein, dass jeder ohne jegliche intellektuelle Anstrengung sie versteht. Das kann nicht so sein, denn die Polen verarbeiten in ihrer Literatur, wie jede andere Nation auch, ihre Lebensphilosophie und ihre Geschichte, und deshalb muss man sich schon ein bisschen informieren.«[2] Womit er meinte, dass die Polen sich oft unter extremen Umständen, in der Realität der Teilungen, Aufstände und Kriege, behaupten mussten. Und dass man erst dann, wenn man dies weiß, die spezifische polnische Moral, diese Verknüpfung von Freiheitsdrang, Patriotismus und Religiosität und die daraus resultierende Eigenart der polnischen Literatur, ihren Hang zu Symbolen und verschlüsselten Botschaften, versteht (was auf die in kommunistischen Zeiten entstandene Literatur natürlich viel stärker zutrifft als auf die heutige).

Eine weitere Person, die hinter Szymborskas wachsendem Erfolg im Ausland stand, war Anders Bodegård, ihr schwedischer Übersetzer. Ihre Lyrik war zwar in Schweden schon seit den 1960er Jahren bekannt – sie wurde von Erik Mesterton übersetzt, einem Literaturkritiker und Bibliothekar aus Göteborg, der auch russische Dichter wie Achmatowa und Pasternak übertrug, der aber wenig dafür tat, um seine Arbeiten bekannt zu machen. Ganz anders Anders Bodegård. Er hatte Anfang der 1980er Jahre längere Zeit als Schwedisch-Lektor an der Krakauer Universität verbracht und gab sich seitdem viel Mühe, um etlichen polnischen Autoren, u. a. Gombrowicz, Kapuściński, Herbert und Zagajewski, zu einem Erfolg in Schweden zu verhelfen. Das tat er auch in Szymborskas Fall, die ihm nicht nur hervorragende Übersetzungen ihrer Gedichte, sondern auch eine Einladung ins Königliche Dramatische Theater verdankte, wo sie im Mai 1993 eine Lesung hatte. Bei der Gelegenheit gab es ein Abendessen bei Bodegård zu Hause, zu dem auch Östen Sjöstrand geladen war, ein Dichter, der Polen gut kannte und der – was der Gastgeber Szymborska allerdings verschwieg – Mitglied der Schwedischen Akademie war.

In Polen selbst war erst im September 1996, als sie den Preis des PEN-Clubs bekam, eine Spannung um sie als mögliche Kandidatin für den Nobelpreis zu spüren. Es war zwar schon die zweite Auszeichnung, die sie in diesem Jahr im eigenen Land erhielt: Im Mai wurde ihr der Ehrendoktortitel der Posener Adam Mickiewicz-Universität verliehen – es war übrigens der einzige Ehrentitel, den sie, neben der Ehrenbürgerschaft von Krakau (1998), je annahm –, der PEN-Club-Preis hatte aber, wie sich bald zeigen sollte, einen prophetischen Charakter: Bei der Zeremonie war der damalige PEN-Präsident, ihr bereits schwer kranker Freund und Dichterkollege Artur Międzyrzecki, zwar nicht anwesend (wenige Wochen später starb er), er schickte aber eine Rede, in der es hieß, man habe sich entschlossen, sie auszuzeichnen, obwohl man natürlich wisse, dass einzig der Nobelpreis ihrem Rang gerecht werden könnte.

Die Dichterin nahm das Kompliment gelassen. Sie hatte sich noch nie sonderlich wichtig genommen, eine entsprechende Inschrift für ihren *Grabstein* längst – im Band *Salz* (1962) – formuliert:

Hier ruht altmodisch wie das Komma, eine
Verfasserin von ein paar Versen. Die Gebeine
genießen Frieden in den ewigen Gärten,
obwohl sie keiner Literatengruppe angehörten.
Drum schmückt nichts Bessres ihre Totenstätte
als dieser Reim, die Eule und die Klette.
Passant, hol den Computer aus dem Aktenfach
und denk über Szymborskas Los ein wenig nach.[3]

Und an Prophezeiungen glaubte sie offenbar auch nicht, denn im Oktober 1996, als die literarische Welt der Bekanntgabe des neuen Nobelpreisträgers entgegenfieberte, erholte sie sich wie jedes Jahr im Astoria in Zakopane; zum Zeitpunkt der Stockholmer Zeremonie arbeitete sie in aller Ruhe an einem neuen Gedicht. Damit, dass sie diesmal die Gewinnerin sein könnte, rechnete sie trotz der entsprechenden Gerüchte um ihre Person schon deshalb nicht, weil ein Jahr früher Seamus Heaney, sprich: auch ein Dichter und auch aus einem europäischen und katholischen Land stammend, mit dem Nobelpreis ausgezeichnet wurde. Allein die Tatsache, dass sie seit zwei Jahren zu den wichtigsten Anwärtern gehörte, empfand sie als eine große Auszeichnung.

Mit ihrer Skepsis war sie nicht allein. Am 2. Oktober notierte der Danziger Schriftsteller Stefan Chwin in seinem Tagebuch: »Ein Anruf aus Stockholm einige Minuten vor elf. ›Was sagt man bei euch über Szymborska?‹ Wir antworten, dass man zwar viel sage, aber wohl niemand es wirklich glaube. ›Ich denke auch, dass die Chancen eher gering sind. Den Nobelpreis wird der Portugiese bekommen.‹«[4] Höchstens Teresa Walas, die schon erwähnte Krakauer Literaturwissenschaftlerin, dürfte etwas geahnt haben, denn am Vorabend der Bekanntgabe des Nobelpreisträgers wurde sie von einem mit der Schwedischen Akademie in Verbindung stehenden Polen angerufen, der von ihr wissen wollte, ob man sich im Astoria auf Englisch verständigen könne.

Und dann auf einmal erreichte die Dichterin, ihre Freunde und – was in ihren Augen wohl am schlimmsten war – die Medien die sensationelle Nachricht: Die Schwedische Akademie hatte sich doch für sie entschieden; für ihr Werk, das, so die Begründung, »ironisch-präzise den historischen und biologischen Zusammenhang in Fragmenten menschlicher Wirklichkeit hervortreten lässt«. Diesmal war allerdings ihre Vorliebe für Ironie bzw. für Selbstironie, die ihr in schwierigen Situationen bisher immer geholfen hatte, auf eine besonders harte Probe gestellt. Und der Dankesbrief an den Sekretär der Schwedischen Akademie, Sture Allén, den sie sofort schrieb, dürfte die einzige halbwegs präzise Handlung gewesen sein. »Die Nachricht, dass mir von der Schwedischen Akademie der Nobelpreis für Literatur zugesprochen wurde, nehme ich mit einer kaum zu beschreibenden Rührung auf«, ließ sie ihn wissen. »Kein Autor schreibt nur für sich selbst, er verspürt immer den Wunsch, seine Emotionen und Gedanken mit einer wenigstens kleinen Gruppe von Lesern zu teilen, die ihn verstehen und aus bestimmten Gründen schätzen. Meine künstlerischen Ambitionen haben nie weiter gereicht, nie nach internationalen Ehrungen und Auszeichnungen gestrebt. Dass meine Lyrik mit einem Preis von welthöchstem Rang bedacht wurde, muss ich daher als ein schönes und erstaunliches Geschenk des Schicksals ansehen. Es ist eine große Freude – nicht nur für mich, sondern auch für mein Heimatland. Danke!«[5]

In Wirklichkeit soll sie damals, wie Augenzeugen später einstimmig berichteten, in einen Zustand geraten sein, für den das Wort »Panik« nur eine vorsichtige Umschreibung wäre. Schon nach einer Stunde wurde ihr Zimmer, in dem es weder ein Telefon noch ein Bad gab, von einer Schar Journalisten belagert (zum Glück kamen ihnen zwei mit der Dichterin befreundete Krakauer Publizisten zuvor und machten mit ihr ein ausführliches Interview, das am 7. Oktober in der *Gazeta Wyborcza* erschien). Und als Teresa Walas nach kürzester Zeit aus Krakau anreiste, fand sie Szymborska, wie erwartet, völlig aufgelöst und verloren vor. Sie hatte sich, zusammen mit einer Freundin, in diesem Zimmer eingeschlossen, trank zur Beruhigung Cognac und traute sich nicht vor die Tür. So blieb Walas nichts anderes übrig, als selbst die Situation unter Kontrolle zu bringen und in den unteren Räumen des Astoria eine Pressekonferenz zu organisieren.

Als Szymborska sich dort schließlich zeigte, machte sie schon einen gefassteren Eindruck und beantwortete die Fragen der Presseleute mit der ihr eigenen Mischung aus Verlegenheit und Humor. Auf die Verwunderung etwa, dass es in den Buchhandlungen keine Bücher von ihr gebe, reagierte sie mit einer Anekdote: Einmal habe man Cato gefragt, warum es auf dem Forum kein Denkmal von ihm gebe. Darauf Cato: Es sei ihm lieber, wenn man ihm *diese* Frage stelle, als wenn man ihn fragen würde, warum eines da sei. Sie galt seit Langem als eine Meisterin der Anekdote, nicht nur weil sie immer schnell eine parat hatte und sie amüsant zu formulieren wusste, sondern auch weil sie ein besonderes Talent besaß, sich hinter ihr zu verstecken, sie als Waffe gegen unbequeme Fragen zu benutzen. So war es auch diesmal – die Journalisten hatten ihre Scheinantworten, für die sie wegen des Zeitdrucks, unter dem sie ihren Redaktionen brauchbares Material liefern mussten, trotzdem dankbar waren, und sie selbst gewann etwas Zeit, um sich für die nächste »Schlacht« zu sammeln.

In diesem Stil ging es also in den nächsten Stunden und Tagen weiter. Die meisten von denen, die versuchten, nicht nur Szymborskas Bücher aufzutreiben, sondern auch möglichst viel über sie und ihr Leben zu erfahren, wurden allerdings enttäuscht. Was sie auf die Schnelle in Erfahrung bringen konnten, füllte gerade mal eine halbe Seite. Bald wusste also jeder Zeitungsleser, dass die Dichterin Thomas Mann, Jonathan Swift und Michel de Montaigne verehrte, gern im Tagebuch von Samuel Pepys blätterte und Charles Dickens' Roman *Die Pickwickier* einzigartig fand. Dass sie die Bilder des Holländers Jan Vermeer bewunderte, die Jazzsängerin Ella Fitzgerald vergötterte und die Filme von Federico Fellini und Woody Allen liebte. Dass sie gern archäologische Museen besuchte und gute Horrorfilme schätzte. Oder dass sie Pedanterie mochte und sich als Liebhaberin von Zitaten und Anmerkungen bezeichnete. Das war aber nahezu alles. Ihre Abneigung gegen jede Form von Publizität war ja seit Langem bekannt, die Konsequenz, mit der sie sich den Medien verweigerte – geradezu imponierend.

Alles, was sie über sich zu sagen habe, sei in ihren Gedichten zu finden, pflegte sie zu antworten, wenn ein Journalist versuchte, ihr eine persönlichere Frage zu stellen. Genauso wenig war sie bereit, ihre Inspirationsquellen zu nennen. Sie denke über diese niemals nach und empfinde es auch als »psychisch gesund«, dass sie es nicht tue, behauptete sie. So vermeide sie nämlich, »sich wie eine bestimmte Schmetterlings- oder Insektensorte zu fühlen, die – auf eine Nadel gespickt, in einer Glasvitrine eingesperrt und mit einer Unterschrift versehen – sofort als solche zu erkennen ist. Ich brauche solche Klassifizierungen nicht.«[6] Sie fühlte sich ohnehin kaum imstande, die Inspiration zu definieren. Nicht etwa deshalb, weil sie sie niemals verspürt hätte, sondern weil es, wie sie behauptete, nicht leicht sei, jemandem etwas zu erklären, das man selbst nicht verstehe. Und sie war auch nicht der Meinung, dass die Inspiration nur ein Privileg der Künstler sei. »Es gibt, gab und wird immer eine bestimmte Gruppe von Menschen geben, die die Inspiration heimsucht«, wird sie später in ihrer Nobelpreisrede sagen. »Dazu gehören alle, die sich ihre Arbeit bewusst aussuchen und sie mit Hingabe und Fantasie verrichten. Zum Beispiel manche Ärzte, Pädagogen, Gärtner und noch hundert andere Berufe.«[7]

Ihr Hang zum Neuinterpretieren von allgemein bekannten Begriffen war seit Langem bekannt. Sie war ja schon immer sehr eigenwillig, was sich nicht zuletzt darin äußerte, dass sie sich niemals einer bestimmten Stilrichtung oder literarischen Gruppe zugehörig fühlte. Und auch anderen bereitete jede Einordnung ihrer Dichtung, jeder Vergleich ihrer Poetik stets große Schwierigkeiten. Entsprechend dürftig waren jetzt die Aussagen derjenigen, die anlässlich der Auszeichnung Szymborskas von den Medien um eine spontane Reaktion gebeten wurden. Tomas Venclova etwa, litauischer Dichter und Literaturprofessor an der Universität Yale, sprach als Erstes von ebendiesen Schwierigkeiten: Szymborska sei so individuell und einzigartig, dass ihm ein Vergleich schwerfalle. Höchstens mit dem griechischen Dichter Konstantinos Kavafis, der einen ähnlich ironischen, ein wenig bitteren Ton habe.

Am schwierigsten hatten es aber die Filmemacher. Nicht nur, dass kaum einem gelang, Szymborska zu einem Auftritt vor der Kamera zu bewegen – sie mussten sich meistens auch noch einen kleinen Vortrag darüber anhören, warum sie mit ihrem Versuch, sie zu porträtieren, kläglich scheitern würden. Auch darüber sollte sie Wochen später in ihrer Stockholmer Rede sprechen: Es gebe Filme über große Gelehrte und große Künstler, über ihr Leben und den schöpferischen Prozess, der wichtigen wissenschaftlichen Entdeckungen oder berühmten Kunstwerken vorausgegangen sei. Auch Filme über Maler seien unter Umständen eindrucksvoll –

man könne darin alle Phasen der Entstehung eines Bildes vom ersten Entwurf bis zum letzten Pinselstrich nachbilden. Doch die Arbeit der Dichter sei hoffnungslos unfotogen: »Da sitzt jemand am Tisch oder liegt auf einem Sofa, starrt unablässig an die Wand oder die Decke, schreibt von Zeit zu Zeit sieben Zeilen, von denen er nach einer Viertelstunde eine streicht, und wieder vergeht eine Stunde, und es geschieht nichts … Welcher Zuschauer hielte es aus, dem zuzusehen?«[8]

Statt sich also beim Schreiben filmen zu lassen, erzählte sie lieber, wenn auch in der üblichen Kürze, wie ihre Gedichte entstanden: Sie brauche dazu nur die Dämmerung und die Ecke ihrer Couch, in die sie sich mit angewinkelten Beinen kuscheln könne. Ein Gedicht müsse vollständig in ihrem Kopf existieren, bevor es aufgeschrieben werde. Erst wenn jedes Wort, jedes Komma sitze, mache sie das Licht an und greife zu einem Blatt Papier. Und selbst das bedeute noch lange nicht, dass das niedergeschriebene Gedicht zur Leserschaft gelangen müsse. Eines, das am Abend geschrieben worden sei, werde am nächsten Morgen noch einmal gelesen, und es passiere immer wieder, dass es dem Wechsel der Tageszeit nicht standhalte. Später ergänzte ihr Sekretär dieses Bild, indem er erzählte, dass sie gern Altpapierfetzen benutzt habe: »Sie hatte Respekt vor dem Papier, sie verschwendete kein einziges Stück. Außerdem mochte sie Kartonpapier jeder Art, zum Beispiel von den Strumpfhosenverpackungen. Sie machte sich darauf Notizen in ihrer winzigen Schrift, eigentlich nur für sie selbst leserlich. Sie waren ohnehin für niemanden zugänglich, denn wenn ein Gedicht fertig geschrieben und getippt war, riss sie diese Notizen sorgfältig in winzige Stücke und warf sie in den Müll.«[9]

Sie wusste offenbar, was sie ihrem Ruf schuldete, und war streng mit sich selbst. Sie wusste aber auch, dass Poesie nicht jedermanns Sache ist und dass dieser Umstand zusätzlich verpflichtet.

Manche mögen Poesie
Manche –
Das heißt nicht alle.
Nicht einmal die Mehrheit, sondern die Minderheit.
Abgesehen von Schulen, wo man mögen muss,
und von den Dichtern selbst,
gibt's davon etwa zwei pro Tausend.

Mögen –
Aber man mag ja auch Nudelsuppe,
mag Komplimente und die Farbe Blau,
mag den alten Schal,
mag auf dem Seinen beharren,
mag Hunde streicheln.

Poesie –
Was aber ist Poesie.
Manch wacklige Antwort
Ist dieser Frage bereits gefolgt.
Aber ich weiß nicht, ich weiß nicht. Ich halte mich daran fest,
wie an einem rettenden Geländer.[10]

Wenn man sie nach ihren literarischen Meistern fragte, nannte sie immer an erster Stelle Michel de Montaigne. Er habe sich in seinen Büchern auf eine ungewöhnlich eindringliche Weise mit dem eigenen Sein in dieser Welt auseinandergesetzt, deshalb halte sie ihn für einen der größten Schriftsteller aller Zeiten. Und wenn man sie fragte, warum sie ausgerechnet die Malerei der holländischen Altmeister so schätze, antwortete sie, sie würden das Gewöhnliche, Alltägliche, Banale in den Rang des Schönen emporheben. Die von ihnen gemalten Frauen etwa seien in Wirklichkeit gar nicht schön gewesen. In ihren Bildern aber – zum Beispiel in denen von Vermeer, ihrem Lieblingsmaler – würden sie von einer inneren Schönheit geradezu erstrahlen.

Ähnlich verhält es sich mit ihrer eigenen Poesie. Auch sie wendet sich gern den alltäglichen Dingen zu, die dank ihrer Kunst die Aura des Ungewöhnlichen, Schönen, Erhabenen bekommen. Das erreicht sie durch ihre oft unkonventionelle Perspektive, aus der sie eine Situation oder einen Gegenstand betrachtet. Die Rückseite eines Bildes ist ihr ebenso wichtig wie die Vorderseite. Ein Spalt im Bühnenvorhang erscheint ihr nicht minder interessant als der Platz in der ersten Reihe. Einem kleinen Gedichtband schenkt sie genauso viel Aufmerksamkeit wie einer teuren Gesamtausgabe. Die Überzeugung, dass die Vieldimensionalität der Welt unerschöpflich und jedes noch so kleine Detail wichtig sei, ist gewiss einer ihrer wichtigsten schöpferischen Impulse.

Die Nachricht von ihrer Auszeichnung rief nicht enden wollende Ovationen und Gratulationen hervor. Für diejenigen, die noch nie von ihr gehört hatten, war es zwar nur ein Grund, sich in ihrem Lokalpatriotismus bestärkt zu fühlen – »ihre Szymborska« bekam den Nobelpreis, so wie seinerzeit »ihr Wojtyła« zum Papst gewählt worden war. Doch für die Kenner ihrer Poesie, die in ihr seit Langem ein literarisches Phänomen gesehen hatten, war es eine besondere Genugtuung. Unter denjenigen, die aus diesem Anlass ihr Werk würdigten, war auch Czesław Miłosz, auf dessen Nobelpreis sie seinerzeit so positiv reagiert hatte. Jetzt war er dran. Er schrieb sofort einen Essay, in dem er zwar zu Beginn weniger sie als sein eigenes Urteilsvermögen lobte: »Ich habe doch gesagt, dass die polnische Lyrik stark ist und sich vor dem Hintergrund der Weltlyrik durch gewisse Merkmale auszeichnet. Diese Merkmale kann man im Werk einiger hervorragender polnischer Dichter finden, auch bei Wisława Szymborska. Der ihr verliehene Nobelpreis ist also sowohl ihr persönlicher Triumph als auch eine Bestätigung der Position der ›polnischen Schule‹.«[11] Doch dann konzentrierte er sich ganz auf ihre Eigenart: »Für mich ist Szymborska vor allem eine Dichterin des Bewusstseins. Das heißt, sie spricht zu uns, ihren Zeitgenossen, als eine von uns, doch sie behält ihre privaten Angelegenheiten für sich; sie bewegt sich in gewisser Entfernung von uns, spricht aber gleichzeitig das an, was jeder (jede) aus dem eigenen Leben kennt. Denn wissen wir nicht alle, wie es ist, wenn man sich vor einer ärztlichen Untersuchung auszieht? Sich an Träume erinnert? Über Zufälle staunt? Briefe von Menschen liest, die nicht mehr sind? (...) Und die Gedichte von Szymborska jonglieren mit den Bestandteilen unseres Wissens, wie man mit Kugeln jongliert. Sie überraschen immer wieder durch Paradoxa und zeigen unsere menschliche Welt in ihrer Tragikomik.«[12]

Miłosz und Szymborska wurden übrigens oft miteinander verglichen, genauer: Ihr wurde oft eine Verwandtschaft sowohl mit ihm als auch mit Zbigniew Herbert nachgesagt. Was allerdings schon allein deswegen nur bedingt zutraf, als der eine selbst von sich behauptete, sein Leben lang an einem Gedicht zu schreiben, und dem anderen der Ruf anhaftete, jedes Thema vor dem Hintergrund des abendländischen Kulturerbes zu betrachten, während ihre Lyrik so wirkte, wie ein Kritiker es formulierte, als würde mit jedem Vers alles von Neuem beginnen. Der Nobelpreis führte dennoch diese drei Namen wieder zusammen: Den bereits ausgezeichneten Miłosz rief er, wie gesagt, als Gratulanten auf den Plan, und was Herbert betrifft, der ebenfalls jahrelang als Kandidat galt, so bildeten sich nach der Bekanntgabe des Preisträgers zwei Fraktionen: Die einen feierten sie als Siegerin, die anderen hätten viel lieber ihm den Preis zugesprochen.

Für Szymborska dürfte diese Situation schon deshalb unangenehm gewesen sein, weil sie und Herbert seit vielen Jahren, nämlich – wie ihre 2018 erschienene Korrespondenz belegt – seit seinem berühmten Spätdebüt in *Życie Literackie*, befreundet waren. Manchmal kann man zwar aus ihren Briefen an ihn leichte Irritation wegen seiner Unzuverlässigkeit herauslesen: Ihr lag viel an ihrer weiteren Zusammenarbeit, doch er schickte ihr seine Gedichte mit Verspätung oder zog sie unter verschiedenen Vorwänden wieder zurück. Und auch seinen Sinn für Humor fand sie bisweilen ein wenig anstrengend, etwa dann, wenn er sich hinter der Maske eines von ihm erfundenen Möchtegerndichters versteckte und dieses Spiel auf die Spitze trieb (die Idee hatte er, als Szymborska einen Telefonanschluss bekam – er kam zu ihr und testete ihren Apparat, indem er einen Krakauer Schriftstellerkollegen nach dem anderen anrief und sich mit verstellter Stimme als ein gewisser Bogdan Witold Frąckowiak, ein Dichter aus dem ostpolnischen Jasło, vorstellte, der in seinem Koffer zweitausend Sonette habe und demjenigen zur Beurteilung vorlegen wolle). Szymborskas Humor war dezent und ging niemals auf Kosten anderer, er hingegen neigte zur Übertreibung und Provokation. Alles in allem hatte sie aber für ihn viel Sympathie und Bewunderung.

Außerdem schien sie damals, im Herbst 1996, sich auch selbst zu wünschen, dass die Wahl der Schwedischen Akademie auf ihn gefallen wäre. In ihrer Antwort auf sein kurzes Glückwunschtelegramm schrieb sie jedenfalls mit der vertrauten Anrede: »Zbyszek, Du großer Dichter! Wenn es nach mir ginge, würdest Du jetzt über der Nobelpreisrede brüten ...«[13] Es war eine Verbeugung vor ihm, aber auch ein Ausdruck der gleichen, mit Humor maskierten Panik, mit der sie einige Stunden nach der Bekanntgabe des Preisträgers einem Journalisten anvertraute: »Es wäre mir lieber, eine Doppelgängerin zu haben. Die Doppelgängerin wäre etwa zwanzig Jahre jünger als ich, sie würde für Fotos posieren und darauf viel vorteilhafter aussehen als ich. Die Doppelgängerin würde herumreisen und Interviews geben. Und ich würde schreiben.«[14]

Auf die gutgemeinte Bemerkung einer um ihren Zustand besorgten Freundin, sie könne ja die Annahme des Nobelpreises verweigern, reagierte sie allerdings empört. Und so blieb ihr nichts anderes übrig, als im Dezember nach Stockholm zu fahren, um ihn entgegenzunehmen. Doch bevor sie es tat, ließ sie sich zu einer Lesung überreden – sie wollte ihr Krakauer Publikum nicht enttäuschen. Es war die einzige Veranstaltung, der sie zwischen der Verkündung der Preisträgerin und der Preisverleihung zustimmte. Vor dem Alten Theater (demselben, in dem sie nach dem Krieg dem jungen Miłosz lauschen würde), wo am 18. November die Lesung stattfand, spielten sich Szenen ab, die es mit dem Sturm auf die Bastille aufnehmen könnten, die Preise der Eintrittskarten erreichten horrende Höhen, und auf der Bühne saß die Dichterin, umgeben von eine Gruppe ihrer Freunde, die mit ihren scherzhaften Laudationen dafür sorgten, dass es nicht allzu pompös zuging. Bei der Gelegenheit erfuhr das Publikum, dass auch sie leidenschaftlich gern Limericks und andere nicht ganz ernste Gedichte verfasste, was bis dahin nur einem kleinen Kreis bekannt war. Die eine oder andere Kostprobe gab es an diesem Abend natürlich auch:

Ein dementer Fischer von der Halbinsel Hel
verliebte sich auf einmal in Castro Fidel.
Nach Kuba wollte er in seiner Not –
kaum setzte er sich aber in ein Boot,
vergaß er gleich sein Ziel und fuhr in ein Bordell.

Und dann ging es nach Stockholm. Obwohl die Dichterin von mehreren Freunden begleitet und vor Ort von ihrem Übersetzer Anders Bodegård erwartet wurde (von dem sie später immer wieder behauptete, ohne ihn hätte sie den Preis niemals bekommen), fühlte sie sich angesichts der vielen illustren Gäste, der Journalisten, Kameras und Scheinwerfer sichtlich unwohl.

»Sie litt bei jedem öffentlichen Auftritt«, so der Dichter Tomasz Jastrun, der damals Direktor des Polnischen Kulturinstitutes in Stockholm war. »Ich kenne aber niemanden, der mit so viel Charme leiden würde. Und es war keine Koketterie, kein Spiel. ›Ich kann nicht, ich schaffe es nicht!‹ Dabei beugte sie sich schon im Auto vor und legte in einer Geste der Verzweiflung eine offene Hand auf die Brust.«[15] Die Schweden hatten ihr zwar eine Limousine zur Verfügung gestellt, in der sie – eben um sich zwischen den Auftritten zu entspannen – nach Belieben rauchen durfte. Dennoch hatte sie schon nach zwei Tagen die Symptome einer Krise. Ihre schwedische Betreuerin Mika Larsson und ihre Freundin Teresa Walas taten alles, um ihr zu helfen – die eine, indem sie alle Punkte des Programms strich, die für den Vortag der Preisverleihung vorgesehen waren, die Signierstunde in der größten Buchhandlung Stockholms eingeschlossen. Die andere, indem sie an ihrer Stelle in einem Theater erschien, um abwechselnd mit einer bekannten schwedischen Schauspielerin ihre Gedichte zu rezitieren – »was natürlich«, wie sie selbst zugab, »nicht das war, worauf alle warteten«.[16] Die Dichterin war aber trotzdem so erschöpft, dass sie nicht einmal an einem kleinen Empfang teilnehmen wollte, den Bodegård für sie ausgerichtete hatte und bei dem nur einige seiner Freunde anwesend sein sollten.

Manchmal versuchte sie, all diese Herausforderungen mit Humor zu nehmen, was ihr in der Vergangenheit schon in mancher schwierigen Situation geholfen hatte. Etwa bei einer Lesung, die sie 1992 während der Polnischen Kulturtage in Belgien bestritt. Sie fand an der Universität Gent statt, und ihr Publikum waren hauptsächlich die Studenten der dortigen Slawistik. Sie betrat in andächtiger Stille das Podium, setzte sich an den kleinen Tisch, der dort auf sie wartete, und senkte konzentriert den Blick. Plötzlich begann sie laut zu lachen: Die Füße des Tischs waren mit goldener Folie umwickelt – als Anspielung auf ihr Gedicht *Lampenfieber*, in dem von einem »Tisch mit goldenen Füßen« die Rede ist. Auch jetzt in Stockholm war sie also jedem dankbar, der ihre Art Humor teilte. Wie in jenem Moment im Grand Hotel, in dem sie sich den Aufzug mit dem Nobelpreisträger in Medizin teilte: Sie vertraute ihm an, dass es ihr lieber wäre, den Nobelpreis in einer ähnlich ernsthaften Disziplin zu bekommen, woraufhin er ihr eine Stelle in seinem Labor anbot. Als sie fragte, was sie dort zu tun hätte, antwortete er, dass sie für den Anfang die Reagenzgläser waschen würde, womit sie sofort einverstanden war.

Ihre scherzhaft-selbstironische Art kam überall gut an – bei den wenigen Lesungen und Interviews, die sie doch noch absolvierte, und vor allem bei der eigentlichen Zeremonie im Konzerthaus, bei der sie trotz der morgendlichen Probe die Reihenfolge der Verbeugungen durcheinanderbrachte und, sobald sie es bemerkte, eine effektvolle Pirouette vollführte. Man verzieh ihr unter Gelächter sowohl den Fehler als auch die Tatsache, dass sie eine auffallend kurze Nobelpreisrede hielt, in der sie gleich zu Beginn ihr Unbehagen zum Ausdruck brachte: »Der erste Satz in einer Rede ist – sagt man – immer der schwerste. Das also habe ich schon hinter mir … Aber ich fühle, dass auch die nächsten Sätze schwer sein werden, der dritte, sechste, zehnte, bis hin zum letzten, denn ich soll über Poesie sprechen. Zu diesem Thema habe ich mich selten geäußert, fast überhaupt nicht. Und immer begleitet von der Überzeugung, dass ich das nicht sonderlich gut mache. Deshalb wird mein Vortrag nicht allzu lang. Unvollkommenheiten sind leichter erträglich, wenn man sie in kleinen Dosen verabreicht.«[17]

Auch das war keine Koketterie – sie sprach über Poesie wirklich nicht gern. Weder gab sie Urteile über das Werk anderer Dichter ab, noch hatte sie das Bedürfnis, sich mit einer oder einem von ihnen zu vergleichen. In der Vergangenheit nicht und schon gar nicht jetzt, da sie die höchste Auszeichnung entgegennahm, die sich eine Schriftstellerin wünschen kann. Oder doch? Sie hatte ihrer Rede den Titel *Der Dichter und die Welt* gegeben – sollte sie also diesmal verkünden, dass es einen Dichter gebe, den sie besonders bewunderte? Von dem sie noch etwas lernen könne? Den sie etwas fragen möchte? Ja, das tat sie. »Manchmal träume ich von Situationen, die nicht wahr werden können«, sagte sie nach einigen Minuten. »Ich stelle mir beispielsweise in meiner Dreistigkeit vor, ich hätte die Gelegenheit, mit dem Prediger zu sprechen, dem Verfasser der eindringlichen Klage über die Eitelkeit allen menschlichen Beginnens. Ich würde mich vor ihm tief verneigen, denn schließlich ist er – meiner Ansicht nach – einer der größten Dichter.« Und dann beendete sie ihren Gedanken mit dem Geständnis, dass sie ihn, den Prediger, gern fragen würde, was er »jetzt Neues unter der Sonne schreiben« werde, und mit den Worten: »Hast du dir schon Notizen, erste Skizzen gemacht? Du wirst doch kaum behaupten: ›Ich habe bereits alles geschrieben, dem ist nichts hinzuzufügen.‹ Das könnte doch kein Dichter der Welt von sich sagen, geschweige denn ein so großer wie du.«[18]

Wie sehr sie doch in diesem Moment auch von sich selbst sprach. Jahre später wurde in ihren Papieren eine alte Notiz gefunden, eine Idee für ein neues Gedicht: »An den Prediger: Warum sagst du, dass alles schon gewesen sei? Du selbst bist ja noch nie gewesen.«[19] Nur hatte sie dieses Gedicht niemals geschrieben – als hätte sie gewusst, dass es irgendwann einen wichtigeren Anlass geben würde, die Idee zu Papier zu bringen.

Kapitel 11

Der Erste Sekretär

Auch der Nobelpreis war nicht imstande, etwas an ihrer Abneigung gegen öffentliche Auftritte zu ändern. Im Gegenteil, seit der »Stockholmer Tragödie«, wie der Dichter Bronisław Maj – und bald ihr gesamter Freundeskreis – die Auszeichnung scherzhaft nannte, stand sie endgültig mit den Medien auf Kriegsfuß. Sie gab kaum Interviews, Fototermine lehnte sie ab. Ein Journalist machte sich einmal die Mühe, eine Liste der Themen zusammenzustellen, zu denen sie sich ungern oder gar nicht äußerte. Er kam schnell zu dem Schluss, dass es beinahe keine Fragen gab, die man ihr stellen konnte. Wenn jemand es dennoch versuchte, bekam er in der Regel eine kurze, ausweichende Antwort. Das sei eine sehr gute Frage, sagte sie zum Beispiel, sie müsse über sie nachdenken. Und wenn der Interviewer ihr weiter erwartungsvoll das Mikrofon hinhielt, fügte sie hinzu, sie werde ihm in diesem Moment nicht antworten, er solle in ein paar Monaten wiederkommen. Oder – was eine besonders abschreckende Wirkung hatte: Sie habe schon 1975 ein Interview gegeben, seitdem habe sie nichts Neues zu sagen. Auf Gespräche mit polnischen Journalisten ließ sie sich so gut wie nie ein. In ihren letzten fünfzehn Lebensjahren sind in Polen wohl höchstens zehn Texte erschienen, die als Interviews gelten könnten, die Hälfte davon im Jahr der Nobelpreisverleihung.

Wenn sie sich schon mal zu einer längeren Äußerung bewegen ließ, dann musste es sich dabei um ein wirklich wesentliches Thema handeln. Etwa um die Frage, was für sie im ausgehenden 20. Jahrhundert am wichtigsten war. Sie nannte dann die Landung des Menschen auf dem Mond, nicht ohne anzumerken, dass es ihr bewusst sei, dass für »Hundertmillionen von Menschen« dieses Ereignis keine besondere Rolle spiele und dass auch sie anders geantwortet hätte, »wenn man ein Wundermittel erfunden hätte, das all dem Hunger, Unglück und Hass in der Welt ein für alle Mal ein Ende setzten könnte«.[1] Ansonsten reagierte sie auf die meisten der unzähligen Interviewanfragen mit Absagen.

Die Rolle der Nobelpreisträgerin zu spielen kostete sie dennoch enorm viel Kraft. »Es ist nicht einfach, nach dem Nobelpreis in Polen zu leben«, klagte sie bereits Ende Dezember 1996 in einem Brief an den Dichter Stanisław Barańczak, der seit Jahren in Harvard lehrte und den sie – aufgrund seiner kongenialen Übersetzungen ihrer Lyrik ins Englische, die er zusammen mit Clare Cavanagh besorgte – für eine weitere Person hielt, der sie den Nobelpreis verdankte. »Für die einen soll ich von jetzt an die Königin der polnischen Krone sein, mit einer Schere zum Durchschneiden verschiedener Bänder und einem Hammer zum Einschlagen von Fahnennägeln in den Händen. Für die anderen bin ich immer noch eine verbissene Bolschewikin, die nur in ihren ersten beiden Gedichtbänden ehrlich war und dann vierzig Jahre lang eine listige Tarnung betrieb, um sich bei diesen naiven Schweden einzuschmeicheln. Es gibt auch solche, die Frau *Wiesława Szymberska* schon immer gelesen haben, also haben sie es wohl verdient, dass sie diesen *Friedensnobelpreis* jetzt mit ihnen teilt. Besonders den armen Kirchengemeinden steht etwas davon zu. Es gibt auch normale Menschen, aber die sind in den Stapeln von Briefen immer seltener auszumachen.«[2]

Da die Auszeichnung ständig neue Verpflichtungen nach sich zog, beschloss sie, noch bevor sie nach Stockholm fuhr, für einige Monate – bis sich alles wieder beruhigt habe – einen Sekretär einzustellen. Ihre Wahl fiel auf Michał Rusinek, einen Polonistik-Absolventen, der gerade bei ihrer Freundin Teresa Walas seine Doktorarbeit schrieb. Heute ist er längst selbst Universitätslehrer und ein bekannter Autor, der neben Kinderbüchern scherzhafte Texte über die Absurditäten der polnischen Sprache schreibt. Damals war er ein junger Mann ohne besondere Aussichten, dem nicht im Traum eingefallen wäre, dass er die nächsten fünfzehn Jahre an der Seite der Nobelpreisträgerin verbringen würde. »Als ich zum ersten Mal in Szymborskas winzige Wohnung in der Chocimska-Straße kam«, hielt er später fest, »wurde mir die Tür von Teresa Walas aufgemacht. Es ging gerade ein Interview zu Ende, das sie dem amerikanischen Dichter Edward Hirsch gab. Nach einer Weile kam sie aus dem Zimmer, mit trübem Blick und einer Zigarette mit langer Asche zwischen den Fingern. Sie wusste nicht recht, was sie zuerst machen sollte: mich begrüßen, einen Aschenbecher finden, an das hartnäckig klingende Telefon gehen oder sich von Hirsch verabschieden. (...) In dem Moment bat ich höflich um eine Schere und schnitt das Telefonkabel durch. Der Apparat hörte auf zu klingeln. Szymborska rief aus: ›Genial!‹ Und so wurde ich angestellt.«[3]

Die Wohnung in der Chocimska konnte ohnehin nicht länger ihr Zuhause bleiben, wollte sie nicht öfter erleben, was ihr kurz danach beim Besuch eines ausländischen Journalisten passierte. Dieser sei überzeugt gewesen, so ihr frisch gekürter Sekretär, dass sie »in einer Villa wohne und das nur ein *pied-à-terre* sei, das ihr für Treffen mit Journalisten diene und diese davon abschrecken solle, sich dort länger als unbedingt nötig aufzuhalten«.[4] Dass sie dort ständig leben könnte, habe er einfach nicht glauben wollen. So zog sie im November 1997 ein weiteres Mal um. Mit gemischten Gefühlen: Einerseits hing sie an dieser Gegend, wo sie viele vertraute Ecken und immer noch einige Freunde als Nachbarn hatte. Andererseits verließ sie die Wohnung in der Chocimska ohne Bedauern, denn mittlerweile waren mit diesem Ort zu viele traurige Erinnerungen verbunden – in der Zeit, die sie dort verbrachte, waren ja ihre beiden Männer, Adam Włodek und Kornel Filipowicz, und zuletzt – am 18. Juni 1997 – ihre Schwester gestorben.

Nawoja hatte seit Langem an Angina Pectoris gelitten, doch in letzter Zeit waren ihre Symptome viel ernster, als es der Dichterin vermutlich bewusst war. »Sie verschwieg Wisława ihren Zustand«, erzählten später die Eheleute Elżbieta und Jan Pindel, Nawojas Nachbarn und Freunde, die sich während ihrer Krankheit um sie gekümmert hatten, »damit sie sich keine Sorgen machte, zumal sie oft verreisen musste. Aber eigentlich spielten beide einander immer vor, dass es ihnen gutgehe. Für keine von ihnen waren gesundheitliche Probleme ein Gesprächsthema. Sie wurden so erzogen, und sie beklagten sich niemals.«[5]

Es gab gewiss noch weitere Ähnlichkeiten, die sich aus dem gemeinsamen Background ergaben, insgesamt aber waren sich die Schwestern nicht sehr ähnlich, was manchmal zu Spannungen zwischen ihnen führte. Die Biografin Gromek-Illg kann sich sogar an Szymborskas Bemerkung erinnern, sie und Nawoja hätten sich sehr geliebt, aber nicht gemocht, was in ihren eigenen Augen »einen Riss in der fröhlichen Maske der Dichterin« enthüllt habe: »die Traurigkeit eines Mädchens, einer Frau und schließlich einer älteren Frau, der nur Mitglieder ihrer Ersatzfamilie wirklich nahestanden«.[6] Selbst ihr Sinn für Humor soll anders gewesen sein, was die Pindels, die beide Schwestern gut kannten, so umschrieben: »Wisławas Humor war warmherzig, Nawojas – bissig.«[7] Und die sie in häuslichen Situationen so erlebten: »Wisława erkundigte sich immer nach unseren Eltern und Geschwistern. Sie war sehr nett zu unseren Kindern, brachte ihnen kleine Geschenke, meistens Bücher, unterhielt sich mit ihnen, interessierte sich für ihre Gesundheit und Fortschritte in der Schule. Nawoja versuchte sie abzuhärten und brachte ihnen das Fluchen bei.«[8] Auch sei ihnen aufgefallen, dass Nawoja sich nicht besonders für die literarische Karriere ihrer Schwester interessiert habe. Es sei genau wie in dem Gedicht *Lob der Schwester* gewesen:

> (…) In den Schubladen meiner Schwester gibt's keine
> alten Gedichte.
> in ihrer Handtasche keine frisch geschriebnen Gedichte.
> Und lädt meine Schwester zum Mittagessen ein,
> dann nicht um Gedichte vorzulesen, das weiß ich.
> Ihre Suppen sind vorzüglich ohne Hintergedanken,
> und der Kaffee tropft niemals auf Manuskripte. (…)[9]

»Aber an dem Tag, an dem der Name des Nobelpreisträgers bekannt werden sollte«, so die weitere Erzählung der Nachbarn, »war sie aufgeregt und legte sich hin. Sie machte jeden Tag gegen Mittag ein Nickerchen. Als Wisława kurz nach 13 Uhr anrief und hörte, dass Nawoja schläft, sagte sie:

›Dann weck sie nicht, ich rufe am Abend wieder an, ich wollte ihr nur sagen, dass ich den Nobelpreis bekommen habe.‹ Am Abend rief Wisława wieder an, und Nawoja freute sich natürlich sehr.«[10]

Nach dem Tod ihrer Schwester überließ Wisława Szymborska das Haus in der Radziwiłłowska dem Ehepaar Pindel; selbst wollte sie dort nicht wohnen. Sie hatte in diesem Haus fast zwanzig Jahre verbracht (1929–1948) – woran heute eine Gedenktafel am Eingang erinnert –, eine Rückkehr dorthin kam für sie nicht mehr infrage. So war ein Umzug unter diesen Umständen wohl doch das Richtige. Und als es ihr dann auch noch mit Michał Rusineks Hilfe gelang, eine komfortable Dreizimmerwohnung zu finden, die sich in einem Wohnblock neueren Datums befand (und nicht in einem der Mietshäuser in der Altstadt, gegen die sie nach all den Jahren in der Krupnicza eine Abneigung hatte) und darüber hinaus in der Piastowska-Straße lag, nur ein paar Schritte von der Chocimska entfernt, war sie mit ihrem neuen Domizil ausgesprochen zufrieden.

Mit der Einrichtung der Wohnung wurde ein Architektenpaar beauftragt, das dort einen schlichten, schnörkellosen Stil einführte: Möbel aus Massivholz, die in einer Fabrik eigens für die Dichterin angefertigt wurden, darunter ein Esstisch, an dem künftig zehn Gäste Platz finden sollten (vor dem Nobelpreis behauptete sie, mehr als acht Personen würden schon eine Menschenmenge ergeben, danach erhöhte sie die zulässige Zahl auf zehn). Eine fast deckenhohe Kommode mit sechsunddreißig Schubladen, die von ihr selbst entworfen wurde; sie diente ihr zum Aufbewahren von verschiedenen Papieren, Ordnern, Gebrauchsanweisungen (laut ihrem Sekretär die Art Schriften, die sie am meisten hasste) und Postkarten. Im Schlafzimmer, in dem sie sich die meiste Zeit aufhielt, ein Arbeitstisch, ein Fernseher, ein kleines Radio. In allen Zimmern solide Bücherregale, in denen ihre gesamte Bibliothek Platz fand: Enzyklopädien, Wörterbücher, Kunstalben, Jahrbücher des *National Geographic*, wissenschaftliche Werke, Titel, die Gegenstand ihrer Feuilletons waren, fremde Lyrikausgaben und natürlich ihre eigenen Gedichtbände, in polnischer Sprache und in Übersetzungen. Zwischen den Büchern spezielle Buchstützen oder Fotos ihrer Nächsten. An den Wänden Bilder, darunter einige Aquarelle von Maria Jarema aus Kornels Nachlass, zwei Bilder des naiven Malers Nikifor und Reproduktionen indischer Drucke. Eine kleine Kollektion von Fotos, die sie an Schildern mit amüsanten Ortsnamen zeigten. Überall ausgefallene oder kitschige Gegenstände, »damit sich«, so Rusinek, »das Auge an die Eleganz der Möbel nicht zu sehr gewöhnte«,[11] etwa ein rosa Schweinchen mit echten Borsten und einem Schwänzchen, das als Kurbel diente, oder eine Gabel mit fantasievoll verdrehten Zinken, ein Mitbringsel von einem Flohmarkt in Italien.

Einen besonderen Platz bekam ein Foto von Ella Fitzgerald. Sie mochte Jazzmusik generell, vor allem klassischen Jazz; als sie 1997 in einer Krakauer Synagoge eine Lesung hatte, bei der sie von dem berühmten Jazzmusiker Tomasz Stańko begleitet wurde, war sie über seine musikalischen Intermezzi so begeistert, dass sie später behauptete, seine Trompete sei das Beste an dem Abend gewesen. Ella Fitzgerald war aber für sie die Größte. Zwei Jahre zuvor war in Polen Stuart Nicholsons' Biografie der Jazzsängerin erschienen, und Szymborska hatte über sie ein Feuilleton geschrieben, in dem sie gleich zu Beginn gestand, sich eine Zeit lang mit der Absicht getragen zu haben, ihr ein Gedicht zu widmen. Es war offenbar nichts daraus geworden (erst über ein Jahrzehnt später sollte ihr eines gelingen), seitdem konnte aber jeder nachlesen, was sie an der Amerikanerin besonders mochte: »In ihrer Stimme klang immer eine unschuldige Mädchenhaftigkeit mit und – das wäre wohl die treffendste Umschreibung – eine Freundlichkeit gegenüber den Menschen. (…) Ihr Gesang versöhnt mich mit dem Leben und tröstet mich einfach. Von keiner anderen Sängerin könnte ich das sagen. Für mich ist sie die Größte, und ich bezweifle, ob ich es noch schaffe, meine Meinung zu ändern.«[12] Und dennoch: Ein Foto von Ella Fitzgerald bekam zwar in ihrer neuen Wohnung einen exponierten Platz, als ihr Sekretär aber für sie die Stereoanlage besorgte, um die sie gebeten hatte, sagte sie, sie sei nicht für sie, sondern ihre Gäste – ohne Kornel Filipowicz wolle sie keine Musik mehr hören.

Als der Umzug und auch die heißesten Monate des Nobelpreis-Fiebers überstanden waren, atmete sie erleichtert auf. So klang jedenfalls ihr Brief an den irischen Dichter Seamus Heaney, dem sie ein Jahr nach den Feierlichkeiten in Stockholm schrieb: »Das Nobeljahr habe ich schon glücklich hinter mich gebracht. Als Du mir vor einem Jahr geschildert hast, was mich erwarten würde, und dabei Deine eigenen Erfahrungen erzähltest, hatte ich den Verdacht, dass Du wohl etwas übertreibst. Aber nein, Du hattest vollkommen recht – Chaos, Lärm, nicht ein Moment Ruhe, unerwartete Pflichten, Reisen, Stapel von Briefen, unzählige Anrufe, nichts als Sorgen und Ärger. Diese Zeit war weder dem Schreiben noch dem Nachdenken förderlich, dabei leben wir doch dafür. Ich hoffe, dass Du wieder in Ruhe arbeiten kannst und Deine schönen Gedichte schreibst.«[13]

Die Dichterin und ihr »Erster Sekretär« Michal Rusinek

Für sie selbst galt Letzteres noch nicht, aber zumindest hatte sich ihr Alltag so weit normalisiert, dass sie ihre Freunde in die neue Wohnung zu den ersten Abendessen laden konnte. Die Vorbereitungen hatten immer denselben Ablauf: Wählen des Datums, sorgfältiges Zusammenstellen der Gästeliste, Anrufe bei den vorgesehenen Personen, die allerdings nicht allein dem Zweck dienten, die Einladung auszusprechen. »Sie berichtete auch«, so die Literaturkritikerin Marta Wyka, die sich oft unter ihren Gästen befand, »wer sonst kommen würde, und fragte, ob man nichts dagegen habe. So verliefen diese Abende immer in netter Atmosphäre und gleichsam jenseits der Wirklichkeit, obwohl man sich über aktuelle Dinge unterhielt, auch über politische Ereignisse.«[14] Die Gesprächsthemen hätten sehr stark variiert, je nachdem, aus welchem ihrer Bekanntenkreise die Eingeladenen stammten: »Die Gruppen der Gäste wechselten, und alle Eingeladenen hatten das Gefühl, zum Kreis ihrer engsten Freunde zu gehören. Aber viele ihrer Bekannten hatten sich nie kennengelernt, weil sie zu sich nicht überschneidenden Kreisen gehörten.«[15]

Manchmal drehten sich die Gespräche um ein bestimmtes Thema, manchmal aber auch um einen besonderen, seltenen Gast, wobei dann meistens der scherzhafte Ton dominierte. Wie an jenem Abend, an dem Szymborskas amerikanische Übersetzerin Clare Cavanagh anwesend war und die Versammelten ihr in Form eines kollektiv verfassten Limericks ihre Anteilnahme an den aktuellen, durch gewisse Ereignisse im Weißen Haus ausgelösten Sorgen der Amerikaner zeigten:

Eine Monica aus Washington
hielt überhaupt nichts vom guten Ton.
In einer Office genannt Oval
arbeitete sie deshalb oral
und in Begleitung von Grammofon.

Bei manchem anderen Abendessen – und es gab Zeiten, in denen es sogar zwei im Monat gab – ging es aber ganz ernst zu, und die Anwesenden taten ihr Bestes, um bei dem Gespräch über ein politisches, wissenschaftliches oder auch literarisches Thema (mit Ausnahme von Szymborskas Lyrik) zu brillieren. »Ich denke«, kommentierte einmal Adam

Zagajewski diese Abende, »einer der großen Widersacher Szymborskas – außer den größten: totalitäre Ideologie, politisches Verbrechen – war die Langeweile. Langeweile und Banalität. Sie hatte nichts Bohemehaftes an sich, auch färbte sie sich nicht die Haare grün, doch Banalität konnte sie nicht ausstehen. Sie schrieb nicht nur keine banalen Gedichte, auch in der Kunst des Lebens war sie darum bemüht, dass es interessant und intelligent zuging, dass die Leute, wenn sie sich abends trafen, über wichtige Dinge sprachen. Manchmal kam es mir vor, als sei sie unmittelbar einem der intellektuellen Salons im Paris des 18. Jahrhunderts entsprungen.«[16]

Trotz Rückkehr zu manchem alten Ritual war ihr Alltag immer noch weit von der Normalität entfernt, und ihrem »Ersten Sekretär«, wie sie ihn scherzhaft nannte, musste es langsam dämmern, dass er seinen Job viel länger als nur ein paar Monate behalten würde. Zum einen war da die finanzielle Seite der Stockholmer Auszeichnung. Der Umgang mit einem so hohen Betrag war für die Dichterin so ungewohnt, dass sie anfangs mehrere Personen zurate zog. Etwa Jacek Kuroń, den ehemaligen Dissidenten und späteren Arbeitsminister, der für seine soziale Ader bekannt war und der Stiftung Sozialhilfe SOS Pate stand. Oder Teresa Walas, mit der sie die Gründung einer Stiftung zur Förderung junger Schriftsteller besprach, auch wenn diese erst nach ihrem Tod ihre Tätigkeit aufnehmen sollte. Später entschied sie meist selbst, wen sie unterstützen sollte, allerdings hielt sie sich dabei an den Grundsatz, es nur im Fall von Institutionen zu tun. Nur manchmal machte sie eine Ausnahme und half – immer sehr diskret – Schriftstellerkollegen, die plötzlich in eine schwierige Lage geraten waren. Große Summen spendete sie jedes Jahr für Literaturzeitschriften, die sie besonders schätzte. Und schließlich für ein Hospiz sowie für Palliativpflege. »Als sie sich zum ersten Mal entschloss, das Hospiz zu unterstützen«, erzählte später Michał Rusinek, »sagte sie zu mir, dass sie einmal – vor langer Zeit – einen Freund besucht habe, der nach einem Unfall im Krankenhaus lag. Auf der Station nebenan haben Menschen im Sterben gelegen, die vor Schmerzen geschrien hätten – damals hätte man sich nicht viel daraus gemacht. ›Ich werde diese Schreie nie vergessen‹, sagte sie und bat mich, dafür zu sorgen, dass das Geld, das sie dem Hospiz gespendet hatte, eben für die Schmerzbehandlung bestimmt wurde.«[17]

Zum zweiten riss der Strom der Briefe, Interviewanfragen und Einladungen nicht ab, und sie mussten alle beantwortet werden. Die Schwierigkeit bestand in diesem Fall nicht nur in der Menge der Post, sondern auch darin, dass in puncto Einladungen die Dichterin und ihr Sekretär nicht ganz übereinstimmten: Sie war jemand, der ungern verreiste, er ein Reisebegeisterter. Um also keine langen Diskussionen über jede Einladung zu führen, schlossen sie gleich am Anfang einen Kompromiss: Sie würden eine Auslandsreise pro Jahr unternehmen. Mit der Zeit ergaben sich kleine Abweichungen davon, weil eine Reise aus der anderen resultierte oder weil die Einladung von einer befreundeten Person stammte. Eine Regel wurde aber streng eingehalten: Überseeflüge kamen aufgrund des Rauchverbots (sie war Kettenraucherin) nicht infrage. Das Beantworten all dieser Briefe war Rusineks Aufgabe, nur auf manche antwortete sie selbst, manchmal sogar recht ausführlich.

Wie im Jahre 1998, als sie von einem Verlag um Erlaubnis gebeten wurde, ihre Gedichte in eine Anthologie sozrealistischer Lyrik aufzunehmen. Sie war damit nicht einverstanden, legte aber großen Wert darauf, ihre Absage zu begründen. »Die Emotionen um die Zeit des Sozialistischen Realismus sind noch gar nicht abgeklungen«, schrieb sie, »und ich glaube nicht, dass die geplante Anthologie dazu beitragen wird, die gereizte Stimmung zu beruhigen – im Gegenteil, sie wird sie noch anheizen. Eine Anthologie ist in erster Linie eine Sammlung von Gedichten, die meisten Leser werden sie also nicht wegen der gelehrten Einleitung und der Anmerkungen, sondern aus Sensationslust und Schadenfreude kaufen. Es würde also in meinem Fall viel Masochismus erfordern, den Abdruck dieser Gedichte zu erlauben.«[18]

Sie gab auch mit ungewöhnlicher Offenheit zu, dass die Verbindung von ihrer plötzlichen Berühmtheit und ihren alten Fehlern bestimmte Medien zu immer neuen Attacken gegen sie reizen würde. »Seit der Verleihung des Nobelpreises«, schrieb sie, »bin ich eine Art Lieblingsboxsack der rechtsextremen Presse, die mit meinem Werk so umgeht, als hätte ich außerhalb dieser sozrealistischen Periode, also über vierzig Jahre lang, nichts Bemerkenswertes geschrieben. Ich bekomme auch hin und wieder Briefe mit Beschimpfungen und Drohungen. Anonym natürlich, was entsprechendes Licht auf ihre Autoren wirft. Aber nicht das tut am meisten weh. Es tut weh, dass keinem dieser Ankläger auch nur in den Sinn kommt, dass die damalige Zeit für meine ganze Generation doch ein Drama war, das eine lange und schmerzliche Auseinandersetzung erforderte.«[19]

Die Rolle der Nobelpreisträgerin zu spielen ging freilich auch auf Kosten ihrer Kreativität – so sehr, dass sie neue Gedichte erst im Jahr 2000 publizieren konnte. Daran konnte sich ihr Sekretär schon deshalb gut erinnern, weil diesem Ereignis eine Situation vorausging, auf die er fast drei Jahre lang gewartet hatte: »Im November 1999 gab mir Frau Wisława zwei Gedichte zum Abtippen: *Ball* und *Ein Wort über die Seele*. Warum zwei auf einmal? ›Ich weiß‹, sagte sie, ›dass die Kritiker meine Gedichte aus der Zeit vor und nach dem Nobelpreis vergleichen werden. Was hat sich geändert? Schreibe ich schlechter? Genauso wie früher? Wenn sie zwei Gedichte gleichzeitig bekommen, wird sich ihre Neugier vielleicht ein wenig verteilen.‹ (…) Als ich diese ersten Texte zum Abtippen bekam, war ich sehr bewegt. Ich hatte das Gefühl, dass meine Arbeit endlich einen Sinn bekam: Die Situation hatte sich normalisiert – es war uns gelungen, unser Büro so zu organisieren, dass sie endlich wieder schreiben konnte. Es war ein sehr wichtiger Tag.«[20]

Die beiden Gedichte wurden an Urszula Kozioł geschickt, die befreundete Breslauer Dichterin, die auch Redakteurin der Monatszeitschrift *Odra* (*Die Oder*) war, eines der literarischen Blätter, mit denen Szymborska gern zusammenarbeitete. Auf einen neuen Gedichtband mussten ihre Leser allerdings noch einige Jahre warten. Als er im Herbst 2002 erschien – er trug den Titel *Der Augenblick* und bestand aus dreiundzwanzig Gedichten –, erntete er sofort viel Beifall. Die meisten Kritiker freuten sich jedenfalls, in ihnen, so der Tenor, immer noch die gleiche, unverkennbare Handschrift auszumachen, zu der Knappheit der Form und Präzision des Ausdrucks ebenso gehörten wie intellektueller Scharfsinn. Nur manche bemängelten, sie würde darin literarisches Recycling alter Ideen betreiben.

Dieser Eindruck war insofern nicht unbegründet, als die Sammlung – die ja fast zehn Jahre nach dem vorherigen Band, *Ende und Anfang*, erschien – allem Anschein nach als eine Art Zusammenfassung der Themen konzipiert ist, die der Dichterin schon immer wichtig gewesen waren, und folglich viele Gedichte enthält, in denen die Essenz des menschlichen Dasein sichtbar wird: seine Vergänglichkeit, sein unvermeidbares Ende, sein Eingebundensein in die Naturwelt. Und die zugleich zeigen, dass Szymborska zu Recht manchmal eine Verwandtschaft mit der Tradition der Barock-Lyrik attestiert wurde: Alles, was sie über unser Dasein zu sagen hatte, ist hier wieder mal »potenziert«, so der Literaturhistoriker Aleksander Fiut, »durch die historische Erfahrung des 20. Jahrhunderts, anthropologische Reflexion, Errungenschaften der Sozialwissenschaften, Entdeckungen der Molekularbiologie, Paläontologie, Astronomie oder Physik«.[21]

Dass sie das Talent besaß, die Welt aus verschiedenen Blickwinkeln zu betrachten, hatte sie schon mehrmals in ihren früheren Bänden bewiesen. Sie könne auf sie »auch aus der Perspektive einer alten Schildkröte schauen, die sich noch an Napoleon erinnert«, begeisterte sich Stefan Chwin in seinem Tagebuch. »Oder eines Käfers, der mitten auf einem Weg stirbt. Wie werden wir, fragt sie in ihren Gedichten, von einem Apfelbaum, einem angeketteten Affen oder einem seltsamen Tierchen namens Tarsus gesehen?«[22] In *Der Augenblick* übt sie also weiterhin diesen Perspektivwechsel, etwa den Blick aus der Sicht eines Kindes, sei es eines fremden (*Kleines Mädchen zieht die Decke vom Tisch)*, sei es, wie im Gedicht *Die Pfütze*, des Kindes, das sie selbst einmal gewesen war (»Seit meiner Kindheit kenne ich diese Angst. / Ich mied die Pfützen, / vor allem die frischen nach dem Regen.«[23]). Oder aus der Perspektive von Menschen, deren Erlebnisse besondere Empathie erfordern, wie in *Irgendwelche Leute*, einem erschütternd universellen Gedicht über die

Folgen eines Krieges (»Irgendwelche Leute auf der Flucht vor irgendwelchen Leuten. / In irgendeinem Land unter der Sonne / und manchen Wolken.«[24]). Zugleich aber scheint sie besonders stark die Frage nach dem Zufall zu interessieren, der über unsere Identität oder Gattungszugehörigkeit entscheidet, danach etwa, wie unser Leben aussähe, wenn wir keine menschlichen Wesen wären, wenn uns *Im Gewimmel* des Universums ein anderer Platz zugefallen wäre:

(…) In der Garderobe der Natur
sind viele Kostüme.
Das Kostüm der Spinne, der Möwe, der Feldmaus.
Sie passen sogleich wie angegossen
Und werden brav getragen
bis zum Verschleiß.

Auch ich hatte keine Wahl,
doch beklage ich mich nicht.
Ich hätte weniger
einmalig sein können.
Jemand von der Sandbank, vom Ameisenhaufen,
vom summenden Schwarm,
ein vom Wind getriebenes Teilchen der Landschaft. (…)[25]

Selbst die Vorstellung, die eine oder andere Eigenschaft nicht zu besitzen, bereitete ihr Kopfzerbrechen:

(…) Ich hätte ich selbst sein können – doch ohne
Staunen,
und das würde bedeuten,
jemand ganz anderer.[26]

Ihre Fähigkeit zu staunen – über die Welt, das Leben und die Natur der Dinge –, hatte sie sichtlich auch in hohem Alter nicht eingebüßt. Im Gegenteil, sie schien sie besonders sorgsam zu pflegen, seitdem sie wusste, wie kostbar jeder einzelne »Augenblick« war. Wegen seiner Einzigartigkeit und weil mit seinem Vergehen der Tod ein kleines Stück näher rückte. Weil er ein Gewinn und zugleich ein Verlust war. Letzteres erfüllte sie mit Melancholie, gleichzeitig aber empfand sie, wie sich zeigte, immer noch jene »Freude am Schreiben«, der sie Jahre zuvor in ihrem gleichnamigen Gedicht Ausdruck gegeben hatte.

Kapitel 12

Die Konkurrenten

Auf die enthusiastischen Reaktionen, die ihre Rückkehr auf die literarische Bühne hervorrief, reagierte die Dichterin gelassen. Sie wusste, dass sie nicht die Einzige in Polen, ja nicht einmal in Krakau war, die das literarische »Nobelpreis-Niveau« repräsentierte. Einige Jahre zuvor hatte Czesław Miłosz sein jahrzehntelanges Exil beendet und war zusammen mit seiner zweiten Frau, der amerikanischen Historikerin Carol Thigpen, in die alte Königsstadt gezogen. Sein Umzug nach Polen fand gleichsam auf Raten statt: Seit den späten Neunzigern verbrachte er einen Teil des Jahres in Berkeley, die restlichen Monate lebte er in Krakau. Sein hohes Alter hinderte ihn zwar daran, oft in der Öffentlichkeit zu erscheinen, doch sein intellektueller Rang machte ihn schnell zum Mittelpunkt der Krakauer Literaturszene. Szymborska stand ihm zwar in nichts nach, denn auch sie war, wie Sekretär Rusinek aus nächster Nähe beobachten konnte, »brillant, manchmal ein wenig bissig, doch ohne verletzend zu sein«, und »machte den Eindruck einer zerbrechlichen und sanften Person, gleichzeitig aber einer starken Persönlichkeit«.[1] Aber sie hatte diese Führungsrolle sowieso niemals für sich beansprucht, also lebten sie und Miłosz – bis zu seinem Tod im Jahre 2004 – in bester Harmonie nebeneinander und verhalfen gemeinsam der Stadt zum Ruf einer literarischen Hochburg.

Dieser Ruf war umso berechtigter, als auch einige andere bekannte Schriftsteller, mit denen Szymborska befreundet war und die irgendwann das Land verlassen hatten, wieder in Krakau lebten. Stanisław Lem, der 1982, nach der Verhängung des Kriegszustands, nach Berlin ging, um sich, nach einem Jahr am dortigen Wissenschaftskolleg, in Wien niederzulassen. Wenn man ihn früher fragte, was ihn mit Krakau verbinde, antwortete er mit der ihm eigenen Präzision: »gar nichts«. Doch in Wirklichkeit konnte er es kaum erwarten, wieder dort zu sein, und kehrte bereits 1988, sobald sich die politische Wende abzeichnete, in sein Haus am Krakauer Stadtrand zurück. Sławomir Mrożek, der nach vielen Jahren in Italien, Frankreich und Mexiko sich 1996 erneut in Krakau niederließ. Als wollte er sich selbst daran hindern, die einmal getroffene Entscheidung wieder rückgängig zu machen, fing er sofort an, *Das Tagebuch einer Rückkehr* zu führen und von einem Krakauer Blatt drucken zu lassen. Die Lyrikerin Ewa Lipska, die von 1991 bis 1997 in Wien wohnte, wo sie am Polnischen Institut, die letzten zwei Jahre als seine Direktorin, arbeitete. Oder Adam Zagajewski, der 2002 sein zwanzigjähriges französisch-amerikanisches Exil beendete – er hatte in Paris gelebt und in Houston/Texas unterrichtet – und nach Krakau zurückkam.

Vor allem für ihn und Mrożek, die am längsten im Exil gelebt hatten, muss es eine große Umstellung gewesen sein. Das Krakau, das sie von früher kannten, diese »Stadt der Einbildungskraft« (Zagajewski), war für sie eine gute Schule des Denkens und Empfindens gewesen und hatte ihnen zu all den Gedichten, Dramen und Essays verholfen, denen sie ihren internationalen Ruhm verdankten. Das Krakau, in dem sie jetzt wieder lebten, stellte eine Herausforderung anderer Art dar, denn die Stadt hatte etwas Zwiespältiges an sich, ein Schwanken zwischen Traditionsbewusstsein und Zukunftsorientiertheit, aus dem wiederum eine besondere Art ihrer Bewohner resultierte: eine Mischung aus Nostalgie und Selbstironie, aus Hochmut und Unsicherheit. Einerseits war man sich des geistigen Potenzials der Stadt bewusst und warf gern mit Begriffen wie »Zeitgeist« und »Genius loci« um sich, andererseits gab man die eigene Engstirnigkeit, seine Komplexe und Snobismen zu. Im Grunde wollte man gar nicht an den alten Ruhm anknüpfen, sondern in einer modernen europäischen Stadt leben, doch zugleich ertappte man sich immer wieder dabei, dass man den Ballast der Vergangenheit nicht loswerden konnte. Man gab sich modern und war konservativ; man tat weltoffen und blieb provinziell.

Vieles von dieser Zwiespältigkeit hatte Krakau allerdings durch den Titel Kulturhauptstadt Europas 2000 verloren. Als es ihn in den späten 1990ern zugesprochen bekam, war die Freude der Bewohner so groß, dass sie über die Tatsache, ihn mit acht weiteren Städten teilen zu müssen, einfach hinwegsahen und ein Programm auf die Beine stellten, das alles überstrahlte. Die Folgen waren noch lange danach zu spüren – aus dem zwar schon immer schönen, doch zugleich ein wenig tristen Krakau war eine andere Stadt geworden: bunt, dynamisch, bis in die späten Abendstunden pulsierend. Das neue Stadtbild hatte natürlich vor allem mit dem wirtschaftlichen Aufschwung zu tun, doch die enorme kulturelle Belebung ging zum großen Teil auf jenes Jahr 2000 zurück. Die neuen Kultureinrichtungen, Veranstaltungsreihen, Dichtertreffen und Festivals, zu denen Autorinnen und Autoren aus aller Welt kamen – vieles davon wurde eben damals initiiert.

Für Szymborska und Miłosz, denen der Titel Nobelpreisträger manchen gemeinsamen Termin aufzwang, bedeutete das Jahr 2000, vor allem der Herbst dieses Jahres, genau das Gegenteil: Auslandsreisen, bei denen sie ihr Land repräsentieren mussten. Zuerst fuhren sie Anfang Oktober nach Vilnius, zu einem litauisch-polnisch-deutschen Dichtertreffen, zu dem auch Günter Grass und der litauische Dichter Tomas Venclova eingeladen waren. Szymborska hatte zuerst abgesagt, doch nach einem Anruf von Miłosz, bei dem er ihr versprach, ihr »sein Vilnius« zu zeigen, blieb ihr nicht anders übrig, als einzuwilligen. Zum Glück herrschte in diesen Tagen schönes Wetter, und Miłosz hielt sein Versprechen und lud sie zu einem Spaziergang durch die Stadt ein. »Einem sehr kurzen«, wie sich Michał Rusinek erinnert, »weil er sich nicht besonders wohlfühlte. Aber sie gingen zusammen, Arm in Arm, und niemand wagte es, sich ihnen anzuschließen.«[2] Am selben Tag fand im Rathaus von Vilnius eine Podiumsdiskussion über die Erinnerungskultur von Litauen, Polen und Deutschland statt, bei der Szymborska über den Hass sprach. Über das Gen des Hasses, das in den Menschen »irgendwie überlebt hat« und das bewirke, »dass wir auf jede Form Anderssein immer schlecht reagieren, misstrauisch und feindselig, ohne zu versuchen, die Perspektive des Anderen zu verstehen«. Und über den Unterschied zwischen Hass und Wut: »Ich verstehe, dass man manchmal wütend werden kann und auch sollte, weil es einem ermöglicht, um etwas zu kämpfen. Aber Hass ist etwas anderes als Wut. Es ist ein Gefühl, das uns immer nach hinten zieht, niemals nach vorne …«[3] Danach trug sie das Gedicht *Haß* vor:

Mit Czesław Miłosz in Vilnius, Oktober 2000

(...) Er ist nicht wie die anderen Gefühle.
Er ist zugleich älter und jünger als sie.
Die Ursachen, die ihn am Leben erhalten,
gebiert er selbst.
Wenn er einschläft, dann nie für immer.
Schlaflosigkeit mindert nicht, sie steigert seine
Kraft. (...)[4]

Und dann ging es Mitte Oktober zur Frankfurt Buchmesse, deren Gastland im Jahre 2000 Polen war und die von den beiden Nobelpreisträgern eröffnet werden sollte. Es war ein besonders wichtiger und zugleich schwieriger Moment. Einerseits war es die erste Präsentation der polnischen Literatur in der Geschichte der Buchmesse. Andererseits hatte Polen in jenem Jahr drei große Schriftsteller verloren: Gustaw Herling (*Welt ohne Erbarmen*), Kazimierz Brandys (*Rondo*) und Andrzej Szczypiorski (*Die schöne Frau Seidenman*). Alle drei gehörten, ähnlich wie Szymborska und Miłosz, einer Generation an, die den Krieg und die beiden Totalitarismen erlebt hatte und aufgrund dieser Erfahrungen ihre eigene gesellschaftliche Rolle auf eine besondere Weise verstand. »Ein polnischer Dichter«, hieß es in Miłosz' Essayband *Hündchen am Wegesrand*, der pünktlich zur Buchmesse vorlag, »muss die große Anstrengung auf sich nehmen, die ganze, noch in der Sprache spürbar vorhandene Sorge um das Schicksal seines Landes, das zwischen zwei Großmächten eingekeilt ist, zu bewältigen«.[5]

Allerdings hätte eine solche Offenbarung bei der Eröffnung einer Buchmesse, auf der sich die polnische Literatur unbedingt von einer neuen, facettenreichen Seite präsentieren wollte, reichlich obsolet gewirkt. Als wollte er also betonen, dass diese Zeit der »großen Anstrengung« der Vergangenheit angehöre, las Miłosz bei der Eröffnung sein Gedicht *Aber die Bücher* vor, in dem es heißt: »Ich stelle mir die Erde vor, wenn es mich nicht mehr geben wird – / Na und? Überhaupt kein Verlust, die Wunderdinge bleiben …«[6] Und als Szymborska nach ihm das Wort ergriff, schien sie das Neue und Facettenreiche geradezu direkt zu versprechen: »Schreiben bedeutet unbegrenzte Möglichkeiten. Wenn man schreibt, kann man etwas erschaffen oder vernichten, man kann trösten oder sich entschuldigen, man kann mit der realen Welt ringen oder nicht existierende Welten erfinden. Es ist ein großes Privileg, das wir Schreibenden nicht immer auf die richtige Weise nutzen. Wenn ich ein leeres Blatt Papier vor mir habe, frage ich mich oft, ob es sich wirklich lohnt, es mit Buchstaben zu schwärzen, sein makelloses Weiß zu zerstören.«[7] Anschließend las sie ihr berühmtes Gedicht *Freude am Schreiben*:

> (…) Hier herrschen andre Gesetze, schwarz auf weiß.
> Hier dauert jeder Moment so lange, wie ich es will,
> er läßt sich zerlegen in kleine Ewigkeiten,
> voller Geschosse, die man im Fluge anhält.
> Wenn ich befehle, passiert hier nichts von Dauer.
> Kein Blatt fällt ohne meinen Willen,
> kein Grashalm bricht unter dem Punkt des Hufs. (…)[8]

Der besondere Anlass lockte so viele polnische Autoren nach Frankfurt, dass man einige von ihnen außerhalb der Stadt unterbringen musste. Darunter auch Wisława Szymborska – ihr Hotel lag im dreißig Kilometer entfernten Mühlheim am Main. Die einzigen abendlichen Attraktionen, die der Ort zu bieten hatte, waren zwei Restaurants, die erneute Fahrt nach Frankfurt war ohne die Hilfe der Veranstalter kaum möglich, also verbrachte sie viel Zeit im Hotel. Irgendwann kam ihr, wie sie später einer Journalistin erzählte, eine Idee: »Ich wollte das irgendwie festhalten. Im Zwischengeschoss stand ein riesiger Globus. Ich fabrizierte eine winzige Insel, klebte sie auf den einsamsten Teil des Pazifischen Ozeans und fügte den Namen des Hotels hinzu. (…) Sollte also jemand im Hotel Waitz übernachten, kann er prüfen, ob meine Insel noch existiert.«[9]

Eine solche »Aktion« konnte man sich in Miłosz' Fall kaum vorstellen. Nicht nur weil er auf sein Ansehen viel stärker bedacht war, was sich besonders deutlich bei offiziellen Anlässen zeigte. Etwa bei einem gemeinsamen Auftritt, den sie 1997 im königlichen Schloss in Warschau hatten. »Zwei Nobelpreisträger im Dialog, im Goldenen Saal des Schlosses«, hielt es der Dichter Tomasz Jastrun fest. »Blitzlichtgewitter, ein Chor, der auf Latein sang. Szymborska wäre vor Scham beinahe gestorben, Miłosz plusterte sich auf.«[10] Sondern auch weil die beiden Dichter bei aller Freundschaft doch sehr verschieden waren, auch in puncto Sinn für Humor: Alles, wofür sie eine Schwäche hatte – Gesellschaftsspiele, kindliche Späße, Limericks und andere absurde Gedichtformen –, war nicht seine Art. Er konnte sich zwar auch, vor allem wenn Alkohol im Spiel war, zu einem Scherz oder einer albernen Reimerei hinreißen lassen, meistens aber tendierte er zu ernsthaftem Ton.

Das äußerte sich auch in seiner Herangehensweise an ein Thema, wovon sich Michał Rusinek einmal sozusagen am eigenen Leib überzeugen konnte. Es ging damals um ein Gedicht von Szymborska, das auf ein Erlebnis des Sekretärs zurückging: »Eines Tages, gegen zehn Uhr morgens, saß meine Tochter Natalka am Tisch, wie immer an ihren Hochstuhl mit einem Kindergurt gebunden, und ich fütterte sie mit einem Brei und trank Kaffee. Plötzlich klingelte das Telefon. Ich ging in das Zimmer nebenan, hob den Hörer und drehte mich zu Natalka um – genau in dem Moment, in dem sie anfing, die Decke vom Tisch zu ziehen. Nach einer Sekunde landete alles, was dort gestanden hatte, auf dem Fußboden. Statt also ›Hallo‹ zu sagen, brüllte ich etwas Unartikuliertes in den Hörer. Szymborska – denn sie war es natürlich – fragte, was passiert sei. Ich schilderte ihr die Situation, in der Annahme, dass ich gleich wenigstens einen kleinen Ausdruck des Mitgefühls hören würde. Doch nichts dergleichen. Nicht von einer Dichterin. Ich hörte nur: ›Wissen Sie was? Das ist ein gutes Thema für ein Gedicht.‹ Und sie legte auf.«[11]

Nach einigen Monaten gab sie ihm ein neues Gedicht zum Abtippen, das zu seiner Überraschung den Titel *Kleines Mädchen zieht die Decke vom Tisch* trug.

(…) Und auf der Decke die Gläser, die Teller,
das Milchkännchen, die Löffel, die Schüssel,
sie erzittern geradezu vor Freude.

Sehr interessant,
welche Fortbewegung sie wählen,
wenn sie schon an der Tischkante kippeln:
die Wanderung über die Zimmerdecke?
den Flug um die Lampe?
Den Sprung auf die Fensterbank und von dort auf den
Baum?

Herr Newton hat noch nichts damit zu tun.
Soll er doch vom Himmel herabschauen und mit den
Händen fuchteln.

Dieser Versuch muß gewagt werden.
Und wird es.[12]

Doch für die eigentliche Pointe der Geschichte sorgte Czesław Miłosz. »Bei einem Abendessen, zu dem Szymborska einige Freunde eingeladen hatte«, so Rusinek weiter, »verkündete er, ihr Gedicht würde dieselben philosophischen Probleme berühren, mit denen sich Schestow und auch Dostojewski, in *Die Brüder Karamasow,* auseinandergesetzt hätten. Sie versuchte zu protestieren, erklärte, dass es ein Gedicht über Natalka sei, also über ein Kind, das gerade das Gesetz der Schwerkraft für sich entdeckt, und forderte mich auf, es zu bezeugen und zu erzählen, was an jenem Morgen passiert war. Doch Miłosz winkte nur ab und führte später seine interpretatorischen Ideen im Essay *Szymborska und der Großinquisitor* aus, der in der *Literarischen Dekade* abgedruckt, ins Englische übersetzt und Gegenstand eines polnisch-amerikanischen Seminars wurde, das die University of Houston in Krakau organisiert hatte.«[13]

Verständlich, dass Szymborska in seiner Gesellschaft immer noch jene Unsicherheit empfand, die er in ihr in jungen Jahren weckte und die sie später in einem ihrer Feuilletons festhielt. Sie beschrieb darin die erste kollektive Lesung, die in Krakau gleich nach der Befreiung stattfand. Es war Februar, und auf der Bühne des unbeheizten, verwahrlosten Alten Theaters kamen etliche junge Dichter zusammen, um ihre Texte vorzutragen. Sie selbst musste sich damals noch mit einem Platz im Zuschauerraum begnügen. »Die Namen der auftretenden Autoren sagten mir nichts«, schrieb sie. »Ich war einigermaßen in der Prosa bewandert, doch meine Kenntnis der Lyrik war gleich null. Aber ich hörte und sah zu. Nicht allen gelang dieses Vortragen; die einen rezitierten mit unerträglichem Pathos, den anderen brach die Stimme und zitterten die Blätter in den Händen. Irgendwann wurde jemand namens Miłosz angekündigt. Er las seine Gedichte ohne Lampenfieber und rezitatorische Übertreibung. Als würde er laut nachdenken und uns einladen, es ebenfalls zu tun.«[14]

Er las also genau auf diese Art, für die später sie selbst so geschätzt wurde – auch sie trug ihre Gedichte mit klarer, ruhiger Stimme vor, jedem Wort genau so viel Aufmerksamkeit schenkend wie nötig und, wie ihr Sekretär es empfand, »das Ganze interpretierend, aber nur ein wenig, damit es wie das Fragment eines Gesprächs klang«.[15] Die Verständlichkeit ihrer Texte war ihr sehr wichtig – im Hinblick auf ihre Übersetzbarkeit in andere Sprachen, aber auch aus Rücksicht auf ihre polnischen Leser. Und für diese Verständlichkeit sorgte sie eben zusätzlich durch ihre Art zu lesen, wobei sie sich – ihrer Abneigung gegen öffentliche Auftritte zum Trotz – dem Publikum dann von ihrer charmantesten Seite zeigte. »Zum ersten Mal sahen wir Szymborska live im Polnischen Institut in London«, hielt Stefan Chwin in seinem Tagebuch fest. »Sie las ihre Gedichte, an einem Tisch sitzend, dessen Platte an ein Surfbrett erinnerte. (…) Im Saal – Eleganz, Glanz, Bänder, Orden und Coiffuren. Botschafter de Virion, Diplomaten, Gräfin Kościelska, die Jugend, das ganze polnische London, Kritiker, Literaturwissenschaftler, Frauen, Greise und Kinder. Ich habe noch nie – und ich nahm an

Lesungen vieler herausragender Dichter teil – ein dermaßen beglücktes Publikum gesehen. Zu sagen, dass Szymborska charmant war, wäre untertrieben. Alle waren verzaubert von ihrer scherzhaften Distanz zu sich selbst. Nach jedem Gedicht brachen Rufe und Beifall aus.«[16]

Und doch konnte sie nach eigenen Worten dieses Gefühl, das sie damals, bei Miłosz' Lesung im ersten Nachkriegswinter in Krakau, gehabt habe – dass er nämlich »ein wahrer Dichter« sei, zu dem man werde »ganz schön aufschauen müssen«[17] –, nie ganz loswerden; es habe sie bei jeder weiteren Begegnung mit ihm begleitet. Zuerst Ende der 1950er Jahre in Paris, wo er als Asylant lebte: »Er ging zwischen den Tischen eines Cafés, vermutlich mit jemandem verabredet. Es wäre eine Gelegenheit gewesen, auf ihn zuzugehen und ihm zu sagen – vielleicht hätte er es gern gehört –, dass seine verbotenen Bücher in Polen doch gelesen werden, dass man sie anhand der einzelnen hereingeschmuggelten Exemplare vervielfältigt. Und dass diejenigen, die es wirklich wollen, früher oder später Zugang zu ihnen finden. Ich ging aber nicht hin und sagte es nicht. Ich war vor Schüchternheit wie gelähmt.«[18] Und dann 1980, als er als frischgekürter Nobelpreisträger nach Krakau kam und das Literatenhaus besuchte: »Er tauchte in der Krupnicza auf, fast unsichtbar in der Menge der Reporter und Fotografen. Als er sich schließlich, völlig erschöpft, von ihnen befreit hatte, wurde er von Autogrammjägern umringt. Auch diesmal fehlte mir der Mut, ihn anzusprechen, mich vorzustellen und ihn um eine Signierung zu bitten. Erst bei seinem zweiten Besuch in Polen hatte ich das Glück, ihn persönlich kennenzulernen.«[19] Das alles lag viele Jahre zurück, und sie spielten beide in derselben Nobelpreisträger-Liga, doch in dieser einen Hinsicht habe sich nichts geändert: »Meine Schüchternheit ihm gegenüber ist genauso stark wie früher.«[20]

Vermutlich wurde dieses Unbehagen noch durch die Art verstärkt, wie Miłosz mit dem eigenen Werk umging. Er hielt ein Gespräch über seine Lyrik nicht nur für selbstverständlich, sondern suchte es sogar. So kam es nicht selten vor, dass er bei einem Abendessen plötzlich ein Notizbuch hervorholte und den Anwesenden ein Gedicht vorlas, in der Erwartung, ihre Meinung zu hören. »Meistens«, so Teresa Walas, »wurde die Lektüre seiner neuen Werke durch einen Chor begeisterter Stimmen begleitet, was mir unfair erschien, weil er keine Komplimente, sondern konstruktive Meinungen erwartete. Und seinen Standpunkt sehr gut verteidigen konnte.«[21] Ganz anders Szymborska: Schon zu Beginn ihrer Karriere, als sie allen Grund gehabt hätte zu versuchen, ihre Lyrik bekannter zu machen, legte sie extreme Zurückhaltung an den Tag. Wie damals, Mitte der 1960er Jahre, als ihre bulgarische Dichterkollegin und Übersetzerin Blaga Dimitrowa, nach Krakau kam und sie bei einem Besuch in ihrer Wohnung bat, ihr etwas Unveröffentlichtes vorzulesen: »Sie drehte den Kopf zum Fenster hin. ›Ich habe nichts Fertiges.‹ Dann fügte sie hinzu, in sachlichem Ton, ohne eine Spur Pose, dass sie selten und langsam schreibe. Wenn sie ein Gedicht in der ersten Fassung fertig habe, verstecke sie es in der Schublade, damit es dort reife (…), und nach einiger Zeit hole sie es aus dem ›Nest‹, um es ›nüchtern‹ zu beurteilen.«[22]

Auch sie besaß zwar ein Notizbuch, sie benutzte es aber nicht, um aus ihm anderen vorzulesen, sondern um sich, so ihr Sekretär, »Ideen für neue Gedichte, Titel, Phrasen, Reime, Metaphern« aufzuschreiben. Diese Ideen würden, wie sie ihm gestand, meist von ihr, manchmal aber von einer höheren Kraft stammen. »Es war nicht einfach«, so sein Kommentar, »mit ihr ernsthaft über Schreiben, Eingebung oder Inspiration zu reden. Sie machte aus allem einen Scherz. Einmal bemerkte ich, auch scherzhaft, dass Czesław Miłosz es leichter habe, weil ihm, wie er behaupte, das Daimonion seine Gedichte einflüstern würde. Doch in diesem Moment wurde sie zu meiner Überraschung ernst und sagte: ›Wissen Sie, ich höre auch Stimmen. Ich träume Wörter, Sätze.‹ Eine wohl seltene Gabe: anstelle von Handlungsträumen Sprachträume zu haben.«[23]

Kapitel 13

Wisełka

Von aktuellen politischen Ereignissen ließ sich Wisława Szymborska nur selten inspirieren. Doch der Terroranschlag auf das World Trade Center vom 11. September 2001 war ein Vorfall, der sie stark aufwühlte, was möglicherweise auch ein wenig mit einem besonderen, naheliegenden Datum zusammenhing: Am nächsten Tag sollte ihr Freund Stanisław Lem seinen achtzigsten Geburtstag feiern. Obwohl er kein glühender Lokalpatriot war, wollte Krakau auch ihm, wie allen seinen prominenten Künstlern, ein Jubiläumsfest ausrichten. Das in wochenlanger Arbeit ausgetüftelte Programm sah diverse Spiele und Überraschungen vor; sein Höhepunkt, eine riesige Party, die im modernsten Bürogebäude der Stadt stattfinden sollte, war für den 11. September 2001 geplant. Die Dichterin hielt sich zwar an diesem Tag in Zakopane auf – diesmal hatte sie beschlossen, ihren Herbsturlaub etwas früher zu beginnen –, doch bevor sie hinfuhr, bat sie Michał Rusinek, auf dem Fest einen kurzen Brief von ihr vorzulesen und dem Geburtstagskind eine Schokoladenkopie der Nobelmedaille zu überreichen, »mit den Wünschen, dass sie irgendwann durch eine echte, goldene ersetzt wird«.[1] Aufgrund der tragischen Ereignisse in New York wurde die Party abgesagt, doch der Tag wurde trotzdem zu einem Triumph des Science-Fiction-Altmeisters: Seine Zukunftsprognosen hatten sich ein weiteres Mal bewahrheitet –

er hatte den Terrorismus schon vor langer Zeit als die größte Gefahr unserer Zeit vorausgesehen.

Zwei Monate später überließ Szymborska ihrem Sekretär das Gedicht *Fotografie vom 11. September*:

> Sie sprangen aus brennenden Stockwerken hinab –
> einer, zwei, noch ein paar
> höher, tiefer.
> Die Fotografie hielt sie an im Leben,
> und nun bewahrt sie sie auf
> über der Erde gen Erde.
> Jeder ist noch ganz
> mit eigenem Gesicht
> und gut verstecktem Blut.
> Es ist genügend Zeit,
> dass die Haare wehen
> und aus den Taschen Schlüssel,
> kleine Münzen fallen.
> Sie sind immer noch im Bereich der Luft,
> im Umkreis jener Stellen,
> die sich soeben geöffnet haben.
> Nur zwei Dinge kann ich für sie tun –
> diesen Flug beschreiben
> und den letzten Satz nicht hinzufügen.[2]

Die Reaktionen, die das Gedicht auslöste, schwankten zwischen Kritik und Lob, was am besten, da beides verbindend, die deutsche Autorin Elke Schmitter zum Ausdruck brachte: »Unzählige Menschen auf der Erde haben diese Bilder gesehen. Was kann, was soll dann ein Gedicht?«, schrieb sie im *Spiegel*. Dann aber zollte sie der Autorin Bewunderung dafür, wie sie »sich mit stillem Löwenmut in eine auf den ersten Blick absurde Konkurrenz« zu diesen Bildern gestürzt habe: »Keine Details der Anschauung, keine Vokabeln des Gefühls, nichts als eine Vergegenwärtigung und ein Gedanke, der Hilflosigkeit und Vermögen in einem Satz zusammenbringt: Nichts mehr kann man für diese Menschen tun, als diesen letzten Augenblick vor dem Tod mit ein paar Worten beschreiben.«[3]

Das Gedicht wurde schnell ins Englische übersetzt, doch die Amerikaner ließen sich mit dessen Veröffentlichung Zeit – vielleicht weil unmittelbar nach den Anschlägen im *New Yorker* Adam Zagajewskis Gedicht *Versuch's, die verstümmelte Welt zu besingen* erschien, das schnell internationale Berühmtheit erlangte. Dafür wurde bei den Feierlichkeiten, die am Ground Zero zum siebten Jahrestag von 9/11 stattfanden, vom New Yorker Bürgermeister Michael Bloomberg ein anderes Gedicht von Szymborska zitiert, *Was die Wirklichkeit verlangt*:

Nicht ohne Reize ist diese schreckliche Welt,
nicht ohne Morgen,
für die es aufzuwachen lohnt.[4]

Über das fehlende Interesse der Amerikaner konnte sie sich ohnehin nicht beklagen: Ein Auswahlband, der nach ihrem Nobelpreis erschien, verkaufte sich in hundertzwanzigtausend Exemplaren, und auch spätere Ausgaben ihrer Lyrik erschienen in sehr hohen Auflagen. Die Menschen in den USA hätten von Anfang an sehr emotional auf ihre Gedichte reagiert, meinte ihre amerikanische Übersetzerin Clare Cavanagh, als sie nach dem Grund für Szymborskas Popularität gefragt wurde, sogar die sogenannten einfachen Leute würden sie lesen.

Der Dichterin selbst soll diese Popularität nicht ganz bewusst gewesen sein, zumal sie an ihrem Entschluss festhielt, Überseeflüge zu meiden, und keine der aus den USA stammenden Einladungen annahm. Sie wollte nicht einmal dann hinfahren, als sie dazu eine besondere Gelegenheit gehabt hätte – nicht als Nobelpreisträgerin, sondern aufgrund ihrer Bewunderung für zwei berühmte Amerikaner: die Verhaltensforscherin Jane Goodall und den Filmemacher Woody Allen. Nachdem sie nämlich ihrer Umgebung verraten hatte, dass sie vor ihrem Tod gern ihre Bekanntschaft machen würde, bekam sie einen Brief von Alice Quinn, der Lyrik-Redakteurin des *New Yorker*, in dem es hieß, sollte sie zustimmen, nach New York zu kommen, würde man ein Treffen mit ihren beiden Idolen arrangieren. Doch der Brief löste bei ihr nur die übliche Panikattacke aus, auf die eine höfliche Absage folgte.

Dafür beschloss die Dokumentarfilmerin Katarzyna Kolenda-Zaleska, die gerade einen TV-Film über Szymborska drehte, die Gelegenheit zu nutzen und ein Interview mit Woody Allen zu machen. Im September 2008 fuhr sie mit ihrem Team und in Begleitung von Michał Rusinek nach New York. Das Treffen mit Allen, das im Manhattan Film Center stattfand, behielt Letzterer so in Erinnerung: »Ein Studio im alten Stil. Ein kleiner Vorführraum, ausgekleidet mit olivfarbenem Plüsch. Schachteln mit Jazz-Schallplatten, mit der Musik, die er in seinen Filmen verwendet. Klarinetten. Filmrollen. Es stellt sich heraus, dass es im ganzen Studio kein Gerät gibt, an dem man die DVD mit der in Krakau aufgezeichneten Aussage von Szymborska abspielen könnte:

›Woody Allens Arbeit ist ein Phänomen im heutigen Kino. Die Figuren in seinen Filmen lesen immer noch Bücher! Sie sind heroisch in ihrem urkomischen Snobismus, ihrem Enthusiasmus, ihren Hoffnungen, Enttäuschungen und Versuchen, die Welt zu verstehen. Und noch etwas: Niemand außer Woody Allen kann solche Filmdialoge schreiben. Ich verneige mich tief vor ihm, weil ich ihn bewundere. Und ich umarme ihn von Herzen, weil ich ihn mag.‹ Nachdem er sich dieses Video angesehen hat, sagt Allen: ›Ich hätte es selbst nicht besser ausdrücken können!‹ Und dann fügt er hinzu: ›Ich fühle mich geehrt, dass sie von meiner Existenz weiß.‹«[5]

Katarzyna Kolenda-Zaleska wiederum konnte sich an die riesige Collage erinnern, die Szymborska für Woody Allen gemacht hatte, »eine viel größere als die, die sie für ihre Freunde machte«, und auf seine Reaktion auf das Geschenk: »Das bedeutet mir viel mehr als all die Statuetten, die sie einem im Kino geben«, soll er gesagt haben, natürlich nicht ohne auch auf ihre Lyrik einzugehen: »Ich kenne alles, was sie geschrieben hat, und komme immer wieder auf ihre Gedichte zurück. Ich halte sie für eine große Künstlerin, die stark zu meiner Lebensfreude beiträgt. Mich hält man für einen Mann mit Witz und Humor, aber ihr Humor überragt meinen. Sie ist witzig und ernst zugleich. Sie versteht den Schmerz und die Traurigkeit der menschlichen Existenz festzuhalten, ohne die Faszination für das Leben zu verlieren. Ich kann es nicht.«[6]

Woody Allen vertraute auch seinen Gästen an, welches von Szymborskas Werken ihm besonders nahestehe. Es habe ihn stark beeinflusst, weil er ein Hypochonder sei – so stark, dass er manchmal nachts aufwache und daran denke. Er sprach von dem Gedicht *Bekleidung*:

Du legst, wir legen, sie legen ab
Die Mäntel, Jacken, Röcke, Blusen
aus Wolle, Baumwolle, Kunststofffaser,
die Unterröcke, Hosen, Jacken, Wäsche,
legen sie hin, hängen sie auf, werfen sie über
die Stuhllehne, einen Flügel der spanischen Wand,
vorläufig, sagt der Arzt, ist's nichts Ernstes,
ziehn Sie sich an, ruhn Sie sich aus, verreisen Sie,
nehmen Sie das im Notfall, vor dem Schlaf, nach dem
Essen,
kommen Sie in drei Monaten wieder, in einem Jahr,
anderthalb,
siehst du, und du hast gedacht, und wir hatten Angst,
und ihr habt vermutet, und er hatte den Verdacht,
nun ist es Zeit, zu knöpfen, zu binden, zu schließen mit
immer noch zitternden Händen
die Schnürsenkel, Druckknöpfe, Klämmerchen, Ösen,
Gürtel, Krawatten, Kragen
Und aus den Ärmeln, den Handtaschen, Taschen
Das arg zerknüllte, getupfte, gestreifte, geblümte
Halstuch
Von plötzlich verlängerter Nützlichkeit wieder
herauszuholen.[7]

Später, als Allen in seiner Eigenschaft als Musiker auf einer Konzerttour in Europa war und dabei Warschau besuchte, wurde er sogar von der Dichterin nach Krakau eingeladen, doch auch daraus wurde nichts, weil er sofort weiter nach Prag musste. So schilderte es jedenfalls Michał Rusinek, der dazu allerdings seine eigene Theorie hatte: »Ich glaubte, Szymborska und Woody Allen haben sich nie getroffen, weil sie sich so ähnlich sind. Reisen, neue Leute kennenlernen – das ist nichts für sie.«[8]

Dennoch unternahm sie in diesen fünfzehn Jahren, in denen er ihr Sekretär war, etliche Reisen, meistens mit ihm an ihrer Seite und am liebsten zu Menschen, die ihr wichtig waren – die Orte waren dabei zweitrangig. Oder, wie er es formulierte: Die Orte seien ihr vor allem wegen der Menschen wichtig gewesen, besonders dann, wenn sie das Gefühl gehabt habe, damit jemanden – einen Übersetzer, einen Verleger – oder ein Projekt zu unterstützen. 2003 etwa fuhr sie nach Stockholm, zur Präsentation eines Auswahlbandes ihrer Gedichte in der Übersetzung von Anders Bodegård, um damit dem zuständigen Verlag, der kurz vor dem Bankrott stand, zu helfen. 2004 flog sie, der Einladung der polnisch-israelischen Schriftstellerin Miriam Akavia folgend, nach Israel, um in Jerusalem und Tel Aviv den 700. Jahrestag der Gründung der Jüdischen Gemeinde in Krakau und die tausendjährige Anwesenheit der Juden in Polen mitzufeiern. 2008 ließ sie sich von den Produzenten eines Films über sie überreden, mit ihnen Irland (die Stadt Limerick) und die Niederlande (Amsterdam und Den Haag) zu besuchen. Und 2010 fuhr sie nach Prag, um auf der dortigen Buchmesse ihre Übersetzerin Vlasta Dvořáčková zu treffen und dann durch die Stadt auf den Spuren des Bildhauers David Černý zu wandern.

Besonders reich an Erlebnissen waren ihre Reisen nach Italien, wo sie eine ungewöhnliche Popularität genoss. Diese setzte im Jahre 2005 ein, als sie das Land gleich zweimal besuchte. Im Mai gelang es ihrem italienischen Übersetzer Pietro Marchesani, sie zu einer Lesung an der Universität Genua zu überreden, wo er Professor für Polonistik war.

Davor war sie in Turin, um im Teatro Carignano die dortige Buchmesse zu eröffnen. Und im Herbst kam sie nach Rom, um den Band *Hundert Freuden*, ebenfalls in der Übersetzung von Marchesani (den sie scherzhaft »Parmesani« nannte), vorzustellen. »Der Abend sollte ursprünglich im Literaturhaus Rom stattfinden«, so Michał Rusinek, der sie auch diesmal begleitete, »aber das Interesse war so groß, dass er in letzter Minute ins Teatro Valle verlegt wurde. Der Intendant des Theaters war überzeugt, dass der Saal mit siebenhundert Sitzplätzen nicht gefüllt werden könne, aber er tröstete uns damit, dass man notfalls nur vorne sitzen könne, damit die Dichterin nicht allzu enttäuscht sei, dass die hinteren Plätze leer blieben. Stattdessen war der Saal nicht nur schnell gefüllt, sondern rund zweihundert Menschen mussten weggeschickt werden. Nach der Lesung war der Theaterdirektor sprachlos und schüttelte nur ungläubig den Kopf.«[9]

Später gab es noch drei weitere Italien-Reisen, die aus ihrer Freundschaft mit Jarosław Mikołajewski, Direktor des Polnischen Instituts in Rom, resultierten. Als sie 2007 erstmals seiner Einladung folgte, verbrachte sie nur einen Tag in Rom, wo sie in der Europäischen Bibliothek las und den Abend in einem kleinen Kreis, dem auch der Krimiautor Andrea Camilleri angehörte, verbrachte. Danach ging es in die Toskana, weiterhin in der Begleitung von Mikołajewski, der während dieser ersten Reise eine frappierende Entdeckung machte: »dass das Studieren ihrer Person und die Lektüre ihrer Gedichte« so ideal zueinander passen würden, »als wären es die Blätter eines und desselben Buchs«. Später, als sie »durch Rom, Siena, Pisa, Assisi, Florenz oder Orvieto« spaziert seien, habe er sich gefragt, ob es jemand gefilmt

Wisława Szymborska in Venedig, 2009

habe, wobei er das »es« in Gedanken durch all das ersetzt habe, was ihm im Gedächtnis geblieben sei: »ihre Art zu gehen, zu sprechen, die Hände auseinanderzufalten, vor den Menschen zu fliehen und für sie Neugier zu empfinden, die so sehr mit ihren Gedichten übereinstimmte. Der enge Kontakt zwischen ihr und der Straße, den Menschen, ihrer Zigarette. Ihr Sinn für die Schönheit der Dinge und für die Geschichte, für Wichtigkeit und Nichtigkeit, für die Hierarchie der Welt und der Lebewesen. Was ist davon übrig geblieben, was ich gesehen habe?«, will er sich gefragt haben, während er auf Nachricht wartete, »ob sie wiederkommen würde oder nicht.«[10]

Sie kam wieder, zweimal sogar: Im Jahre 2008 fuhren sie zusammen nach Sizilien, wo sie Palermo, Catania, Syrakus, Corleone und Taormina besuchten und einen Ausflug auf den Ätna machten. Und 2009 nach Bologna und in einige weitere Städte, diesmal in Begleitung eines Fernsehteams. In Bologna wohnte die kleine Gruppe im traditionsreichen Hotel Già Baglioni, genau zu dem Zeitpunkt, als sich dort das schwedische Königspaar aufhielt, dem die Dichterin natürlich schnell aus dem Weg ging – im Gegensatz zu ihrem berühmten Schriftstellerkollegen Umberto Eco: »Als er am Abend ins Hotel kommt«, notierte danach ihr Sekretär, »fallen er und Szymborska sich in die Arme, obwohl sie sich zum ersten Mal sehen. Wir fahren mit einigen Taxis zur Universität. Ich mit Eco. Er arbeitet gerade an seinem Buch *Die unendliche Liste*, also unterhalten wir uns eine Weile über die Aufzählung bei Szymborska, über den Vorrang dieser stilistischen Figur vor der überheblichen *distributio*.«[11] Dann brachen sie alle zusammen zur Universität auf, wo eineinhalbtausend Zuhörer auf die Dichterin warteten und Umberto Eco spontan ans Mikrofon ging und einen Auszug aus ihrem Gedicht *Möglichkeiten* las. Danach ging es nach Ravenna, in die Kirche San Vitale und das Mausoleum der Kaiserin Galla Placidia, und nach Padua, wo Szymborska nach der Besichtigung der Scrovegni-Kapelle mit den Fresken von Giotto verkündete, sie würde sie der Sixtinischen Kapelle vorziehen. Anschließend fuhren sie noch nach Udine, Aquileia, Venedig und schließlich nach Triest, um unter anderem Umberto Sabas Buchantiquariat zu besuchen, über dem einst James Joyce wohnte. Manchmal sei das Leben erträglich, soll die Dichterin am letzten Tag festgestellt haben, womit sie dem Fernsehteam den Titel für seinen Film lieferte.

Die siebenhundert Zuhörer in Rom oder die anderthalbtausend in Bologna waren übrigens keine Ausnahme. Alle Lesungen, die sie in Italien hatte, sollen Massen von überwiegend jungen Menschen angezogen und die Auflagen ihrer Gedichtbände in Rekordhöhen getrieben haben. Wie der mit ihr befreundete Polyglott und Übersetzer Ireneusz Kania einmal erzählte, habe ihm Szymborskas italienischer Verleger Roberto Calasso bei einem Besuch in Krakau gesagt, dass er noch nie solche Schlangen vor italienischen Buchhandlungen gesehen hätte. Und dass der Taxifahrer, der ihn zum Flughafen gefahren habe, auf die Information hin, er fliege nach Polen, sofort ausgerufen habe, es gebe dort eine Dichterin namens »Czimborska«, deren Gedichte er gelesen und dabei alles verstanden habe. Ähnliches habe ihm, so Kania weiter, der spanische Dichter und Übersetzer Abel Murcia aus seinem Land berichtet. Nur die Franzosen hätten Szymborskas Genie nicht erkannt.

Es gab übrigens, neben Jane Goodall und Woody Allen, noch zwei weitere Menschen, die sie selbst für Genies hielt und von denen sie sagte, dass sie gern ihre Bekanntschaft machen würde: Den norwegischen Forschungsreisenden und Umweltaktivisten Thor Heyerdahl, der aber 2002 verstorben war. Und den tschechischen Präsidenten Václav Havel, der ihr mit seinem Mut und seiner besonderen Sicht der Geschichte imponierte. Sie behauptete, sie würde die Tschechen darum beneiden, dass sie ein Staatsoberhaupt hätten, das gleichzeitig Intellektueller, Künstler und Politiker sei. Und als er im September 2007 Krakau besuchte und man für die beiden einen Lunch arrangierte, verstand sie sich prächtig mit ihm und erkundigte sie sich sofort, ob er nicht einen Zwillingsbruder habe; er würde Polen sehr nützlich sein. Im Endeffekt war Havel der Einzige, den sie persönlich kennenlernte, was sie aber vollkommen zufriedenzustellen schien. Nicht nur dass sie das Gespräch mit ihm sehr genoss – sie konnte ihn treffen, ohne verreisen zu müssen.

Je älter sie wurde, desto seltener ließ sie sich zu einer Auslandsreise überreden. Dafür fuhr sie mit ungebrochener Regelmäßigkeit in ihre polnischen Urlaubsorte. Im Herbst nach Zakopane, wo sie allerdings nicht mehr im Astoria, sondern im Halama, dem Ferienhaus der Autorenvereinigung ZAiKS, wohnte. Und im Sommer nach Lubomierz, einem siebzig Kilometer südlich von Krakau gelegenen, malerischen Ort, den sie schon seit 1992 besucht haben soll, der aber seit dem Nobelpreis ihr »sommerliches Versteck« (Joanna Gromek-Illg) war. Ihre dortige Unterkunft befand sich im Landhaus des Physikers Andrzej Białas, die meiste Zeit verbrachte sie aber in einem benachbarten Haus, das Professor Wiesław Czyż, einem weiteren Physiker, seiner Frau Maria und deren Schwester, der Paläobotanikerin

Elżbieta Turnau, gehörte. Dort konnte sie genau die Gespräche führen, die sie, so die Beobachtung ihres Sekretärs, am meisten mochte: »über nichtliterarische Themen, die sie faszinierend und inspirierend fand, über Mathematik, Astronomie, Genetik, Physik, Biologie, Archäologie«; sie entnahm ihnen »viel Material« für ihre Gedichte: »die Zahl Pi, den Mann, der die Null erfunden hat, den Tarsus oder die chemische Zusammensetzung der Träne. Sie las über all diese Dinge, und sie redete gern über sie.«[12]

Der Hausherr, Professor Czyż, hatte sich zudem einen besonderen gemeinsamen Zeitvertreib einfallen lassen: Er erzählte der Dichterin Bücher, die sie nicht kannte, weil es sie nur auf Englisch gab – meistens waren es Biografien, über Jane Austen, Charles Dickens oder Robert Frost. Und sie revanchierte sich, indem sie ihre Gastgeber mit verschiedenen Geschichten unterhielt. Manchmal zog sich dieses Erzählen über Tage hin, wobei sie nicht die geringsten Skrupel hatte, offenzulassen – auch wenn die Geschichte so dramatisch war, dass sie ihre Zuhörer in den Zustand höchster nervlicher Anspannung versetzte –, ob es sich um Wahrheit oder Fiktion handelte. Und als sich einmal während ihres Aufenthalts in Lubomierz ihre amerikanische Übersetzerin in Krakau aufhielt und sie unbedingt sehen wollte, kam ihr die Idee, zuerst sie und dann andere Freunde in ihr Feriendomizil einzuladen. Seitdem vergrößerte sich ab und zu die Sommergesellschaft um etliche Personen, meist Literaten und ihre Partner. Das Prinzip blieb aber das gleiche, wie die Professorin Elżbieta Turnau einmal verriet: »Wir unterhielten uns nicht, sondern wurden von Szymborska unterhalten, das heißt, sie erzählte viele erfundene, lustige Geschichten. (…) Bald hatten wir uns daran gewöhnt, dass man mit ihr nicht viel redet, sondern viel scherzt, und griffen diesen Stil auf, was zeitweise sehr viel Spaß machte.«[13]

Szymborska selbst musste nicht bis zum nächsten Sommer »bei den Physikern«, wie sie ihre Freunde aus Lubomierz nannte, warten, um diese Art Spaß zu haben. Auch in Krakau gab es einen Ort, wo sie sich in einer größeren Gesellschaft amüsieren konnte: das Café Nowa Prowincja (Neue Provinz) in der Bracka-Straße direkt neben dem Hauptmarkt, wo sich ab und zu etliche Musiker, Autoren, Schauspieler und Journalisten versammelten, um einen aus aktuellem Anlass – zu einer Ausstellung oder Buchpräsentation – gemeinsam vorbereiteten Abend zu genießen, der deutlich kabarettistische Züge trug. Hier war die Dichterin ganz in ihrem Element, egal, ob sie nur im Publikum saß oder sich an dem Programm aktiv beteiligte. Hier war sie von Menschen umgeben, für die sie keine berühmte Dichterin, sondern nur Wisława oder gar *Wisełka* war, wie sie oft von ihren engsten Freunden genannt wurde (was einen amüsanten Beiklang hatte, weil das Wort gleichzeitig die Deminutivform des Flussnamens *Wisła* – die Weichsel bedeutet).

Wie an jenem Abend, an dem ein Buch Premiere hatte, das mit ihrer Schwäche fürs Boxen zusammenhing – insbesondere für den polnischen Starboxer Andrzej Gołota, dessen Karriere sie mit lebhaftem Interesse verfolgte. Ihre Freunde wussten um diese Schwäche und schenkten ihr sogar ein paar Boxhandschuhe, für den Fall, dass sie selbst trainieren möchte. Und als es einmal zu einer zufälligen Begegnung zwischen Szymborska und Gołota kam – es war in einem Restaurant, und sein Tisch wurde von Reportern und Fotografen belagert, während ihr niemand Beachtung schenkte –,

Unentbehrliche Ausrüstung einer Box-Enthusiastin

begannen sie subtile Gerüchte über die »heimliche Liebe« der Nobelpreisträgerin zu einem viel jüngeren Boxer zu streuen, und amüsierten sich köstlich, wenn ein Außenstehender darauf mit Entsetzen reagierte. Das Spiel kulminierte in der besagten Buchpremiere. Es wurde eine kleine Rarität präsentiert, die als Geburtstagsgeschenk für Szymborska gedacht war: »Gesammelte Gedichte« eines gewissen Andrzej Gołłota (mit zwei łł). Diesmal ging es im Nowa Prowincja besonders feierlich zu; die Dichterin saß in der ersten Reihe, neben ihr thronte ein bekannter Literaturprofessor, und die Gedichte wurden von einem Schauspieler des Warschauer Nationaltheaters rezitiert, der sich laut Bronisław Maj »als Einziger unprofessionell verhielt, weil er lachte«.[14] Als der offizielle Teil zu Ende war, so sein weiterer Bericht, »bat Wisława ums Wort und verkündete mit todernster Miene, im Moment handle es sich noch um eine einseitige, unerfüllte Liebe, aber sie hoffe, dass sich daraus etwas sehr Schönes entwickeln werde«.[15] In Wirklichkeit stammten diese Gedichte – die, nebenbei gesagt, brillante Paraphrasen etlicher Klassiker polnischer Dichtung waren – von Maj selbst. Sein Kommentar: »Unsere Spiele erreichten eine solche Ebene des Absurden! Manchmal verließen wir diese Ebene gar nicht mehr.«[16]

Zu diesen Spielen gehörte auch das gemeinsame Reimen von verschiedenen, gängigen und neu erfundenen, scherzhaften Gedichtformen. Oder das Verewigen von Kollegen in einer *Galerie der Krakauer Schriftsteller*:

Hier Czesław Miłosz mit düsterem Gesicht.
Bestimmt wieder grübelnd über ein Gedicht.

Dort Szymborskas Büste in Anfangsphase.
Noch nicht ganz fertig – besonders die Nase.

Da Jerzy Pilch mit einem leeren Glas.
Leider nur im Profil und nicht *en face.*

Krynicki, von seinen Katzen umgeben.
Der Maler hätte beinah aufgegeben.

Ewa Lipska von hinten. Ihr Vorderteil
ist noch in Wien geblieben – hoffentlich heil.

Joanna Olczak mit ihrem Nike-Preis.
In Redaktionen liefen die Drähte heiß.

Und so weiter, und so fort. Szymborskas eigene scherzhafte »Produktionen« bekamen sogar eine reichlich mit ihren Collagen illustrierte Buchausgabe, die 2003 in dem von Ryszard Krynicki und seiner Frau geleiteten und auf Lyrik spezialisierten Verlag a5 erschien. Sie trug den Titel *Reimgedichte für große Kinder* und enthielt, versteht sich, auch etliche Limericks:

Im Fernen Osten, fast am Äquator
lebte ein hochbegabter Orator.
Doch einmal gestand er impulsiv:
»Habe Probleme mit Vokativ –
sage zu jedem Senior: Senator!«

Oder, um eines aus dem »chinesischen Zyklus« zu zitieren:

Die Mandarine aus der Dynastie Ming
kannten noch nicht den Ausdruck *to have a drink*.
Bei jedem Ausbruch von Fieber oder Schweiß

tranken sie also einen Fusel aus Reis,
klopften sich auf die Schulter und riefen »ping«.

Da sie oft gefragt wurde, in welchen Situationen sie ihre Limericks erfinde, griff sie diese Frage im Vorwort zu den *Reimgedichten* auf und erklärte »wahrheitsgemäß«, dass sie es am liebsten auf Reisen tue. »Diese Antwort sollte jedoch präzisiert werden«, fügte sie gleich hinzu. »Der Anstoß zum Reimen von Limericks sind die unterwegs passierten Orte – Fernschifffahrt, Nachtschnellzüge, Autobahnen und vor allem Flugzeuge kommen also nicht infrage, weil man von oben nichts sieht. Am günstigsten für die Limerick-Kunst ist das Autofahren auf kleinen, holprigen Straßen, eventuell die Fahrt mit einem langsamen Regionalzug, der an jeder Station hält. Zur Not kann man Limericks auch zu Hause schreiben und dabei einen Atlas zur Hand haben. Aus einer Wohnung, in der es keinen Atlas gibt, sollte man sofort ausziehen.«[17]

Ein anderes Treffen im Nowa Prowincja drehte sich um ein Spiel, das sie bereits in ihrer Jugend im Literatenhaus gespielt hatte: Das Erfinden von Epitaphen, wobei die in dieser Form Geehrten sich natürlich bester Gesundheit erfreuten. Im Haus in der Krupnicza waren es die benachbarten Schriftsteller, im Prowincja die Teilnehmer des Spiels oder bekannte Mitglieder der polnischen Literaturszene – beziehungsweise der polnisch-britischen, wie Szymborska in einem Epitaph festhielt:

Ars longa et vita brevis.
Hier ruht in Gott Norman Davies.

All diese Vergnügungen, von denen immer wieder einiges an die Medien und über sie an die »normalen Sterblichen« gelangte, bewirkten allerdings, dass das Image der Dichterin einen merkwürdigen, um nicht zu sagen: gefährlichen Riss bekam. Die Kenner ihrer Lyrik warteten zwar nach wie vor auf jedes neue Gedicht von ihr, doch das breite Publikum schien sich mehr für ihre »Spaßseite«, ihre Vorliebe für Collagen, kitschige Gegenstände und absurde Reimgedichte, zu interessieren als für ihr eigentliches dichterisches Werk. Es geschah also etwas, was Agnieszka Kosińska, die Privatsekretärin von Czesław Miłosz, treffend mit dem Satz umschrieb: »Nach dem Nobelpreis kämpfte *Wisełka* gegen Wisława, die Person gegen die Persönlichkeit.«[18] Und möglichweise wäre dieser Kampf zu Ungunsten der Dichterin ausgefallen, denn im Prinzip hatte sie nichts dagegen, in den Augen der breiten Öffentlichkeit nur als eine, so Teresa Walas, »nette alte Dame« zu gelten, die »zu Scherzen neigt und der Welt wohlgesinnt ist«,[19] hätte sie sich, wie anfangs erwähnt, nicht gezwungen gefühlt, ihren »zu gut gelaunten« Biografinnen Anna Bikont und Joanna Szczęsna einiges über ihr Leben und ihre Ansichten zu erzählen und so ihr Bild zu korrigieren.

Paradoxerweise war an diesem falschen Bild auch ein wenig ihr zweiter Verlag Znak (Zeichen) schuld. Unter der Leitung von Jerzy Illg, einem von Szymborskas engsten Freunden (und Ehemann der Autorin ihrer zweiten polnischen Biografie), wurde er zu einem der renommiertesten Verlagshäuser Polens und zugleich zu einer der Institutionen, in denen Krakaus Image als Literatenhochburg am eifrigsten gepflegt wurde. Er war es in erster Linie, der immer wieder die Art Veranstaltungen initiierte, die zwar seit Langem zu

Krakaus Eigenart gehören – scherzhafte Happenings, bei denen Künstler und prominente Vertreter anderer Berufe sich gegenseitig Reverenz erweisen –, die aber früher Einrichtungen wie dem Kabarett Piwnica Pod Baranami vorbehalten waren. Jetzt konnte man auch bei Znak eine Buchpräsentation oder eine Jubiläumsfeier erleben, bei der ehrwürdige Schriftsteller, Publizisten und Wissenschaftler um die Wette ihre Tanz- und Gesangskünste zum Besten gaben. Die Freude der anderen Gäste war umso größer, als man sich der Einmaligkeit der Situation bewusst war. Der Star-Philosoph Leszek Kołakowski, der sich als Opernsänger präsentiert, der Literaturnobelpreisträger Seamus Heaney, der die Klagelieder des polnischen Renaissance-Dichters Jan Kochanowski in eigener Übersetzung vorträgt, oder der renommierte Historiker Norman Davies, der sich mal als Akkordeonspieler, mal als Fußballer beweist – und mit seiner »Nationalmannschaft« (sprich: seinem Sohn) im Garten des Verlags ein Spiel Wales gegen Polen (Illg und dessen Sohn) gewinnt –, waren jedenfalls anderswo vermutlich selten zu erleben.

Nicht jeder von Szymborskas Freunden nahm übrigens an diesen Spielen teil. Adam Zagajewski zum Beispiel tat es nicht; er musste sich nach eigenen Worten damit begnügen, dem »ernsthaften Flügel« ihres Freundeskreises anzugehören: »Ich schrieb leider keine Limericks, ich verkleidete mich nicht fantasievoll, ich war keiner derjenigen, die sie dazu brachten, Tränen zu lachen.«[20] Und auf einen Außenstehenden konnte nicht nur der Kreis um Szymborska, sondern überhaupt diese spielerische Seite der Stadt gelegentlich irritierend wirken. »Und Krakau?«, sinnierte etwa der Danziger Autor Stefan Chwin am Rande eines Tagebucheintrags über Czesław Miłosz. »Diese dortigen süßen Jubiläen! Wir lieben unsere Dichter! Eine Sängerin singt für unseren Dichter, ein Schauspieler deklamiert für unseren Dichter, dann wird eine Jubiläumstorte in Form eines Triumphbogens in den Saal gefahren. (…) Krakau ist eine Stadt, in der große Dichter zu Tode gehätschelt werden. Es ist eine Stadt, in der große Dichterinnen zu *Wisełkas* werden.«[21]

Kapitel 14

Es ist genug

Ihr Leben lang hatte sie nach Worten gesucht, um die Ungewöhnlichkeit der Welt und des menschlichen Daseins auszudrücken. Doch selbst für sie, die Meisterin der stilistischen Vielfalt, war es nicht einfach, sie zu finden. Nur im Alltag würde man von der »gewohnten Welt« sprechen, hatte sie in ihrer Nobelpreisrede erklärt. In der Sprache der Poesie aber sei es anders. Da sei »nichts gewöhnlich, nichts normal. Kein Stein und keine Wolke darüber. Und vor allem kein einziges Dasein hier auf dieser Erde.«[1]

Sie hatte auch schon mehrmals erklärt, wie wichtig ihr das simple Eingeständnis »ich weiß nicht« sei. Der Beweis dafür war nicht nur ihre Lyrik – sie gab ihr Unwissen genauso offen in Interviews und privaten Gesprächen zu. Und wenn sie etwas nicht wusste, wandte sie sich gern an Menschen, die sie für einschlägige Autoritäten hielt – angeblich auch an Czesław Miłosz, trotz der einschüchternden Wirkung, die sie ihm nachsagte. Wozu mag sie ihn befragt haben? Zu literarischen Themen? Oder sprach sie mit ihm über die Fragen der Religion? Er ließ sich zwar ungern als religiöser Schriftsteller bezeichnen, seine intensive Auseinandersetzung mit Gott war aber in seinem dichterischen Werk und auch im Essayband *Das Land Ulro*, der manchmal als seine geistig-religiöse Autobiografie bezeichnet wurde, nicht zu übersehen. Oder schreckte sie der elitäre Charakter seiner Religiosität doch zu stark ab? Als er einmal bei einem Abendessen ihre Meinung zu seinem *Theologischen Traktat* hören wollte, einem lyrischen Großwerk, in dem er die Bilanz seines spirituellen Lebens zog, stellte sie ihm einige Fragen hintereinander, womit sie ihn ein wenig aus dem Konzept brachte, und wechselte das Thema.

Über den Buddhismus, mit dem er sich immer wieder befasste, sprach sie mit ihm wohl auch nicht. Obwohl es ein Thema war, das sie laut Ireneusz Kania, der nicht nur ein Übersetzer aus unzähligen Sprachen, sondern auch ein Experte in Sachen Buddhismus und Kabbala ist, eine Zeit lang interessierte: »Einmal fragte sie mich über den Buddhismus aus, also hielt ich ihr einen Vortrag über ihn. Sie stellte mir ein paar Fragen, und damit war das Thema abgehakt. Keine Kommentare. Das war wohl unser einziges Gespräch über die Fragen der Religion«,[2] erklärte er in einem Interview, nicht ohne einen entsprechenden Vergleich zwischen Szymborska und Miłosz zu ziehen: »Wisława hatte eine eigene Weltanschauung, die mit der buddhistischen stark übereinstimmte. Zum Beispiel das Leid der Natur, das Leid der Tiere. Für Miłosz waren das auch sehr wichtige Fragen, aber bei ihm sieht man, dass er sich mit der buddhistischen Literatur befasste. Wisława las, soviel ich weiß, solche Sachen nicht, aber ihre eigene existenzielle Erfahrung führte sie zu ähnlichen Schlussfolgerungen.«[3] Auch in ihrer Überzeugung von der Einmaligkeit des Umstands, als Mensch geboren zu sein, ihrem häufigen Nachdenken über die eigene Identität angesichts der Vielfalt der Schöpfung – im Sinne: Warum bin ich eigentlich ein Mensch und nicht (wie sie sich im Gedicht *Im Gewimmel* fragte), eine Spinne, eine Möwe oder eine Feldmaus – sah Kania einen Grund, ihr eine Verwandtschaft mit dem Buddhismus zu attestieren.

Dass es grundsätzlich nicht einfach war, Szymborskas Haltung zu Fragen des Glaubens und der Religiosität zu beschreiben – darüber waren sich die Kenner ihrer Lyrik einig. Laut ihrem Sekretär habe sie darunter gelitten, »denn es war so, als sei die christliche Religiosität die einzige, die sich beschreiben ließe, wohingegen die ihrige dafür zu häretisch sei.«[4] Dabei habe sie in dieser Hinsicht einige originelle Ansichten vertreten. »Die Seele zum Beispiel verstand sie nicht so, wie die Christen sie üblicherweise verstehen, sondern als eine Kategorie, die den Menschen helfe, besser über sich selbst zu denken. Für sie bedeutete die Seele einen existenziellen Luxus.«[5] Und auch das christlich geprägte hermeneutische Modell, dem zufolge man die Wirklichkeit als einen Deckmantel für etwas Wichtigeres, Metaphysisches betrachten solle, habe sie kritisch beäugt: »Sie behauptete, wir würden zu leicht über diesen Deckmantel hinweg zur Tagesordnung übergehen und hinter ihm zu schnell nach irgendeiner Idee suchen. Sie war der Meinung, man solle zuerst auf der Ebene der wörtlichen, materiellen Beschaffenheit der Welt innehalten und wenn man in ihr nach einer Epiphanie suche, dann immer auf eigene Faust, ohne die ideologische Stütze einer geistigen Institution. (…) Die Metaphysik betrachtete sie demnach als eine private Angelegenheit. Zum selbstständigen Entdecken.«[6]

Zu ihren Lebzeiten sollten noch zwei kurz aufeinanderfolgende Bände erscheinen, in denen sie unter anderem ihr reifes Verständnis der Metaphysik liefert, *Doppelpunkt* (2005) und *Hier* (2009). Sie tut es direkt, in *Metaphysik* (»Gewesen, vergangen. / Gewesen, also vergangen. / Immer in dieser Reihenfolge, / denn so ist die Regel des verlorenen Spiels.«[7]), oder indem sie sich den alltäglichen Dingen zuwendet, denen sie durch ihr dichterisches Können einen Hauch von Metaphysik verleiht, wie in *Kammerlinge* (»Nun ja, zum Beispiel diese Kammerlinge. / Sie lebten hier, denn es gab sie, / und es gab sie, denn sie lebten. / So gut sie konnten, da sie konnten, / so gut sie vermochten.«[8]). Naturgemäß spricht sie in beiden Bänden oft über die letzten Dinge im Leben des Menschen, in diesem *Labyrinth,* das nichts anderes sei »als nur deine, solange deine, / Flucht, Flucht«.[9] Gleichzeitig hört sie aber immer noch nicht auf, über den Reichtum und die Vielfalt der Welt zu staunen. Das hatte sie ihr Leben lang getan, doch hier, in diesen späten Gedichten, scheint sie diese Haltung besonders sorgsam zu pflegen, wenn auch mit einem Hauch Resignation. Sie wusste, dass »die Neugier«, so der Literaturkritiker Wojciech Ligęza, »niemals nachlassen darf«, weil nur »angesichts der Momente intensiver Existenz der Tod machtlos ist«.[10] Sein Kollege Stanisław Balbus benutzte in diesem Zusammenhang den der Physik entliehenen Begriff »schwankendes Gleichgewicht« (»Ich weiß, dass alles auf den Tod zusteuert, aber ich bin auf der Seite des Lebens.«[11]). Und der mit der Dichterin befreundete Slawist Leonard Neuger sprach gern von »Gesten der Hinauszögerung« (»Noch nicht, noch nicht jetzt, nicht sofort ...«[12]).

Auch bei diesen letzten »Hinauszögerungsversuchen« bedient sie sich gern einer betont einfachen, gewöhnlichen, manchmal scherzhaften Sprache. Sie mochte es schon immer, wenn das Gewöhnliche in den Rang der Kunst avancierte, und sorgte dafür konsequent in ihrer eigenen Lyrik. Daran hatte sich bis zum Schluss nichts geändert, wie sie in ihrem schlichten Gedicht über *Vermeer* und sein Meisterwerk, die »Frau aus dem Rijksmuseum«, die »Tag für Tag Milch / aus dem Krug in die Schüssel gießt«,[13] eindrucksvoll zeigt. Und ein Gedicht über die geliebte Ella Fitzgerald gelang ihr im letzten Band (*Hier*) doch noch. Allerdings ist ihre *Ella im Himmel* keine Jazz-Virtuosin, jedenfalls nicht auf den ersten Blick:

Sie betete zu Gott,
betete inständig,
er möge aus ihr
ein glückliches weißes Mädchen machen.
Und wenn es schon zu spät ist für diese Veränderung,
dann, lieber Gott, schau wenigstens, wie viel ich wiege
und nimm mir mindestens die Hälfte weg.
Aber der gnädige Gott sagte nein.
Er legte ihr nur die Hand aufs Herz,
sah ihr in die Kehle, strich ihr über den Kopf.
Und wenn alles vorbei ist, sagte er,
machst du mir die Freude und kommst zu mir,
mein schwarzer Schatz, du singender Klotz.[14]

Wie sehr sie sich auch in ihrem Alltag über den nahenden Tod Gedanken machte, konnte man nicht zuletzt an den Testamentsentwürfen erkennen, die man später in ihren Papieren fand. Auch über ihre Beerdigung, zu der man folgende Notiz fand: »Ich möchte, dass sie einen laizistischen Charakter hat, was aber nicht die Teilnahme der Geistlichen ausschließt, die mit mir befreundet waren.«[15] Eigentlich verwundert es nicht – sie war ja seit ihrer Jugend keine praktizierende Katholikin mehr. Ihr Sekretär glaubte aber hinter dieser Verfügung etwas anderes auszumachen: »Ich denke«, so sein Kommentar, »ihr Flirt mit der kommunistischen Ideologie in den 1950er Jahren war für sie eine so schmerzhafte Erfahrung, dass sie seitdem eine Abneigung gegen jegliche Institutionen und Ideologien empfand. Ich vermute, dass sie die Kirche als eine ärgerliche Institution ansah, in der man aber fabelhaften Menschen begegnen konnte.«[16]

Letzteres traf bestimmt zu – nicht nur weil ihre Anordnung diesen Gedanken nahelegt, sondern auch, weil es vielen polnischen Intellektuellen so ging, vor allem seit der politischen Wende. Unter der kommunistischen Diktatur war es für die Kirche einfacher gewesen, als hochangesehene Institution zu bestehen, denn die Eindimensionalität des politischen Systems erzeugte eine Schwarz-Weiß-Konstellation, von der sie nur profitieren konnte: Die Kommunisten verkörperten die Lüge, die Kirche – die Wahrheit. Dann aber, nach dem Sturz des Kommunismus, machte sich in der Kirche ein neues Bestreben bemerkbar: Sie versuchte immer öfter, auf die aktuelle Politik Einfluss zu nehmen, was die Mehrheit der Polen immer kritischer sah und es immer offener zum Ausdruck brachte. Diese plötzliche Ablehnung seitens großer Teile der Gesellschaft verunsicherte die Kirche sehr. Seitdem bemühte sie sich, ihr Selbstbild zu korrigieren und einerseits zurückhaltender, andererseits moderner und weltoffener zu wirken. Als das polnische Episkopat aber Ende der 1990er Jahre den nächsten Schritt wagte und sich offiziell für die europäische Integration und den EU-Beitritt Polens aussprach (der bekanntlich 2004 erfolgte), kristallisierte sich innerhalb der polnischen Kirche eine Strömung heraus, die in krassem Widerspruch zu dieser neuen Fortschrittlichkeit der Kirchenführung stand. Zu ihrem Sprachrohr wurde der populistische Rundfunksender Radio Maryja, zu deren Klientel schnell all diejenigen wurden, die sich als Opfer der neuen politischen und wirtschaftlichen Verhältnisse sahen. Auf diese Weise entstand innerhalb der polnischen Kirche eine Kluft, die für neue Spannungen in der Gesellschaft sorgte.

So gehörte auch Szymborska zu denjenigen, die der Kirche kritisch gegenüberstand – von der erwähnten »Abneigung gegen jegliche Institutionen und Ideologien« abgesehen. Sie hatte ja eine Abneigung gegen jede Form von Kollektivität, Feierlichkeit, Pomp, was auch Ehrungen und Auszeichnungen einschloss. Als sie Ende 2010 erfuhr, dass man sie für den Orden des Weißen Adlers, die höchste polnische Staatsauszeichnung vorgesehen hatte, lehnte sie dessen Annahme sofort ab. Sie benutzte zwar die gleiche Ausrede, die sie schon 1997 vorgebracht hatte, als man ihr die Krakauer Ehrenbürgerschaft verleihen wollte, doch diesmal dürfte sie gehofft haben, dass man angesichts ihres Alters einsehen würde, dass ihre Befürchtung sich bewahrheiten könnte. Ihr Einwand lautete nämlich: »Eine solche Auszeichnung verpflichtet zu angemessenem Verhalten. Und was ist, wenn ich auf meine alten Tage wahnsinnig werde und Ärger mache?«[17] Schließlich stimmte sie aber doch zu. Die Auszeichnung nahm der damalige Staatspräsident Bronisław Komorowski vor, und die Zeremonie fand auf dem Wawel statt, doch man sorgte dafür, dass sie feierlich, aber nicht pathetisch ausfiel. Man hatte sogar Verständnis dafür, dass die Dichterin dem Bankett fernblieb, das am Abend ihr zu Ehren stattfand. Drei Monate später machte sie es allerdings wieder gut, indem sie das Ehepaar Komorowski privat zu einem Abendessen traf.

Das Jahr 2011 begann für sie ganz ruhig. Erst Mitte Mai hatte sie einen wichtigen Termin: eine kollektive Lesung im

Rahmen des zweiten Czesław-Miłosz-Festivals. Das ohnehin größte Literaturfestival Polens und Mitteleuropas dauerte diesmal sieben Tage und hatte ein besonders effektvolles Programm, weil es mit dem 100. Geburtstag des Dichters zusammenfiel. Szymborska trat in der Fronleichnamskirche im Krakauer Stadtteil Kazimierz auf, zusammen mit drei weiteren Lyrikern: der Polin Julia Hartwig, dem Schweden Lars Gustafsson und dem Inder Aśok Wadźpeji. Als sie an der Reihe war, las sie einige ihrer Werke, darunter zwei neue – die anfangs erwähnte Kriegserinnerung mit dem Titel *Spiegel* und das kurze, aber bedeutungsschwere Gedicht *Hand*:

> Siebenundzwanzig Knochen,
> fünfunddreißig Muskeln,
> etwa zweitausend Nervenzellen
> in jeder Spitze unserer fünf Finger.
> Das reicht vollkommen,
> um *Mein Kampf* zu schreiben
> oder *Pu der Bär*.[18]

Im Sommer fuhr sie nach Lubomierz, um mit »den Physikern« etwas Zeit zu verbringen und ihren 88. Geburtstag zu feiern. Im Oktober verbrachte sie ihren üblichen Herbsturlaub in Zakopane, in der Künstlerpension Halama. Als Gäste aus Krakau kamen – diesmal waren es ihr Sekretär und das Verleger-Ehepaar Krystyna und Ryszard Krynicki –, ging sie mit ihnen zum Mittagessen in ein Restaurant, von dessen Besitzer sie erkannt wurde. Er erzählte ihr, dass sein Großvater das Grundstück, auf dem sich das Restaurant befinde, ihrem Vater, Wincenty Szymborski, abgekauft habe. Danach liefen sie zur Pension zurück – für einen Spaziergang, der sonst immer auf so ein Essen folgte, fühlte sie sich nicht stark genug.

»Wisława Szymborska war der Meinung, dass es unhöflich sei, jemanden vor zehn Uhr morgens anzurufen. Außer, es sei etwas Schlimmes passiert. Als sie also am 22. November 2011 um neun anrief, begriff ich sofort, dass die Sache ernst war.«[19] Mit diesen Worten beginnen Michał Rusineks Erinnerungen an Wisława Szymborska, und obwohl bis dahin noch nichts passiert ist – die drei Sätze bilden ja den Auftakt des Buches –, spürt man sofort, dass »etwas Schlimmes« nur das Schlimmste bedeuten kann. Die Ereignisse, die auf diesen Anruf folgten, das Bestellen des Krankenwagens, die Fahrt in eine Klinik, die Untersuchungen, deren Ergebnisse man ihr nicht in vollem Umfang mitteilte, nur die Tatsache, dass eine sofortige Operation notwendig sei, ihre anfängliche Weigerung, dann die Einwilligung und schließlich die Operation selbst – all das hätte sich kaum schneller abspielen können. Als sie aber am nächsten Morgen aufwachte (oder besser: obwohl sie es tat), begann eine Zeit, die man üblicherweise mit »Anfang vom Ende« umschreibt.

Die schwierige Aufgabe, der Dichterin zu sagen, dass sie trotz der gut überstandenen Operation unheilbar krank war, übernahm der Klinikchef, Professor Andrzej Szczeklik, ein international anerkannter Innenmediziner und gleichzeitig eine der schillerndsten Persönlichkeiten Krakaus. Zu seinen Patienten gehörten viele Künstler und Intellektuelle, die Schriftsteller Czesław Miłosz, Stanisław Lem und Sławomir Mrożek, der Regisseur Andrzej Wajda oder der Philosoph Józef Tischner, doch er behandelte sie nicht nur – er war auch mit ihnen befreundet, zumal er selbst künstlerische

Talente besaß. Er spielte hervorragend Klavier, was er bei verschiedenen öffentlichen Gelegenheiten unter Beweis stellte, etwa indem er sich hin und wieder zu einem Auftritt im Kabarett Piwnica Pod Baranami überreden ließ. Und er war ein begabter Literat, was sich nicht zuletzt in drei Essaybüchern niederschlug, in denen er auf eine tiefgründige und zugleich unterhaltsame Weise große medizinische Fragen behandelte und dabei aus der Mythologie und verschiedenen Bereichen der Wissenschaft und Kunst schöpfte. Als eines dieser Bücher 2012 auf Deutsch erscheinen sollte (unter dem Titel *Auf der Suche nach der Seele der Medizin*), schrieb Adam Zagajewski dazu ein Vorwort, in dem er sich an seine erste Begegnung mit dem Professor erinnerte: »Wir sprachen nur kurz miteinander, doch sofort war mir klar, dass ich es mit einem ganz ungewöhnlichen Arzt und Wissenschaftler zu tun hatte, einem experimentellen Forscher und Humanisten in einer Person.«[20] Und auch Szymborska selbst stellte ihm einmal – indem sie sich auf ihr Gedicht *Möglichkeiten* aus dem Band *Menschen auf der Brücke* berief – ein sehr schmeichelhaftes Zeugnis aus: »Ich habe einmal in einem Gedicht geschrieben: ›Mit Ärzten rede ich lieber über was andres.‹ Ich kannte aber zu diesem Zeitpunkt weder Dr. Andrzej Szczeklik noch seine Bücher, die damals noch nicht existierten. Jetzt, nachdem ich sie gelesen habe, weiß ich, dass der Autor nicht nur ›über was andres‹ sondern auch ›über DAS‹ faszinierend erzählen kann.«[21]

Demnach war er tatsächlich die richtige Person, mit der Dichterin über ihren Zustand zu sprechen, darüber also, dass sie Lungenkrebs im Endstadium und nur noch einige Wochen zu leben hatte. Hätte er das Gespräch auch dann führten wollen, wenn er gewusst hätte, welch grausamen Streich

Eines der letzten Fotos der Dichterin

ihm das Schicksal spielen sollte? Dass er selbst – obwohl fünfzehn Jahre jünger und scheinbar gesund – nur zwei Tage nach ihr an plötzlichem Herzversagen sterben würde? Das war ihm aber zu diesem Zeitpunkt nicht bekannt, und das unvermeidliche Gespräch fand statt. Doch zu seiner Überraschung habe sie dabei, wie er später Michał Rusinek erzählte, seltsam abwesend gewirkt, als hätten seine Worte sie gar nicht erreicht. Beide fragten sich, ob die fatale Nachricht zu ihr wirklich nicht vorgedrungen sei oder ob sie sich deren Wirkung einfach habe nicht anmerken lassen. Auf jeden Fall fand auch Rusinek seine Chefin, als er sie am Nachmittag besuchte, bei erstaunlich guter Laune vor; sie habe gescherzt und nicht nur Pläne gemacht, sondern sogar einen Verlagsvertrag über einen neuen Gedichtband unterschrieben.

War sie auf den Tod längst vorbereitet? Nicht nur in praktischer Hinsicht, sondern auch im geistigen Sinne? War das der Grund für ihre Reaktion? Wenn man ihrem Schreiben glauben will, hatte sie vor dem Tod keine Angst, höchstens vor dem Moment des Sterbens – dem Schmerz und der Entstellung des Körpers, von denen sie im Gedicht *Ich bedenke die Welt* spricht, in dem sie sich deren »Ausgabe zwei, verbessert«[22] wünscht: »Das Leid (Kapitel drei) / kann unseren Körper nicht entstellen. / Der Tod / kommt, wenn wir schlafen.«[23] Nach der Diagnose soll sie jedenfalls die Worte Tod und Sterben aus ihrem Vokabular verbannt haben. Sie wollte aber auch keine lebenserhaltenden Maßnahmen, was respektiert wurde. Mitte Dezember wurde sie aus der Klinik entlassen und seitdem in ihrer Wohnung betreut, Tag und Nacht von Krankenschwestern, die sich abwechselnd in ihrem Gästezimmer einquartierten, und von ihrem Sekretär, der regelmäßig kam und sich um alles kümmerte. Er musste sie nicht jedes Mal fragen, wie es ihr ging, manchmal genügte ihm eine kleine Abweichung von der gemeinsamen jahrelangen Routine, um es zu erkennen. Etwa an dem Tag, an dem er ihr die Ausdrucke der Gedichte brachte, die in ihren neuesten Band hineinsollten, damit sie ihre Reihenfolge bestimmte. Das tat sie immer, sobald sich etwa zwanzig angesammelt hatten; zum Schluss dachte sie sich einen Titel aus. Nur in diesem einen Fall stand er schon fest, noch bevor die Gedichte – diesmal waren es nur dreizehn – fertig waren. Sie hatte auch, wie sich Michał Rusinek erinnert, »keine Lust mehr, sie in eine Reihenfolge zu bringen. Nach einer Weile gab sie mir wortlos die Mappe zurück.«[24] Der schmale Band sollte zwei Monate nach ihrem Tod erscheinen und den Titel *Es ist genug* tragen.

Die Ereignisse des 1. Februar 2012 lässt man wohl am besten ihn, ihren Sekretär, erzählen – da sie Besuche anderer Freunde seit Beginn ihrer Krankheit abgelehnt hatte, war er auch diesmal der Einzige (außer einer Ärztin und einer Krankenschwester), der diesen Tag in ihrer Wohnung verbrachte:

»Ich versuche zu arbeiten, schreibe etwas. Sie schläft die ganze Zeit. Am Abend bittet mich die Ärztin, in das Zimmer von Frau Wisława zu kommen. Sie sagt, es würde nicht mehr lange dauern. Ihr Atem wird schwächer und flacher.

Bis er einfach aufhört.

Die Krankenschwester schaltet das Sauerstoffgerät aus.

Und erst dann wird es ganz still.

Es ist später Abend. Bald wird der nächste Tag beginnen, der 2. Februar 2012. Sie hat ihn sieben Jahre zuvor in ihrem Gedicht *Morgen – ohne uns* beschrieben.«[25]

(...) Allmählich, im Laufe des Tages,
unter dem Einfluß eines Hochs von Norden
sind örtliche Aufheiterungen möglich.
Doch bei starken und wechselhaften Windstößen
kann es Gewitter geben.

In der Nacht
klart es fast im ganzen Land auf,
nur im Südwesten
sind Niederschläge nicht auszuschließen.
Die Temperatur wird merklich fallen,
dafür steigt der Luftdruck.

Der nächste Tag
verspricht sonnig zu werden,
obwohl jene, die leben,
noch einen Regenschirm brauchen.[26]

Als Wisława Szymborska am 9. Februar 2012 zu Grabe getragen wurde, versammelten sich auf dem alten Rakowicki-Friedhof etwa achttausend Menschen. Ihre Beerdigung hatte ihrem Wunsch entsprechend einen laizistischen, gleichzeitig aber genau den offiziellen Charakter, der ihr zuwider war. So befanden sich unter den Trauergästen nicht nur ihre Freunde, sondern auch Premierminister Donald Tusk, Staatspräsident Bronisław Komorowski, der Krakauer Bürgermeister und etliche Minister und Diplomaten. Doch gleichzeitig waren unzählige anonyme Menschen gekommen, um der Dichterin ihre Dankbarkeit zu zeigen. Im Namen der Schriftsteller sprach Adam Zagajewski, der sie als »Patriotin eines offenen, toleranten und multinationalen Polens« würdigte und als einen »geliebten Menschen« verabschiedete, dessen Verlust schwer zu ertragen sei.[27] Und dann ergriff ihr Sekretär das Wort, nur sprach er nicht über sie, sondern zu ihr, so wie er es jahrelang getan hatte. »Ich frage mich«, sagte er zum Schluss, »was Sie gerade machen. Wenn Sie selbst versuchten, es sich auszumalen, dann lautete die pessimistische Version, Sie würden irgendwo an einem kleinen Tisch sitzen und Widmungen schreiben. Und die optimistische Version? Nun, angeblich ist auch Ihre geliebte Ella Fitzgerald im Himmel, also hören Sie ihr jetzt wahrscheinlich zu, während Sie eine Zigarette rauchen und Kaffee trinken. Aber gleichzeitig – zum Glück für uns – können Sie immer noch bei uns sein. Sie haben uns viel zu lesen und viel zum Nachdenken hinterlassen. Wir danken Ihnen, Frau Wisława.«[28] Kaum hatte er zu Ende gesprochen, erklang über den Köpfen der Versammelten die »tröstende« Stimme von Ella Fitzgerald.

Wer sich hingegen zu dem Zeitpunkt auf dem Hauptmarkt aufhielt, konnte hören, wie sich Krakau von seiner berühmtesten Tochter, wie Stanisław Barańczak sagen würde, verabschiedete: Anstelle des Signals, das seit Jahrzehnten vom Turm der dort stehenden Marienkirche zu hören ist – des jede Stunde von einem Trompeter live gespielten musikalischen Wahrzeichens der Stadt –, erklang diesmal die Melodie eines alten Schlagers:

Nichts kommt zweimal vor,
auch wenn es uns anders schiene.
Wir kommen untrainiert zur Welt
und sterben ohne Routine.

Epilog

Zwei Jahre nach Wisława Szymborskas Tod erschien im Warschauer Verlag PWN ein opulenter Band mit dem Titel *Begeisterung und Verzweiflung*: eine Sammlung von sehr persönlichen Erinnerungen ihrer Schriftstellerkollegen, Freunde und Nachbarn. Manches daraus wurde bereits in diesem Buch zitiert. Einige Passagen aber kann man sich besonders gut in gesprochener Form vorstellen. Sich also ausmalen, wie eine Gruppe von Freunden der Dichterin zusammenkommt, um ein paar Erinnerungen und Gedanken auszutauschen – in ähnlicher Manier, wie sie selbst sie jahrelang an bestimmten Tagen um sich versammelte, um sich mit ihnen an Adam Włodek oder Kornel Filipowicz zu erinnern.

Sie treffen sich natürlich in Szymborskas Wohnung in der Piastowska-Straße. Das Menü ist wegen der Abwesenheit der Gastgeberin bescheiden: Schnitten, Salate, Wein, Kaffee, Cognac, Kornelówka. Doch sie sind trotzdem zahlreicher erschienen als zu ihren Lebzeiten – acht Personen bedeuteten ja für sie schon eine »Menschenmenge«, diesmal sind es fünfzehn –, und sie scheinen es auch zu genießen. Manche sitzen an dem Tisch, an dem ihre berühmten *loteryjki* stattfanden, manche stehen oder gehen in der Wohnung herum. Was gut ist, denn so lassen sich besser kleine Fetzen ihrer Gespräche aufschnappen:

Leonard Neuger (Slawist): »… Wir spielten wie Kinder. Alle Ängste waren beiseitegeschoben, und wir lachten und schauten begeistert in ihre intelligenten schwarzen Augen, die vor Humor und Wärme glänzten. Und dann schickte sie uns ihre Collagen, jede mit ihren Papillarlinien, surreal, und doch genau auf jeden von uns abgestimmt.«[1]

Aleksander Fiut (Literaturkritiker): »... Jede alltägliche Situation wurde von ihr inszeniert, in ein amüsantes und surreales Spektakel verwandelt. Vermutlich mochte sie deswegen die Filme von Woody Allen und Fellini so sehr. Sie fühlte sich von einer Vision der menschlichen Existenz angezogen, die eine Art Zirkus oder groteskes Theater war, in der sich Komik mit Tragik, Nichtigkeit mit ernsthaften Dingen, Künstlichkeit mit Authentizität, Lüge mit Wahrheit vermischten.« [2]

Józef Baran (Dichter): »... Sie war scheinbar eine typische Angehörige des Krakauer Bürgertums und – verzeihen Sie mir den hässlichen Ausdruck – ein Produkt der Volksrepublik. Doch sie schuf, bis auf die ersten sozrealistischen Werke, eine herrlich universelle Lyrik, die sich dem Zeitgeist nicht beugte. Ihre Gedichte schwebten leicht über allen politischen und gesellschaftlichen Zwängen.«[3]

Katarzyna Kolenda-Zaleska (Filmemacherin): »... Während einer Reise mit ihr konnte man sich nicht langweilen. So eine Reise verlangte nach intellektueller Wachsamkeit, denn eine Geschichte ohne Pointe eignete sich nicht zum Erzählen. Wir bereisten zusammen Sizilien, Irland, Amsterdam, Den Haag, Norditalien. ›Reist du gern?‹, fragte ich sie einmal. – ›Nein. Ich kehre gern zurück.‹«[4]

Ryszard Krynicki (Szymborskas Verleger): »… Ich denke, ihre Collagen könnte man neben den Arbeiten von Hannah Höch, Max Ernst, manchen Künstlern der Fluxus-Bewegung und anderen Meistern der Gattung ausstellen.«[5]

Bogusława Latawiec (Dichterin): »… Einmal erklärte sie mir, warum sie Autorenabende nicht mochte: Nicht weil sie das Publikum geringschätzen würde, sondern weil sie sich selbst in solchen Situationen nicht ausstehen könne. ›Ich bin dann mir selbst fremd‹, sagte sie. ›Ich mache andere Bewegungen als sonst – oh, solche.‹ Sie riss die Arme in die Höhe, wedelte mit den Händen, klimperte mit den Wimpern. ›Ich habe sie nicht unter Kontrolle. Und wirke dadurch irgendwie infantil.‹«[6]

Wojciech Ligęza (Literaturhistoriker): »… Ihr Sinn für Humor war einzigartig. Doch wenn man ihre persönlichen Eigenschaften aufzählen wollte, könnte das in verschiedene Richtungen führen, denn sie zogen zwar ihre Gesprächspartner an, aber sie hielten sie auch in Schach, weil die Grundbedingung für ein Gespräch war, dass man ein Thema nicht banal auffassen durfte.«[7]

Tadeusz Nyczek (Literatur- und Theaterkritiker): »… Das Theater mochte sie nicht. Ich weiß nicht, ob schon immer, aber auf jeden Fall seitdem ich mich erinnern kann. Entweder schreien sie entsetzlich, sagte sie, oder man hört nichts. Sie schlagen um sich und spielen verrückt, sagte sie. Chaos und Lärm. Sie schätzte Transparenz, Klarheit und Präzision. Eher konkrete Dinge als schwammige Begriffe. Sie stammte aus der Schule Diderots und überhaupt der Enzyklopädisten. Voltaire, Montaigne.«[8]

Bronisław Maj (Dichter): »... Eines Tages rief sie mich an, um sich nach dem Besuch irgendwelcher Bankleute auszuweinen. Sie wollte einen Teil des Preisgeldes der Stiftung von Jacek Kuroń spenden, und man musste die Formalitäten erledigen. Es sollten zwei Herren kommen, es kamen aber vier, mit Frauen, Kindern und einem Fotografen. Sie schoben ihr Bücher hin, damit sie sie signierte, machten Fotos. Sie sagte dann zu mir, bitter, wenn auch mit dem ihr eigenen Witz: ›Weißt du, ich werde jetzt von den Menschen nicht mehr besucht, sondern besichtigt.‹«[9]

Stanisław Balbus (Literaturhistoriker): »... Wer sie selbst und ihre Lyrik gut kannte, der wüsste sofort etliche autobiografische Motive zu benennen. Aber ich glaube nicht, dass Wisława eine solche Dechiffrierung gefallen würde. Wir sollten damit noch etwas warten. Nicht lange. Etwa ein Vierteljahrhundert.«[10]

Jerzy Pilch (Schriftsteller): »... Wisława und Kornel liebten das Zelten. Sie kannten jeden Baum, jede Art Kräuter, jeden Fisch. Sie waren beide, wie Miłosz sagen würde, hervorragende Naturalisten. Das muss sie stark verbunden haben. Aber es war auch eine große Liebe, und eine große Liebe lässt sich nicht allein mit gemeinsamen Interessen erklären. Wisława ging gar so weit, dass sie behauptete, Kornel sei derjenige, der den Nobelpreis hätte bekommen sollen. Ich schätze ihn sehr, aber zu diesem Schluss kann nur eine verliebte Frau kommen.«[11]

Adam Zagajewski (Dichter): »... Sie war die Eleganz in Person: vielleicht weniger, was die Kleidung betraf, darauf legte sie nicht so großen Wert; doch sie war elegant in ihren Gesten, Bewegungen, in ihrer Art zu reden und natürlich in ihren Gedichten. Die Form war ihr wichtig, ich denke, Chaos mochte sie nicht, weder im Leben noch in der Literatur.«[12]

Ksenia Starosielska (Übersetzerin): »... Im Sommer 1973, als Wisława und Kornel in Moskau waren, machten wir zu dritt einen langen Spaziergang. Müde vom Herumlaufen, gingen wir in einen Innenhof hinein und setzten uns auf eine Bank. Wir sitzen da, rauchen und plötzlich taucht aus einem Keller ein kleines Kätzchen hervor. Es kann noch nicht mal richtig laufen. Wisława sieht es an und beginnt sein Leben zu erzählen, das bisherige und das künftige, sagt, dass wir Zeugen dessen seien, wie ein junges Wesen die Welt erkunde. Es war eine schöne kleine Novelle. Knapp, rührend, amüsant und ernst zugleich.«[13]

Teresa Walas (Polonistik-Professorin): »... Ihre Beziehungen mit anderen Menschen hatten einen authentischen Charakter, was bewirkte, dass sie alle zufälligen Konstellationen, konventionellen Situationen, aufgezwungenen Rollen schlecht vertrug. Daher ihr Konflikt mit der ›Nobelpreis-Industrie‹, was manchmal den Eindruck einer hysterischen Reaktion machte.«[14]

Michał Rusinek (Szymborskas Sekretär): »... Als ich noch im Gymnasium war, besuchte ich einmal eine Freundin, die im Sterben lag und die mich gebeten hatte, ihr einen Gedichtband von Szymborska zu leihen. Während ich zu ihr mit dem Bus ans andere Ende von Krakau fuhr, fing ich an, in dem Band zu lesen. Und stellte verblüfft fest, dass es keine Frauenlyrik war, die ich damals verachtete. Ich erinnere mich, dass ich von diesen Gedichten hypnotisiert war. Als ich aus dem Bus stieg, war ich irgendwie verändert.«[15]

ANHANG

Quellen

Vorwort

1 Karl Dedecius, *Denkwürdigung* (in Wisława Szymborska, *Die Gedichte,* Hg. und Übersetzung K. D., Suhrkamp Verlag, Ffm. 1997, S. 322).
2 Michał Rusinek, *Nic zwyczajnego. O Wisławie Szymborskiej.* Verlag Znak, Krakau 2016, S. 190 f.
3 Anna Bikont / Joanna Szczęsna, *Pamiątkowe rupiecie. Biografia Wisławy Szymborskiej.* Wydawnictwo Znak, Krakau 2012, S. 8.
4 Joanna Gromek-Illg, *Szymborska. Znaki szczególne.* Verlag Znak, Krakau 2020, S. 324 f.
5 Wisława Szymborska, *Mały niegrzeczny chłopiec.* Rez. von Donald Spoto, *Alfred Hitchcock* (in *Ćwiartka Szymborskiej czyli Lektury nadobowiazkowe.* Auswahl und Vorwort Jacek Dehnel. Verlag Znak, Krakau 2021, S. 484).

Kapitel 1

1 Szymborskas Dankesrede während der Verleihung der Ehrendoktorwürde der Universität Posen am 15. Mai 1995; abgedruckt in *Wokół Szymborskiej*, Hg. Barbara Judkowiak, Elżbieta Nowicka, Barbara Sienkiewicz, Posen 1996.
2 Joanna Gromek-Illg, *Szymborska. Znaki szczególne.* a. a. O., S. 45 f.
3 Anna Bikont / Joanna Szczęsna, *Pamiątkowe rupiecie*, a. a. O., S. 12.
4 Wisława Szymborska, *Aus dem Kino kommend* (auf *Panorama*

der polnischen Literatur des 20. Jahrhunderts. Hg. Karl Dedecius, Ammann Verlag, Zürich 2000, Teil 1: *Poesie,* Hg. und übertragen von K. D., Bd. 2, S. 93).

5 Wisława Szymborska, Rez. von Ann Radcliff, *Italczyk albo konfesjonał czarnych pokutników* (in *Ćwiartka Szymborskiej,* a. a. O., S. 285).

6 Anna Bikont / Joanna Szczęsna, *Pamiątkowe rupiecie,* a. a. O., S. 60.

7 Wisława Szymborska, *Der Dichter und die Welt. Rede zum Literatur-Nobelpreis (1996).* Aus dem Polnischen von Ursula Kiermeier (in W. S., *Die Gedichte,* a. a. O., S 13).

Kapitel 2

1 Michał Rusinek, *Nic zwyczajnego*, a. a. O., S. 291.

2 Wisława Szymborska, *Spiegel* (in W. S., *Glückliche Liebe und andere Gedichte.* Aus dem Polnischen von Renate Schmidgall und Karl Dedecius. Mit einer Nachbemerkung von Adam Zagajewski, Suhrkamp Verlag, Berlin 2012, S. 87).

3 Michał Rusinek, *Nic zwyczajnego*, a. a. O., S. 291 f.

4 Ebd., S. 292.

5 Anna Bikont / Joanna Szczęsna, *Pamiątkowe rupiecie*, a. a. O., S. 65.

6 Michał Rusinek, *Nic zwyczajnego*, a. a. O., S. 110.

7 Ebd., S. 110 f.

8 Tadeusz Pankiewicz, *Die Apotheke im Krakauer Ghetto.* Aus dem Polnischen von Manuela Freudenfeld, Bettendorf Verlag, Essen 1995, S. 226.

9 Wisława Szymborska, *Noch* (in W. S., *Hundert Freuden. Gedichte.* Hg. und übertragen von Karl Dedecius. Mit einem Vorwort von Elisabeth Borchers und einem Nachwort von Jerzy Kwiatkowski, Suhrkamp Verlag, Frankfurt am Main 1996, S. 181).

10 Anna Bikont / Joanna Szczęsna, *Pamiątkowe rupiecie*, a. a. O., S. 71.

11 Ebd.
12 Joanna Gromek-Illg, *Szymborska. Znaki szczególne.* a. a. O., S. 137.
13 Adam Włodek, *Debiut z przygodami* (in *Zachwyt i rozpacz. Wspomnienia o Wisławie Szymborskiej*. Hg. Agnieszka Papieska, Wydawnictwo PWN, Warschau 2014, S. 469).
14 Ebd., S. 470.
15 Joanna Szczęsna, »*Pisałam wiersze, piszę wiersze i mam zamiar pisać wiersze*« (in Wisława Szymborska, *Czarna piosenka*, Verlag Znak, Krakau 2014, S. 6).

Kapitel 3

1 Wisława Szymborska, *Kochany »Dzienniku Polski«!* (in Dziennik Polski, 1955, nr 20, s. 10).
2 Joanna Gromek-Illg, *Szymborska*, a. a. O., S. 156.
3 Ebd., S. 161.
4 Sławomir Mrożek, *Balthasar. Autobiografie.* Aus dem Polnischen von Marta Kijowska, Diogenes Verlag, Zürich 2007, S. 197.
5 *Godzina dla Adama. Wspomnienia o Adamie Włodku.* Wydawnictwo Literackie, Krakau 2001, S. 53.
6 Sławomir Mrożek, *Balthasar*, a. a. O., S. 198.
7 Ebd., S. 215 f.
8 Ebd., S. 253.
9 Bronisław Maj, *Das Musenhaus. Die Geschichte der Krupnicza 22* (in *Deutsch-Polnische Ansichten zur Literatur und Kultur. Jahrbuch 1993*. Hg. Deutsches Polen-Institut, Harrassowitz Verlag, Wiesbaden 1994, S. 181).
10 Joanna Gromek-Illg, *Szymborska*, a. a. O., S. 190.
11 Ebd.
12 Sławomir Koper, *Nobliści skandaliści*, Verlag Harde, Warschau 2019, S. 382.
13 Joanna Szczęsna, »*Pisałam wiersze …*«, a. a. O., S. 10 f.

14 Ebd., S. 12.
15 Ebd., S. 13 f.
16 Anna Bikont / Joanna Szczęsna, *Pamiątkowe rupiecie*, a. a. O., S. 71.
17 Sławomir Mrożek, *Balthasar*, a. a. O., S. 222.
18 Ebd., S. 231.
19 Ebd., S. 232.
20 Ebd., S. 235.
21 Joanna Gromek-Illg, *Szymborska*, a. a. O., S. 240.
22 Wisława Szymborska, *Aus Korea* (in W. S., *Hundert Freuden*, a. a. O., S. 200).
23 Dies., *Zirkustiere* (Ebd., S. 199).

Kapitel 4

1 Henryk Markiewicz, *To była zła sprawa* (in Gazeta Wyborcza, 15.03.2013).
2 Wojciech Czuchnowski, *Blizna: proces kurii krakowskiej 1953*, Verlag Znak, Krakau 2003, S. 64.
3 Sławomir Mrożek, *Balthasar*, a. a. O., S. 216 f.
4 Joanna Gromek-Illg, *Szymborska*, a. a. O., S. 275 f.
5 Stanisław Balbus, *Tyle śmierci, ile życia* (in *Zachwyt i rozpacz* a. a. O., S. 6).
6 Marek Skwarnicki, *Podziękowanie Wisławie Szymborskiej* (Ebd., S. 409).
7 Sławomir Mrożek, *Balthasar*, a. a. O., S. 261.
8 Ebd., S. 268.
9 Ebd., S. 269.
10 Ebd., S. 270.
11 Wisława Szymborska, *Fragen, die ich mir stelle* (in W. S., *Deshalb leben wir. Gedichte.* Übertragen und herausgegeben von Karl Dedecius, Suhrkamp Verlag, Frankfurt am Main ³1996, S. 166).
12 Ebd., S. 167.

13 Ebd., S. 166 f.

14 Agnieszka Kluba, *Pytania zadawane sobie*; Internetportal *Nowa Panorama Literatury Polskiej – Mistrzowie poezji współczesnej: Twórczość Wisławy Szymborskiej.*

15 Wisława Szymborska, *Verliebte* (in W. S., *Deshalb leben wir,* a. a. O., S. 165).

16 Dies., *Von der Liebe zur Heimat.* Nachdichtung Annemarie Bostroem (in *Polnische Lyrik aus fünf Jahrzehnten*, Hg. Henryk Bereska und Heinrich Olschowsky, Aufbau Verlag, Berlin/Weimar 1977, S. 320).

17 Wojciech Ligęza, *Przepustowość owiec. Rozmowa z Wisławą Szymborską* (in Teksty Drugie, 1991, Nr. 4).

18 Adam Zagajewski, *Türkischer Kaffee* (in A. Z., *Poesie für Anfänger.* Essays. Aus dem Polnischen von Renate Schmidgall. Carl Hanser Verlag, München 2017, S. 181 f.).

19 Michał Rusinek, *Nic zwyczajnego*, a. a. O., S. 116.

20 Blaga Dimitrowa, *Tajemnica Wisławy* (in *Zachwyt i rozpacz,* a. a. O., S. 69).

21 Katarzyna Kolenda-Zaleska, *Radość pisania, możność utrwalania* (Ebd., S. 191).

22 Joanna Gromek-Illg, *Szymborska*, a. a. O., S. 330.

Kapitel 5

1 Wisława Szymborska, *Nichts kommt zweimal* (in W. S., *Hundert Freuden,* a. a. O., S. 173).

2 Dies., *Den Freunden* (Ebd., S. 179).

3 Dies., *Rehabilitierung* (Ebd., S. 178).

4 Dies., *Von der nicht stattgefundenen Expedition in den Himalaja* (in Dies, *Deshalb leben wir*, a. a. O., S. 155).

5 Dies., *Ich bedenke die Welt* (in Dies., *Hundert Freuden,* a. a. O., S. 189).

6 *Denkwürdigkeit* (Ebd., S. 174).

7 Stanisław Balbus, *Tyle śmierci*, a. a. O., S. 17.

8 Ebd., S. 18.
9 Sławomir Mrożek, *Balthasar*, a. a. O., S. 293.
10 Ebd., S. 300.
11 Ebd., S. 302.
12 Ebd., S. 303.
13 Joanna Gromek-Illg, *Szymborska*, a. a. O., S. 353 f.
14 Ebd., S. 348.
15 Ebd., S. 351.
16 Sławomir Mrożek, *Balthasar*, a. a. O., S. 312 f.
17 Wisława Szymborska, *Wörtchen* (in W. S., *Hundert Freuden*, a. a. O., S. 143).
18 Michał Rusinek, *Nic zwyczajnego*, a. a. O., S. 144.
19 Wisława Szymborska, *Poczta literacka czyli jak zostać (lub nie zostać) pisarzem.* Hg. Teresa Walas, Ill. Andrzej Dudziński, Wydawnictwo Literackie, Krakau 2000, S. 32 f.
20 Ebd., S. 68.
21 Ebd., S. 80.
22 Antoni Szymborski, *Burzliwe fortuny obroty. Mój pamiętnik (1831–1881)*, Verlag Znak, Krakau 2000, S. 293.
23 Michał Rusinek, *Nic zwyczajnego*, a. a. O., S. 109.
24 Joanna Gromek-Illg, *Szymborska*, a. a. O., S. 380.
25 Wisława Szymborska, *Wasser* (in W. S., *Hundert Freuden*, a. a. O., S. 161).
26 Dies., *Im Fluss des Heraklit* (Ebd., S. 164).
27 Dies., *Gespräch mit dem Stein* (Ebd., S. 167 u. 169).
28 Joanna Gromek-Illg, *Szymborska*, a. a. O., S. 400.
29 Wisława Szymborska, *Überraschendes Wiedersehen* (in W. S., *Hundert Freuden*, a. a. O., S. 144).
30 Dies., *Auf dem Turm Babel* (Ebd., S. 160).
31 Dies., *Beim Wein* (Ebd., S. 148).
32 Dies., *Goldene Hochzeit* (Ebd., S. 145).
33 Dies., *Autorenabend* (Ebd., S. 154).
34 Dies., *Museum* (Ebd., S. 138).

35 Dies., *Reiseelegie* (in Dies., *Vokabeln. Gedichte*. Hg. und nachgedichtet von Jutta Janke. Nachwort v. Jürgen Rennert. Mit einer Illustration von Carola Hahn. Verlag Volk u. Welt, Berlin-Ost 1979).
36 Joanna Gromek-Illg, *Szymborska*, a. a. O., S. 527.

Kapitel 6

1 Adam Zagajewski, *Ich schwebe über Krakau. Erinnerungsbilder.* Aus dem Polnischen von Henryk Bereska. Carl Hanser Verlag, München 2000, S 22.
2 Wisława Szymborska, Rez. von Thomas R. Henry (in *Ćwiartka Szymborskiej*, a. a. O., S. 37).
3 Dies., Rez. von Wacław Gołębowicz, *Uczeni w anekdocie* (Ebd., S. 61).
4 Dies., Rez. von Aleksander Wadimow, *Sztuki magiczne* (Ebd., S. 175 f.).
5 Dies., Rez. von Marthe de Caylus, *Wspomnienia* (Ebd., S. 116).
6 Karl Dedecius, *Ein Europäer aus Lodz. Erinnerungen.* Suhrkamp Verlag, Frankfurt am Main 2006, S. 275.
7 Ebd.
8 *Byliśmy u Kornela. Rzecz o Kornelu Filipowiczu.* Wydawnictwo Literackie, Krakau 2010, S. 189.
9 Anna Bikont / Joanna Szczęsna, *Pamiątkowe rupiecie*, a. a. O., S. 206.
10 Karl Dedecius, *Ein Europäer aus Lodz*, a. a. O., S. 275 f.
11 Joanna Gromek-Illg, *Szymborska*, a. a. O., S. 430 f.
12 Wisława Szymborska, *Thomas Mann* (in W. S., *Hundert Freuden*, a. a. O., S. 124).
13 Joanna Gromek-Illg, *Szymborska*, a. a. O., S. 389 f.
14 Marta Wyka, *Niepodobna do nikogo* (in *Zachwyt i rozpacz*, a. a. O., S. 478).
15 Briefe Szymborska – Filipowicz. Zitiert nach *Najlepiej w życiu ma Twój kot, bo jest przy Tobie* (in Gazeta Wyborcza. Beilage

Wysokie Obcasy, 10.11.2016); Buchausgabe: Kornel Filipowicz / Wisława Szymborska, *Najlepiej w życiu ma Twój kot. Listy.* Verlag Znak, Krakau 2016.

16 Ebd.

17 Joanna Gromek-Illg, *Szymborska*, a. a. O., S. 440.

18 Briefe Szymborska-Filipowicz, a. a. O.

19 Ebd.

20 Ebd.

21 Joanna Gromek-Illg, *Szymborska*, a. a. O., S. 453.

Kapitel 7

1 Michał Rusinek, *Nic zwyczajnego*, a. a. O., S. 10.

2 Stanisław Balbus, *Tyle śmierci*, a. a. O., S. 7.

3 Bronisław Maj, *Kilka słów…* (in *Zachwyt i rozpacz*, a. a. O., S. 292).

4 Wisława Szymborska, *Eindrücke aus dem Theater* (in W. S., *Hundert Freuden*, a. a. O., S. 76).

5 Joanna Gromek-Illg, *Szymborska*, a. a. O., S. 473.

6 *Chwilami życie bywa znośne.* TVN 2009, Regie: Katarzyna Kolenda-Zaleska.

7 O-Ton Wisława Szymborska; Archiv des Polnischen Rundfunks.

8 Wisława Szymborska, *Der Dichter und die Welt*, a. a. O., S. 11.

9 Karl Dedecius, *Ost West Basar.* Mit einem Geleitwort von Marion Gräfin Dönhoff, Ammann Verlag, Zürich 1996, S. 184.

10 Piotr Sobolczyk, *Wszelki wypadek*; Internetportal *Nowa Panorama Literatury Polskiej*, a. a. O.

11 Wisława Szymborska, *Alle Fälle* (in W. S., *Hundert Freuden*, a. a. O., S. 75).

12 Dies., *Verwunderung* (Ebd., S. 91).

13 Dies., *Ansprache im Fundbüro* (in Dies., *Deshalb leben wir*, a. a. O., S. 73).

14 Ebd.

15 Wisława Szymborska, *Das Massenfoto* (in W. S., *Hundert Freuden,* a. a. O., S. 83).
16 Dies., *Das Nichts* (Ebd., S. 102).
17 Ebd.
18 Wisława Szymborska, *Glückliche Liebe* (in W. S., *Deshalb leben wir,* a. a. O., S. 67).
19 Ebd. S. 68.
20 Anna Bikont / Joanna Szczęsna, *Pamiątkowe rupiecie*, a. a. O., S. 391.
21 Joanna Gromek-Illg, *Szymborska*, a. a. O., S. 492.
22 Agnieszka Kluba, *Wielka liczba*; Internetportal *Nowa Panorama Literatury Polskiej*, a. a. O.
23 Wisława Szymborska, *Die große Zahl* (in W. S., *Deshalb leben wir,* a. a. O., S. 63).
24 Ebd.
25 Wisława Szymborska, *Rezension eines nicht geschriebenen Gedichts* (Ebd., S. 43).
26 Dies., *Einsiedelei* (Ebd., S. 46).
27 Dies., *Lots Frau* (Ebd., S. 57).
28 Dies., *Das Experiment* (in Dies., *Hundert Freuden,* a. a. O., S. 54).
29 Dies., *Mittelalterliche Miniatur* (in Dies., *Deshalb leben wir,* a. a. O., S. 51).
30 Dies., *Frauenbildnis* (Ebd., S. 44).
31 Dies., *Danksagung* (Ebd., S. 61).
32 Ebd., S. 62.
33 Agnieszka Kluba, *Wielka liczba*; Internetportal *Nowa Panorama Literatury Polskiej*, a. a. O.
34 Wisława Szymborska, *Die Zahl Pi* (in W. S., *Hundert Freuden,* a. a. O., S. 68).
35 Dies., *Utopia* (Ebd., S. 66).

Kapitel 8

1 O-Ton Wisława Szymborska; Archiv des Polnischen Rundfunks.

2 Wisława Szymborska, *Vom Tod ohne Übertreibung* (in W.S., *Auf Wiedersehen. Bis morgen. Gedichte.* Ausgewählt und übertragen von Karl Dedecius, Suhrkamp Verlag, Frankfurt am Main [3]1996, S. 50).

3 Dies., *Angefangene Erzählung* (in *Panorama,* a. a. O., S. 121).

4 Dies., *Ein Wort zur Pornografie* (Ebd., S. 127 f.).

5 Stanisław Balbus, *Tyle śmierci*, a. a. O., S. 15.

6 Wisława Szymborska, *Menschen auf der Brücke* (in W.S., *Auf Wiedersehen*, a. a. O., S. 59).

7 Ebd.

8 Stanisław Jerzy Lec, *Sämtliche unfrisierte Gedanken. Dazu Prosa und Gedichte.* Hg. und aus dem Polnischen übertragen von Karl Dedecius. Sanssouci im Carl Hanser Verlag, München 2007, S. 200.

9 Bogdan Rogatko, *Życie bez kropki u nogi* (in *Zachwyt i rozpacz*, a. a. O., S. 381 f.).

10 Ebd., S. 382.

11 Joanna Gromek-Illg, *Szymborska*, a. a. O., S. 534.

12 Wisława Szymborska, *Porträt aus dem Gedächtnis* (in W.S., *Glückliche Liebe*, a. a. O., S. 66).

13 Dies., *Katze in der leeren Wohnung* (in Dies., *Auf Wiedersehen*, a. a. O., S. 22).

14 Joanna Derda, *Wisława Szymborska – nasza droga noblistka* (in Zwierciadło, 1.02.2022).

Kapitel 9

1 Wisława Szymborska, *Am hellichten Tag* (in W.S., *Hundert Freuden*, a. a. O., S. 31 f.).

2 Karl Dedecius, *Ein Europäer aus Lodz*, a. a. O., S. 277.

3 Ebd.

4 Ebd., S. 279.
5 Ebd., S. 280 f.
6 Michał Rusinek, *Nic zwyczajnego*, a. a. O., S. 241 f.
7 Bronisław Maj, *Kilka słów ...*, a. a. O., S. 296.
8 *Chwilami życie*, a. a. O.
9 Aleksander Fiut, *Wisława* (in *Zachwyt i rozpacz*, a. a. O., S. 101).
10 Wisława Szymborska, *Die zwei Affen von Breughel* (in W. S., *Hundert Freuden*, a. a. O., S. 180).
11 *Chwilami życie*, a. a. O.
12 Michał Rusinek, *Nic zwyczajnego*, a. a. O., S. 219.
13 Ebd., S. 221.
14 Ryszard Matuszewski, *Wisława Szymborska* (in *Zachwyt i rozpacz*, a. a. O., S. 310).
15 Ebd.
16 Ebd., S. 312.
17 Bronisław Maj, *Kilka słów ...*, a. a. O., S. 299.
18 Wisława Szymborska, *Himmel* (in W. S., *Auf Wiedersehen*, a. a. O., S. 8).
19 Dies., *Was die Wirklichkeit verlangt* (Ebd., S. 17).
20 Dies., *Abschied vom Ausblick* (Ebd., S. 24).
21 Stanisław Balbus, *Wisława Szymborska czyli Pytanie w odpowiedzi na pytanie* (in Dekada Literacka, 1994, nr 1).
22 Ders., *Tyle śmierci, ile życia*, a. a. O., S. 18.

Kapitel 10

1 Joanna Gromek-Illg, *Szymborska*, a. a. O., S. 480.
2 Interview der Autorin mit Karl Dedecius; BR / Das Kulturjournal vom 13.10.1996.
3 Wisława Szymborska, *Grabstein* (in W. S., *Hundert Freuden*, a. a. O., S. 155).
4 Stefan Chwin, *Dziennik dla dorosłych*, Verlag Tytul, Danzig 2008, S. 101.
5 Michał Rusinek, *Nic zwyczajnego*, a. a. O., S. 13.

6 O-Ton Wisława Szymborska; Archiv des Polnischen Rundfunks.
7 Wisława Szymborska, *Der Dichter und die Welt*, a. a. O., S. 10.
8 Ebd., S. 9.
9 Michał Rusinek, *Nic zwyczajnego*, a. a. O., S. 125.
10 Wisława Szymborska, *Manche mögen Poesie* (in *Auf Wiedersehen*, a. a. O., S. 11).
11 Czesław Miłosz, *A nie mówilem?* (in *Zachwyt i rozpacz*, a. a. O., S. 326).
12 Ebd., S. 327 f.
13 Wisława Szymborska, Zbigniew Herbert, *Jacyś zlośliwi bogowie zakpili z nas okrutnie. Korespondencja 1955–1996*, Verlag a5, Krakow 2018, S. 147.
14 Mirosław Koźmin / Marek Sołtyk, *Wolałabym mieć sobowtóra* (in Super-Express, 5./6.10.1996).
15 Tomasz Jastrun, *Czarne skarpetki w czerwone kraby* (in *Zachwyt i rozpacz*, a. a. O., S. 141).
16 Teresa Walas, *Stać między światem a Szymborską* (Ebd., S. 459).
17 Wisława Szymborska, *Der Dichter und die Welt*, a. a. O., S. 7.
18 Ebd., S. 12 f.
19 Michał Rusinek, *Nic zwyczajnego*, a. a. O., S. 121.

Kapitel 11

1 O-Ton Wisława Szymborska; Archiv des Polnischen Rundfunks.
2 Wisława Szymborska, Stanisław Barańczak, *Inne pozytywne uczucia też wchodzą w grę. Korespondencja 1972–2011*. Verlag a5, Krakau 2019, S. 228.
3 Michał Rusinek, *Nic zwyczajnego*, a. a. O., S. 19.
4 Ebd.
5 Elżbieta i Jan Pindlowie, *Przy niej człowiek czuł się najważniejszy* (in *Zachwyt i rozpacz*, a. a. O., S. 367).

6 Joanna Gromek-Illg, *Szymborska*, a. a. O., S. 579.
7 Elżbieta i Jan Pindlowie, *Przy niej człowiek*, a. a. O., S. 365.
8 Ebd.
9 Wisława Szymborska, *Lob der Schwester* (in W. S., *Hundert Freuden*, a. a. O., S. 59).
10 Elżbieta i Jan Pindlowie, *Przy niej człowiek*, a. a. O., S. 367.
11 Michał Rusinek, *Nic zwyczajnego*, a. a. O., S. 81.
12 Wisława Szymborska, Rez. von Stuart Nicholson, *Ella Fitzgerald* (in *Ćwiartka Szymborskiej*, a. a. O., S. 422).
13 Michał Rusinek, *Nic zwyczajnego*, a. a. O., S. 15.
14 Marta Wyka, *Niepodobna*, a. a. O., S. 479.
15 Ebd.
16 Adam Zagajewski, *Türkischer Kaffee*, a. a. O., S. 184 f.
17 Michał Rusinek, *Nic zwyczajnego*, a. a. O., S. 66.
18 Ebd., S. 114.
19 Ebd., S. 115.
20 Ebd., S. 124.
21 Aleksander Fiut, *Wisława*, a. a. O., S. 103 f.
22 Stefan Chwin, *Dziennik*, a. a. O., S. 104.
23 Wisława Szymborska, *Die Pfütze* (in *Der Augenblick / Chwila. Gedichte. Polnisch und deutsch.* Übertragen und hg. von Karl Dedecius, Suhrkamp Verlag, Frankfurt am Main 2005, S. 37).
24 Dies., Irgendwelche Leute (Ebd., S. 53).
25 Dies., *Im Gewimmel* (Ebd., S. 9).
26 Ebd., S. 11.

Kapitel 12

1 Michał Rusinek, *Nic zwyczajnego*, a. a. O., S. 54.
2 Ebd., S. 135.
3 Ebd., S. 136.
4 Wisława Szymborska, *Haß* (in *Auf Wiedersehen*, a. a. O., S. 14).

5 Czesław Miłosz, *Hündchen am Wegesrand.* Aus dem Polnischen und Englischen von Doreen Daume, Carl Hanser Verlag, München 2000, S. 75.

6 Ders., *Aber die Bücher.* Aus dem Polnischen von Karl Dedecius (in Text der Dankesrede von K.D. bei seinem Jubiläum in Darmstadt am 20.05.2011; Karl-Dedecius-Archiv der Europa-Universität Viadrina Frankfurt / Oder).

7 Michał Rusinek, *Nic zwyczajnego*, a. a. O., S. 138.

8 Wisława Szymborska, *Freude am Schreiben* (in W. S., *Hundert Freuden*, a. a. O., S. 107).

9 Michał Rusinek, *Nic zwyczajnego*, a. a. O., S. 140.

10 Tomasz Jastrun, *Czarne skarpetki*, a. a. O., S. 141.

11 Michał Rusinek, *Nic zwyczajnego*, a. a. O., S. 149 f.

12 Wisława Szymborska, *Kleines Mädchen zieht die Decke vom Tisch* (in *Der Augenblick / Chwila*, a. a. O., S. 31 und 33).

13 Michał Rusinek, *Nic zwyczajnego*, a. a. O., S. 151 ff.

14 Wisława Szymborska, *Onieśmielenie* (in *Ćwiartka Szymborskiej*, a. a. O., S. 487.)

15 Michał Rusinek, *Nic zwyczajnego*, a. a. O., S. 107.

16 Stefan Chwin, *Dziennik*, a. a. O., S. 102.

17 Wisława Szymborska, *Onieśmielenie*, a. a. O., S. 488.

18 Ebd.

19 Ebd., S. 488 f.

20 Ebd., S. 489.

21 Teresa Walas, *Stać między światem*, a. a. O., S. 464.

22 Blaga Dimitrowa, *Tajemnica Wisławy*, a. a. O., S. 71.

23 Michał Rusinek, *Nic zwyczajnego*, a. a. O., S. 121.

Kapitel 13

1 Michał Rusinek, *Nic zwyczajnego*, a. a. O., S. 161.

2 Wisława Szymborska, *Fotografie vom 11. September* (in W. S., *Der Augenblick / Chwila*, a. a. O., S. 57).

3 Elke Schmitter, *Kapelle ohne Kreuz. Wisława Szymborskas*

Gedicht »Fotografie vom 11. September« setzt Worte gegen Bilder (in Der Spiegel, 27.12.2009).

4 Wisława Szymborska, Was die Wirklichkeit verlangt (in *Auf Wiedersehen*, a. a. O., S. 17).

5 Michał Rusinek, *Nic zwyczajnego*, a. a. O., S. 267.

6 Katarzyna Kolenda-Zaleska, *Radość pisania*, a. a. O., S. 193.

7 Wisława Szymborska, *Bekleidung* (in W. S., *Hundert Freuden*, a. a. O., S. 25).

8 Michał Rusinek, *Nic zwyczajnego*, a. a. O., S. 261.

9 Ebd., S. 198.

10 Jarosław Mikołajewski, *Instynkt źródła. Osobiście o Wisławie Szymborskiej* (in *Zachwyt i rozpacz*, a. a. O., S. 317).

11 Michał Rusinek, *Nic zwyczajnego*, a. a. O., S. 275.

12 Ebd., S. 147 f.

13 Joanna Gromek-Illg, *Szymborska*, a. a. O., S. 578.

14 Bronisław Maj, *Kilka słów …*, a. a. O., S. 302.

15 Ebd.

16 Ebd.

17 Michał Rusinek, *Nic zwyczajnego*, a. a. O., S. 179.

18 Agnieszka Kosińska, *Radosny, suwerenny obłok* (in *Zachwyt i rozpacz*, a. a. O., S. 195.)

19 Teresa Walas, *Dwadzieścia lat temu. Mały aneks do znanych opowieści* (in Nowa Dekada Krakowska, 2016, Nr. 6, S 49).

20 Adam Zagajewski, *Türkischer Kaffee*, a. a. O., S. 187.

21 Stefan Chwin, *Dziennik*, a. a. O., S 468 f.

Kapitel 14

1 Wisława Szymborska, *Der Dichter und die Welt*, a. a. O., S. 13.

2 Ireneusz Kania, *Wchodzimy w tajemnicę jak w kałużę* (in *Zachwyt i rozpacz*, a. a. O., S. 150).

3 Ebd., S. 150 f.

4 Michał Rusinek, *Nic zwyczajnego*, a. a. O., S. 119.

5 Ebd.

6 Ebd.

7 Wisława Szymborska, *Metaphysik* (in *Glückliche Liebe*, a. a. O., S. 74).

8 Dies., *Kammerlinge* (Ebd., S. 59).

9 Dies., *Labyrinth* (Ebd., S. 31).

10 Wojciech Ligęza, *Wspominać z wdzięcznością* (in *Zachwyt i rozpacz*, a. a. O., S. 261).

11 Stanisław Balbus, *Tyle śmierci*, a. a. O., S. 20.

12 Leonard Neuger, *»Prosto z uchylonej jeszcze chwili«* (in *Zachwyt i rozpacz*, a. a. O., S. 343 f.).

13 Wisława Szymborska, *Vermeer* (in *Glückliche Liebe*, a. a. O., S. 73).

14 Dies., *Ella im Himmel* (Ebd., S. 72).

15 Michał Rusinek, *Nic zwyczajnego*, a. a. O., S. 120 f.

16 Ebd., S. 120.

17 Ebd., S. 285 f.

18 Wisława Szymborska, *Hand* (in *Glückliche Liebe*, a. a. O., S. 86).

19 Michał Rusinek, *Nic zwyczajnego*, a. a. O., S. 293.

20 Adam Zagajewski, *Vorwort* (in Andrzej Szczeklik, *Auf der Suche nach der Seele der Medizin. Über den Sitz des Bewusstseins, das Rezept für die ewige Jugend und andere Geheimnisse des Lebens*, Herder Verlag, Freiburg u. a. 2012, S. 7).

21 Wisława Szymborska über Andrzej Szczeklik auf der Homepage des Verlags Znak im Rahmen der Beschreibung seines Essaybands *Nieśmiertelność. Prometejski sen medycyny.*

22 Dies., *Ich bedenke die Welt* (in Dies., *Hundert Freuden*, a. a. O., S. 189).

23 Ebd., S. 190.

24 Michał Rusinek, *Nic zwyczajnego*, a. a. O., S. 107.

25 Ebd., S. 301.

26 Wisława Szymborska, *Morgen – ohne uns* (in *Der Augenblick / Chwila*, a. a. O., S. 91).

27 Joanna Gromek-Illg, *Szymborska*, a. a. O., S. 15.
28 Ebd., S. 16.

Epilog

1 Leonard Neuger, *»Prosto«*, a. a. O., S. 345.
2 Aleksander Fiut, *Wisława*, a. a. O., S. 100.
3 Józef Baran, *Spotkania na odległość* (in *Zachwyt i rozpacz*, a. a. O., S. 35).
4 Katarzyna Kolenda-Zaleska, *Radość pisania*, a. a. O., S. 191.
5 Ryszard Krynicki, *Drugi talent Wisławy Szymborskiej* (in *Zachwyt i rozpacz*, a. a. O., S. 217).
6 Bogusława Latawiec, *Kogo róża pocałuje* (Ebd., S. 225).
7 Wojciech Ligęza, *Wspominać*, a. a. O., S. 251.
8 Tadeusz Nyczek, *Życie bez próby* (in *Zachwyt i rozpacz*, a. a. O., S. 349).
9 Bronisław Maj, *Kilka słów* ..., a. a. O., S. 300.
10 Stanisław Balbus, *Tyle śmierci*, a. a. O., S. 15.
11 Jerzy Pilch, *O przewadze życia duchowego* (in *Zachwyt i rozpacz*, a. a. O., S. 362).
12 Adam Zagajewski, *Türkischer Kaffee*, a. a. O., S. 155.
13 Ksenia Starosielska, *Nie przepadala za słowami* (Ebd., S. 415).
14 Teresa Walas, *Stać między światem*, a. a. O., S. 466.
15 Michał Rusinek, *Szymborska jest jakby poza wiekiem, poza czasem i miejscem* (in *Zachwyt i rozpacz*, a. a. O., S. 393).

Wisława Szymborskas Gedichtbände
Originalausgaben

1952 *Dlatego żyjemy* (Deshalb leben wir)

1954 *Pytania zadawanie sobie* (Fragen, die ich mir stelle)

1957 *Wołanie do Yeti* (Rufe an Yeti)

1962 *Sól* (Salz)

1967 *Sto pociech* (Hundert Freuden)

1972 *Wszelki wypadek* (Alle Fälle)

1976 *Wielka liczba* (Die große Zahl)

1986 *Ludzie na moście* (Menschen auf der Brücke)

1993 *Koniec i początek* (Ende und Anfang)

2002 *Chwila* (Der Augenblick)

2005 *Dwukropek* (Doppelpunkt)

2009 *Tutaj* (Hier)

2012 *Wystarczy* (Es ist genug)

2014 *Czarna piosenka* (Schwarzes Lied)